INGOLF BENDER
Handbuch Robustpferde

INGOLF BENDER

Handbuch Robustpferde

Rassen · Stallbau · Haltung

Franckh-Kosmos

Mit 19 Fotos von Jean Christen (S. 15, 21, 23,
27, 31, 51), Christine Lehmbecker (S. 163) und
vom Verfasser sowie 59 Zeichnungen vom
Verfasser.

Umschlaggestaltung von Kaselow Design,
München, unter Verwendung eines Farbfotos
von Hans-Jörg Schrenk.

CIP-Titelaufnahme der Deutschen Bibliothek

Bender, Ingolf:
Handbuch Robustpferde: Rassen, Stallbau,
Haltung / Ingolf Bender. – Stuttgart:
Franckh-Kosmos, 1991
    ISBN 3-440-06169-8

Handbuch Robustpferde

Vorwort

Das vorliegende Buch wendet sich vornehmlich an den Robustpferdefreund und zukünftigen Pferdehalter. Es versucht, realistisch und informativ die wesentlichen Fakten der Robustpferdehaltung von der Planung über den Stallbau bis zum Pferdekauf und zur täglichen Praxis darzustellen.

Es soll eine Hilfe sein für die wachsende Zahl der Robustpferdeliebhaber, die zunächst nur mit allgemeinen Vorstellungen an die Verwirklichung ihres Wunschtraumes denken. Ferner kann es auch demjenigen, der bereits eigene Pferde hält, nützliche Ratschläge geben.

Als Verfasser, der die Haltung von Robustpferden nicht mehr missen möchte, weiß ich von den auftretenden Schwierigkeiten, aber auch von der Freude, die ein solches Hobby bereiten kann – wenn eine gut durchdachte Planung zugrunde liegt und die wichtigsten Kenntnisse über die Pferdehaltung vorhanden sind.

Meiner Frau Ursula möchte ich herzlich danken für ihre Kritik und Hilfe, die maßgeblich dazu beigetragen haben, dieses Buch zu gestalten. Mein Dank gilt gleichermaßen meinem Vater für die praktischen Anregungen zum Kapitel Stallbau.

Allen Robustpferdefreunden, die durch langjährige Pionierarbeit das Verständnis für die Haltung unserer Robusten gefördert oder durch Erfahrungsaustausch und Erörterung gemeinsamer Probleme dieses Buch fachkundig beeinflußt haben, sei ebenfalls recht herzlich gedankt!

Als vor 14 Jahren mein erstes Buch über Robustpferdehaltung erschien, zeichnete sich bereits ab, daß die »Wiederentdeckung« der robusten Ponyrassen als vierbeinige Freizeitgefährten für jung und alt keine kurzlebige Erscheinung sein würde. Inzwischen hat sich in diesem Bereich des Pferdespektrums vieles gefestigt, was noch vor Jahren in einer eher bescheidenen Entwicklung begriffen war – kritisch oder gar ablehnend beobachtet von traditionell geprägten Kreisen.

Grundlage dieses Buches ist die langjährige praktische Erfahrung des Verfassers als Pferdehalter und Reiter, ergänzt durch wissenschaftliche Studien. Es möge weiterhin die naturnahe Haltung und das Verständnis für unsere Robusten fördern. Dies ist Absicht und Wunsch von Verfasser und Verlag.

Sonsbeck　　　　　　　　*Ingolf Bender*

Grundsätzliche Überlegungen – Zielvorstellungen

Für den Reit- und Fahrsport, für jung und alt, stehen in der Bundesrepublik Deutschland zahlreiche Pferderassen zur Verfügung. Auch in den Nachbarländern zeigt sich, daß das Interesse am Pferd ungebrochen ist. Der Trend der siebziger Jahre hin zum »Freizeitpferd«, hier insbesondere zu den sogenannten »Robustrassen«, setzt sich bis heute überproportional fort.

Die Motive, die jemanden bewegen, gerade diese Robustrassen, also Islandpferde, Haflinger, Fjordpferde u.a., vorzuziehen, sind vielschichtig. Oft findet man bei den Liebhabern dieser Rassen ein gerüttelt Maß Naturverbundenheit und den Drang nach natürlicher Aktivität.

Bei vielen, die z.B. die erste Bekanntschaft mit Robustpferden anläßlich eines Trekking-Urlaubs gemacht haben oder Robuste einfach als handliche Alternative zu traditionellen Großpferden ansehen, wird schnell der Wunsch geweckt, eigene Pferde anzuschaffen und auch selbst zu halten. Bedingt durch die positive Einkommensentwicklung für einen großen Teil der Bevölkerung und die im Vergleich zur immer noch üblichen Stallhaltung von Großpferden doch kostengünstigere Haltung von Robustpferden, können sich heute immer mehr Menschen für sich, für die Sprößlinge oder die ganze Familie den Traum vom Freizeitpferd erfüllen.

Wer jedoch den Gedanken an eine eigene Pferdehaltung erwägt, muß zunächst ernsthaft prüfen, ob es sich nicht nur um einen vorübergehenden Wunsch handelt. Es ist unerläßlich, sich die Konsequenzen eines Pferdekaufs vor Augen zu halten, die Dinge von allen Seiten zu beleuchten und kritisch mit allen beteiligten Familienmitgliedern zu diskutieren.

Jeder, der eigene Pferde besitzt, vielleicht die Möglichkeit hat, sie beim Haus zu halten, wird sich noch gut an die Begeisterung erinnern, die der »virusartige« Gedanke des erwogenen Kaufs ausgelöst hat. Eine ehrliche Rückschau deckt aber sicher auch Schwachstellen auf, die im Überschwang der Begeisterung übersehen oder durch die »rosarote« Brille nur oberflächlich abgecheckt wurden.

Jede Tierhaltung ist eine ethische Verpflichtung für den Menschen, egal ob es sich um ein großes oder kleines Tier handelt. Leider ist die Zahl der überstürzten Pferdekäufe frappierend hoch; Gespräche mit Händlern, die solche Pferde wegen drückender Probleme auf Seiten des Halters weit unter Preis aufkaufen, beweisen dies. Einen Goldhamster, den man mit Käfig für 50 DM erworben hat, kann man, wenn man seiner überdrüssig ist, noch ohne großen Schaden für Mensch, Tier oder Geldbörse nach ein paar Monaten wieder abgeben, obwohl natürlich auch bei kleineren Tieren ein Kauf vorher ernsthaft geprüft werden sollte. Die unüberlegte Anschaffung eines Pferdes, das ein weitaus anstrengenderer Freizeitgefährte ist, zieht eine ungleich größere Problematik nach sich. Der echte Liebhaber zeichnet sich durch die Einsicht aus, daß Pferde Individuen sind, die man nicht kurz und bündig erwirbt, wegstellt, gar als »Sportgeräte« verbraucht oder bei Nichtgefallen umtauscht, verschleudert oder irgendwie weiterreicht.

Man tut gut daran, besonders eingehend die auf Kinderwünschen beruhenden Überlegungen zur Pferdehaltung auf ihre Beständigkeit hin abzuklopfen; die Zahl der »Strohfeuer« ist nicht gering. Völlig verfehlt ist es beispielsweise, einem Kind das langersehnte Pferd anzuschaffen, ohne daß wenigstens ein Elternteil oder ältere Geschwister Zeit und Lust haben, sich den beiden zu widmen. Ausgeprägt einfältig, zumindest aber vorwerfbar unwissend sind schließlich solche Eltern, die meinen, zu einem Kind passe am besten ein Fohlen, da beide ja gemeinsam aufwachsen könnten, das Kind zunächst ein »Spieltier« habe und später dann ein anhängliches Pony. Eine solche Absicht hört sich vielleicht nett an, verkennt aber, daß ein Kind und ein Fohlen keine sich ergänzende Spielgemeinschaft bilden können, allenfalls eine »Neckgemeinschaft«, die dem ahnungslosen Kind schnell einen Arztbesuch beschert und für das Fohlen ein Erziehungsmanko darstellt. Die Lösung der Probleme bringt dann der Anruf beim nächstbesten Händler, der das »ach so böse Fohlen« abholen soll.

Nun sollte man der Begeisterung, dem Pläneschmieden schon ihren Lauf lassen, parallel dazu aber die Realitäten nicht aus den Augen verlieren. Im Vordergrund der Begeisterung steht die Beschäftigung mit den Robusten, der Spaß an der Reiterei, die Freude am Gespannfahren, die allerdings – verstärkt bei der Haltung in eigener Regie – untrennbar gekoppelt ist mit Disziplin und regelmäßigen Pflichten. Man muß sich darüber klarwerden, ob auf Dauer die Pflichten mindestens akzeptiert werden können oder sogar – und dies ist das wünschenswerte Ideal – als sinnvolle, ausgleichende Freizeitbeschäftigung gerne übernommen werden. Ein verläßliches Urteil darüber setzt voraus, daß man weiß, was auf einen zukommt. Einen Teil des erforderlichen Grundwissens liefern Bücher und Fachzeitschriften. Notwendig ist in jedem Fall aber auch die praktische Information. Anbieten kann sich hierzu etwa ein mehrwöchiger Reiturlaub in einem guten Reitbetrieb mit Robustpferden. Dort herrschen zwar andere Größenordnungen und Abläufe vor als in Privathaltungen, doch wird man dort am ehesten, komprimiert in ein paar Wochen, mit der rauhen Praxis konfrontiert (sieht auch mal lahmende Pferde, den Hufschmied oder den Tierarzt bei der Arbeit), kann auch selbst verschiedene Arbeiten verrichten (besonders gefragt sind Reitgäste zum »Pferdeäpfel-Aufsammeln«!) und lernt den Umgang mit Pferden und deren Versorgung kennen. Auch Gespräche mit anderen Pferdehaltern sind geeignet, das eigene Wissen rund um das Pferd zu vervollständigen und Vergleiche anzustellen. Aufgrund der geänderten Betriebsverhältnisse in der Landwirtschaft wird man heute bei Landwirten in der Regel nicht mehr das frühere Fachwissen über alle mit der praktischen Pferdehaltung zusammenhängenden Fragen antreffen können. Im Einzelfall kann es aber durchaus lohnend sein, sich hier Informationen zu holen.

Ein wichtiger Punkt ist die Kostenplanung, sie darf bei den Überlegungen nicht zu kurz kommen. Bei allen edlen Motiven, bei aller Opferbereitschaft muß eben die Kasse am Ende auch noch für die sonstigen persönlichen Bedürfnisse reichen. Wer sich im Überschwang der ersten Begeisterung finanziell übernimmt, wird sich über kurz oder lang von seinem Vierbeiner schmerzlich trennen müssen. Freizeitreiten und Pferdehaltung bedeuten nicht, daß man sich durch Ableisten von Überstunden oder Übernahme zeitraubender Nebenbeschäftigungen erst die finanziell eher wacklige Basis schafft und sich letztlich für sein Hobby zu Tode schuftet.

Guter Wille und Passion allein reichen für eine pferdegerechte Haltung nicht aus – die Kasse muß stimmen. Es gibt erschreckende Beispiele dafür, wie an sich gutwillige Menschen sich den Traum vom Freizeitpferd erfüllen wollen und dabei mit untauglichen Sparmethoden eine »Pseudo-Robusthaltung« praktizieren, die in krassem Gegensatz zu dem steht, was als pferdegemäß zu fordern ist. Aus Abfall, also Kistenbrettern oder ähnlichem, läßt sich kein optisch für die Landschaft erträglicher Offenstall bauen, allenfalls ein Verschlag zur Lagerung von Brennholz! Auch Wurmkuren, Tetanusimpfungen und Hufpflege in regelmäßigen Abständen lassen sich nicht aus Einsparungsgründen zeitlich strecken, sie sind dann erforderlich, wenn das Pferd sie benötigt – und nicht, wenn die Kasse gerade zufällig gefüllt ist. Wer also sehr scharf rechnen muß, der sollte lieber in einem gut geführten Reitbetrieb regelmäßig Reitstunden nehmen, an Ausritten teilnehmen und sich hier mit Pferden beschäftigen. Auch diese Art der Beschäftigung mit Pferden kann durchaus ein für Körper und Geist gesunder Ausgleich sein.

Überlegen Sie auch, ob ein Robustpferd Ihren Ambitionen in jeder Hinsicht gerecht wird. Gemeinsam ist allen robust gehaltenen Pferden, daß sie nur bedingt den traditionellen Ansprüchen an Eleganz und wettbewerbsmäßiger Kondition genügen – jedenfalls bei ganzjähriger Offenstallhaltung. Der Robustpferdehalter wird als Positivum dagegen feststellen können, daß ein artgemäß, also naturnah gehaltenes Pferd im Wesen ausgeglichener und frei von herkömmlichen Untugenden ist. Er wird mit einem winterbepelzten Robusten sicher keine olympiaverdächtigen Leistungen produzieren, doch seinen Bedarf an Erholung und Freizeitbeschäftigung optimal befriedigen können.

Pferdewahl –
die verbreitetsten Robustrassen

Die meisten robust gehaltenen Pferde dienen dem Zeitvertreib ihrer Besitzer und werden vorwiegend an den Wochenenden geritten oder gefahren. Solche Pferde müssen deshalb bestimmte Eigenschaften besitzen, um auf Dauer Freude zu bereiten. Als Grundeigenschaften sind zu nennen: Kalkulierbares Temperament, das in der Regel Gutartigkeit, Ausgeglichenheit und ein hohes Maß an Zuverlässigkeit verspricht, sowie Robustheit, wozu die Anlagen zu guter Futterverwertung, Instinktsicherheit und hoher gesundheitlicher Resistenz gehören. Diese Hauptmerkmale findet man zusammen nahezu ausschließlich bei den relativ kleinwüchsigen Pferden nördlichen Ursprungs, die in ihren inneren und äußeren Eigenschaften und Merkmalen sowie in ihren Erbanlagen

Abb. 1: Germanischer Reiterkrieger mit dem im 1. Jhd. v. Chr. verbreiteten Landpferdetyp um 1,30 m Stockmaß Widerristhöhe (nach einer Plastik aus dem Museum Halle/Saale).

»naturbelassen« sind. Diese Pferde werden gemeinhin als Ponys bezeichnet oder als Robustpferde im engeren Sinne. Rein sprachlich wäre natürlich auch ein Großpferd, das »robust«, also naturnah, gehalten wird, ein »Robustpferd«.

Die Pferdeliebhaber, die bewußt die teils sehr urwüchsigen Ponyrassen als Freizeitgefährten bevorzugen, weisen mit unverhohlenem Stolz auf das geschichtliche Alter »ihrer« Rasse hin. Nicht selten werden direkte Abstammungsbeziehungen zu steinzeitlichen Wildpferden vermutet. Diese Vermutungen haben ihren Grund darin, daß Wuchsform, Knochenstruktur und das Verhalten der Robustrassen vielfach mit den Merkmalen, die für Wildpferdformen typisch sind, annähernd übereinstimmen können. Wenn sich auch hieraus Vergleiche zu rezenten Rassen aufdrängen, muß doch betont werden, daß unsere heutigen Robusten keinesfalls direkte Nachkommen typähnlicher Wildpferde sind. Dazu ist im Laufe der Jahrtausende die »Blutverdünnung« durch menschliche Zuchteingriffe zu stark geworden. Was bleibt, ist ein erheblicher Teil Ursprünglichkeit, also jenes »Ponytypische«, das der Liebhaber zu schätzen weiß.

Aus guten Gründen (handliches Format, extensive Haltung) haben Menschen seit der Domestikation des Pferdes stets in einer Reihe von Pferderassen, den Ponyrassen, das Natürliche züchterisch konserviert. Bezogen auf die Zuchtbeeinflussung durch den Menschen werden deshalb die Ponys auch als »Primitivpferde« (im Sinne von »urtümlich«) und die übrigen Pferde, also Warmblüter, Vollblüter usw., als »Kulturpferde« bezeichnet. Bei der Abwägung, ob Pony oder Großpferd, sollte

Abb. 2: Römischer Legionär auf kleinem keltischem Pferd im 1. bis 2. Jhd. v. Chr. (Grabstein eines römischen Reiters aus dem Rheinland/ APX).

man sich von eigenen und fremden Vorurteilen freimachen. Man prüfe seine Zielvorstellungen ernsthaft. Für welchen Zweck will man ein Pferd primär einsetzen? Danach richtet sich letztlich die Rassenwahl.

Die in Reitställen immer noch anzutreffende Auffassung mancher Großpferdereiter, Ponys seien generell zu klein für einen erwachsenen Reiter, allenfalls als Vorstufe zum »richtigen Reiten«(!) oder gerade noch als Kinderpferdchen geeignet, ist Ausdruck einer verengten konservativen Sichtweise, für die es keine sachliche Begründung gibt. Man kann dies allenfalls historisch erklären, denn seit dem Mittelalter galt in Deutschland etwa folgendes Prinzip:

Abb. 3: Skytische Pferde aus dem 2. - 3. Jhd. v. Chr. (nach einer Bronzeplastik aus der Eremitage in Leningrad).

Großer Mann (im Sinne von »nobel« oder »herrschaftlich«) auf großem Pferd – kleiner Mann (im Sinne von »bäuerlich« oder »unterprivilegiert«) auf kleinem Pferd! Die Geschichte zeigt aber auch, wie groß die Rolle der kleinen Pferde war, die in allen Ländern die kulturelle Entwicklung (und leider gerade auch die kriegerischen Auseinandersetzungen) mitbestimmt haben (s. Abb. 1 – 4).

In Irland z.B. ist es nach eigener Kenntnis des Verfassers ganz selbstverständlich, daß bei Reitjagden oder Ausritten der erwachsene Reiter mit seinem Connemarapony ohne Unterschied genauso akzeptiert wird wie der Reiter eines Vollblüters. Da gibt's überhaupt keine Diskussion. Vielen Leuten ist nicht bekannt, daß auch heute nur etwa 30 % aller Reiter in der ganzen Welt auf Großpferden reiten.

Bei der Diskussion über das ideale Pferd, hier Pony – dort Großpferd, sollten unter wirklichen Pferdefreunden Intoleranz, Verunglimpfung und Snobismus unbedingt vermieden werden. Bedauerlich ist in diesem Zusammenhang, daß auch unter den Robustpferdefreunden inzwischen »Rassenegoismus« (meist aus Unkenntnis anderer Rassen!) weit verbreitet ist und eine Gegensteuerung durch die Interessenverbände unterbleibt.

Es gibt keine Rasse, der man ganz allgemein den Vorzug geben müßte. Erfreulich ist, daß bei der vorhandenen Rassenvielfalt für jeden Pferdeliebhaber, unter Berücksichtigung seiner speziellen Interessen, Verwendungswünsche und Größenanforderungen, ein geeignetes Robustpferd gefunden werden kann. Man betreibe selbst ein bißchen praktische Rassenkunde, informiere sich bei verschiedenen Zucht- und Interessenverbänden und entscheide selbst, welches Pferd einem zusagt, ja sympatisch ist. »Das beste Pferd ist immer dasjenige, das sich für die jeweilige Situation am besten eignet« (Zitat BRUNS).

Nachfolgend sollen die verbreitetsten Robustpferderassen vorgestellt werden. Dies soll jedoch gegenüber anderen Rassen keine vorgezogene Bewertung darstellen.

Das Shetlandpony

Wie keine andere Ponyrasse sind die Shetlandponys, kurz auch Shetties genannt, zum Inbegriff der robusten Ponys

Abb. 4: Reiterfiguren vom Westfries des Parthenontempels auf der Athener Akropolis (Original im Britischen Museum, London).

überhaupt geworden. Diese kleinen, stämmigen Pferdchen sind auf der Shetlandinselgruppe, 200 km nördlich von Schottland, zu Hause. Ihre Heimat ist unwirtlich, felsig, teils hügelig und nur mit kümmerlicher Vegetation bedeckt. Auf einer Moorschicht, die weite Teile der Insel bedeckt, gedeihen vorzugsweise Heidekraut, Isländisches Moos und Strauchwerk; kleinere Parzellen sind grasbewachsen.

Die klimatischen Verhältnisse der Shetlandinseln sind vom Seeklima und dem Einfluß des Golfstromes geprägt. Kurze Sommer mit hohen Temperaturen, mäßig kalte Winter und neblig-feuchte Übergangszeiten ergeben eine durchschnittliche Jahrestemperatur von 7^0 C.

Der heute noch in Herden ganzjährig völlig frei auf den Inseln gehaltene Bestand dieser sehr alten Ponyrasse wird auf 1000 Exemplare geschätzt. Die Shetlandponys entwickelten sich nach heutiger Erkenntnis aus den bereits in der Steinzeit in Nordschottland nachgewiesenen Ponys im Exmoortyp, die von den Picten (keltische Ureinwohner Schottlands) auf die Inselgruppe gebracht wurden. Durch Vermischung mit den Pferden der Kelten (kleine, araberähnliche Pferde aus Kleinasien) entstanden im Laufe von etwa 2 400 Jahren die heutigen Shetlandponys. Auf den kärglichen Shetlandinseln setzten sich die kleinsten, robustesten Tiere am besten durch und festigten, unterstützt durch Inzucht, einen erbreinen Zwergtyp.

Bis zur Mitte des vorigen Jahrhunderts wurde das Pony nur von den Bauern seiner Heimat genutzt, und zwar als Reit- und Tragtier sowie zur Bewirtschaftung kleiner landwirtschaftlicher Anbauflächen. Es verkörperte damals, frei von fremden Bluteinflüssen, sich selbst überlassen und züchterisch nur gering betreut, ausschließlich den echten Verdauungstyp mit tiefem, breitem Rumpf und enormer Rippenwölbung, ein urwüchsiges Zwergpony, dessen Größe im Jahre 1701 mit 91–102 cm angegeben wird.

Erst mit Gründung des Shetlandpony-Stutbuches im Jahre 1870 begann eine planmäßige Zucht. Vorher, im Jahre 1800, hatten Shetlandponyzüchter versuchsweise norwegische Fjordpferde eingekreuzt, um mehr Größe zu erzielen. Diese Kreuzungszucht fand auf der Halbinsel Sumburgh statt und brachte mit einer durchschnittlichen Widerristhöhe von 130 cm den größten Shetlandponystamm, den sogenannten Sumburgh-Stamm, hervor. Um 1850 wurden der amerikanische Mustanghengst Bolivar und ein arabischer Vollbluthengst auf der Insel Fetlar zur Zucht eingesetzt. Die Nachkommen dieser Hengste gehören zum Fetlar-Stamm und erreichen Widerristhöhen von 106–118 cm. Sie weichen im Körperbau und im Gesamttypus vom urtümlichen Pony ab und sind eleganter und langbeiniger.

Nach 1850 begannen die ersten Ausfuhren nach Schottland und England, wo man erkannt hatte, daß Shetlandponys gut im Grubendienst zum Kohletransport eingesetzt werden konnten. Die Tiere, von denen es in den dreißiger Jahren noch gut 15 000 in englischen Gruben gab, fristeten ein beklagenswertes Dasein.

Ab 1900 vermehrten sich die Ausfuhren in europäische und außereuropäische Länder. Da die Exporttiere nun nicht mehr ganz einheitlich waren, verwundert es nicht, daß heute in den einzelnen Ländern – je nach Zuchtziel und Verwendungszweck – unterschiedliche Rassevertreter beheimatet sind.

Im wesentlichen sind es auch heute noch zwei Grundtypen, die unterschieden werden. Vor allem in den USA und Kanada wird der orientalisierte Typ, der aus Nachkommen des Fetlar-Stammes entstand, gezüchtet. Diese Ponys sind bis 109 cm groß, haben schmale, feine Köpfe und schlanke Körper. Sie sind als Kinderreitponys und als Kutsch- und Sulkyponys sehr verbreitet und beliebt. Der Bestand in den USA und Kanada wird auf über 100 000 Exemplare geschätzt.

In England, Holland und Deutschland sowie in anderen europäischen Ländern wurde primär der etwas kleinere Typ des ursprünglichen Ponys mit den

Abb. 5: Trotz seiner geringen Größe ist das Shetlandpony kein Spielzeug, sondern für Erwachsene ein vielseitiger Freizeitgefährte.

Eigenschaften Anspruchslosigkeit in Futter und Haltung, Härte, Kraft, Umgänglichkeit und gute gesundheitliche Konstitution bevorzugt.

Zunächst nur im Zoo und im Zirkus bewundert, wurde das Shetlandpony in Deutschland mit der Zeit zum nützlichen Helfer in vielen Gärtnereien, Gemüse- und Obstanbaubetrieben. Die größte Liebhaberschicht stellen indes die Kinder dar, die durch Umgang, Haltung und Reiten von Shetlandponys den Erwachsenen mit ihren größeren Pferden nacheifern. Aber nicht nur als Kinderpony, sondern auch als Freizeitgefährten und Kutschpferde für Erwachsene sind Shetties stets gefragt. Der Wohlstand ermöglichte es gar manchem Erwachsenen, sich einen Kindheitstraum zu erfüllen und sich diese Pferdchen aus Liebhaberei und um ihrer selbst willen zu halten. Für ein Shetlandpony, das trainiert ist, sind mehrere Erwachsene in einem Kutschwagen kein Transportproblem. Erstaunlich sind die Leistungen dieser durchschnittlich 180 kg schweren Ponys, die ohne weiteres einen gummibereiften Wagen mit einer Zuladung von 25–30 Doppelzentnern fortbewegen.

Das Zuchtziel ist heute ausgerichtet auf ein genügsames, robustes Pony mit gutartigem Charakter und Eignung als Kinderreit- und Fahrpony. Besonderen Wert legt die moderne Zucht auf leichte, freie Gänge mit genügend Raumgriff in

Schritt und Trab. Ponys mit kurzen, trippelnden Bewegungen, meist die kleineren Exemplare, sind für das Reiten denkbar schlecht geeignet. Der reiterlichen Entfaltung der kleinen Reiter sind durch den Körperbau dieser Exemplare enge Grenzen gezogen. Mangelnde Elastizität und schlechte Rückenschwingung verhindern das erforderliche Hineinnehmen des Reiters in die Bewegung.

Die gewünschten Exterieurmerkmale sind ein wohlproportionierter ponytypischer Kopf, trocken und ausdrucksvoll mit gut angesetzten kleinen Mausohren, ein langrechteckiges Gebäude mit langem Rücken, fester Oberlinie, guter Rippenwölbung, geschlossener Hinterhand und mäßig geneigter, gut bemuskelter Kruppe. Den Hals wünscht man sich nicht zu kurz, insgesamt muskulös bei wenig bemuskeltem Unterhals. Für ein Reitpony ist eine gut gelagerte, schräge Schulter wichtige Voraussetzung. Das Fundament soll korrekt sein; Kuhhessigkeit oder Faßbeinigkeit sind nicht erwünscht. Auf ausdrucksvolle Gelenke, federnde Fesseln und harte Hufe wird großer Wert gelegt.

Weitere typische Merkmale des Shetlandponys sind die üppige Mähne mit buschigem Stirnschopf und der stark behaarte, bodenlange Schweif. Das Körperhaar wechselt den Jahreszeiten entsprechend. Im Sommer ist es kurz und glatt; während des Haarwechsels im Herbst wird es immer dichter und länger, so daß im Winter ein dichter, wasserabstoßender Pelz die Ponys vor Witterungsunbilden schützt.

Die ursprüngliche Fellfarbe reingezogener Shetties ist schwarz, es kommen aber auch alle anderen Pferdefarben vor, wobei Füchse, Falben und Mausgraue recht selten sind. Häufig sieht man auch gescheckte Shetties. Die durchschnittliche Größe der Ponys liegt bei gut 100 cm Widerristhöhe. Entsprechend internationalem Rassenstandard werden in der Regel nur Shetlandponys bis zu 107 cm Widerristhöhe in das entsprechende Stutbuch eingetragen. Es gibt allerdings verbandsmäßige Unterschiede.

Die Zahl der in der Bundesrepublik von den Zuchtverbänden erfaßten Shetlandponys ist stark rückläufig. Waren es noch 1974 insgesamt 4751 erfaßte Zuchttiere, so sank der Bestand bis heute auf rund 1500 herab. Die tatsächliche Zahl der gehaltenen Shetlandponys dürfte etwa dreimal so hoch sein wie die angegebene Zahl der Zuchttiere. Die Ursache für die rückläufige Tendenz liegt in der begrenzten Verwendungsmöglichkeit dieser Ponys begründet. Der Trend zum größeren Reitpony, das sich als Turnierpony für Kinder und Jugendliche eignet und mit dem auch das heranwachsende Kind noch ein harmonisches Bild abgibt, hat zu Lasten des Shetlandponys durchgeschlagen.

Obwohl also die große Zeit dieser Ponyrasse wohl der Vergangenheit angehört, wird sich nach wie vor eine Grundpopulation halten. Von seiner Wesensart und seinen Haltungsansprüchen bringt es die günstigsten Voraussetzungen für ein Kinderpferd mit. Selbstverständlich ist auch ein kleines Pony kein Spielzeug, doch lernen gerade vier- bis achtjährige Kinder unter richtiger Anleitung Erwachsener fast »spielerisch« das Reiten und den Umgang mit diesen verträglichen, gelehrigen und auch in der Größe zu Kindern passenden Pferdchen.

Das Welsh-Mountain-Pony

Zu den bekanntesten englischen Ponyrassen zählt das Welsh-Mountain-Pony, zu deutsch: Walisisches Gebirgspony. Trotz etwa gleicher Zuchtgeschichte unterscheidet es sich erheblich vom Shetlandpony, denn es hat stärkeren arabischen Blutanteil. Gemeinsam ist beiden Rassen die Abstammung von kleinen Gebrauchspferden der Kelten, die ihre Pferde mit bodenständigen, wildlebenden oder halbwilden Ponys kreuzten.

Vermutlich liegt die Rassenbildung gut 1500 Jahre zurück und hängt mit dem Seßhaftwerden der Kelten in den bergigen Randgebieten von Wales im westlichen Teil Englands zusammen. Als Folge der Invasion angelsächsischer Stämme, die im 5. Jahrhundert alle Akkerbaugebiete besetzten, hatten sich die viehzüchtenden Kelten in die Isolation des gebirgigen, moorigen und verhältnismäßig futterarmen Wales zurückgezogen. Diese Umwelt, weniger unwirtlich als die Shetlandinseln, ließ eine ebenfalls kleine, aber mehr im orientalischen Typ stehende Ponyrasse gedeihen. Die erstmalige schriftliche Erwähnung der walisischen Ponys stammt aus dem 12. Jahrhundert. Damals standen die Welsh-Mountain-Ponys den derberen schottischen Ponys noch näher und maßen stets unter 120 cm Widerristhöhe. Als ausdauernde, genügsame Reitponys der walisischen Schafhirten war die Rasse sehr geschätzt. Sie gehörte auch zu den wenigen Ponyrassen, die sich im 16. Jahrhundert der Verordnung Heinrichs VIII. zur Ausrottung aller Pferde unter 14 hands (142,2 cm) entziehen konnten. Die Waliser, bereits damals eher separatistisch als königstreu, mochten nicht so recht einsehen, warum nun alle Pferde, die von ihrer Größe her nicht für den Kriegsdienst geeignet schienen, ausgerottet werden sollten. Nicht zuletzt aus reinem Selbsterhaltungstrieb blieben die Waliser ihren Gebirgspferdchen treu, denn sie wußten, daß in dem kargen, schwierigen Gelände ihrer Heimat nur kleinere Pferde von Nutzen waren und gehalten werden konnten. So blieb diese uralte Rasse erhalten und mußte gar zu Beginn der Industrialisierung in den Kohlengruben von Wales Fronarbeit leisten; hier konnte man die kleinen Pferde wieder vorzugsweise gebrauchen.

Mit den derben schottischen Ponys haben die heutigen Welsh-Mountain-Ponys nicht mehr allzuviel gemeinsam. Die Rasse hat im Laufe der Zeit einige Veränderungen erfahren, die im wesentlichen auf die Einkreuzung von Arabern, Vollblütern und Hackneys zurückzuführen sind. Durch diese Veredelung wurde der Naturtyp etwas zurückgedrängt und das Pony insbesondere im Fundament leichter.

Mehrere bedeutende Zuchtlinien wurden begründet, nachdem vor knapp 100 Jahren die Zucht in Wales erstmals geordnet wurde und sich an bestimmten Zielen orientierte. Gefestigt wurde die Zucht organisatorisch im Jahre 1901 mit Gründung der »Welsh-Pony-and-Cob-Society«. Die systematische Stutbuchführung begann im Jahre 1902. Herausragender Stammvater war der Schimmelhengst »Dyoll Starlight«, geboren 1895, 5jährig 117 cm groß (Widerristhöhe). Die Nachkommen dieser Linie sind auch heute noch wegen ihrer Schönheit und Leistungsfähigkeit begehrte Ponys.

Welsh-Ponys werden seit dieser Zeit in mehreren Standardklassen, die nach Größe, Gebrauchszweck und Abstammung unterteilt sind, gezüchtet. Das

Welsh-Mountain-Pony ist das »Basismodell« und bildet mit seinen spezifischen Eigenschaften und einer zugelassenen Größe bis zu 122 cm Widerristhöhe die Sektion A. Weitere Sektionen sind:

● Sektion B (Welsh-Riding-Pony): Stockmaß bis 137 cm
● Sektion C (Welsh-Pony im Cob-Typ): Stockmaß bis 137 cm
● Sektion D (Welsh-Cob): Stockmaß über 137 cm

Bei der Zucht der Ponys im Ursprungstyp der Sektion A wird heute Wert auf Rassereinheit gelegt, d. h., daß keinerlei Kreuzungsprodukte oder Ponys, die zwar rassetypisch sind, aber keine Abstammungsnachweise (Pedigree) besitzen, in das Stutbuch aufgenommen werden. Hierdurch wird in der Sektion A eine Grundsubstanz an Welsh-Pony-Typischem erhalten, die eine Grundlage für Gebrauchskreuzungen bietet und besonders wertvoll ist, um bei Rückkreuzungen der anderen Sektionen den Rassetyp zu vererben.

Hinsichtlich Exterieur und Interieur ist das Welsh-Mountain-Pony zwar ein »arabisiertes« Pony, doch soll es kein »Miniaturaraber« sein. Die meisten Rassevertreter besitzen den typischen Welsh-Kopf mit breiter Stirn, großen, klaren Augen, die Intelligenz und Vertrauen zeigen, leicht konkav geschwungenem Nasenrücken und kleinem, feinlippigem Maul mit weiten Nüstern. Die Ohren sind klein und spitz, nicht zu breit angesetzt. Im Verhältnis zum Körperbau ist der Kopf klein, dabei trocken und edel bei kräftigen Ganaschen. Der Körper des Ponys soll rundlich und kräftig sein, mit gut gelagerter schräger Schulter und starkem Fundament. Die Oberlinie wünscht man sich geschwungen, den Widerrist

wenig abgesetzt. Eine lange, seidige Mähne und ein hoch angesetzter Schweif runden das gefällige Äußere dieses Ponys ab.

Welsh-Ponys werden einfarbig gezüchtet; am verbreitetsten sind Schimmel, Füchse und Palominos, aber auch alle anderen Pferdefarben kommen vor. Als Zuchttiere nicht eingetragen werden Schecken, die bei dieser Rasse aber auch nur selten vorkommen.

In der Bewegung ist das Welsh-Mountain-Pony durchweg fleißig und energisch bei gutem Hinterhandschub und guter Elastizität. Springvermögen und Trittsicherheit sind sehr gut. Temperament und Wesen sind gekennzeichnet durch Lebhaftigkeit, Mut und Umgänglichkeit. Nicht ganz so geduldig wie Shetlandponys, stellen sie im Vergleich zu diesen auch etwas höhere Haltungsansprüche, sind also nicht so robust, kälteunempfindlich und genügsam.

In Deutschland waren die Welsh-Ponys noch vor 25 Jahren so gut wie unbekannt. Erst 1961, als die Shetties schon breite Liebhaberkreise bei uns gefunden hatten, wurden die ersten Welsh-Mountain-Ponys aus England eingeführt. Die ersten Importe, hübsche und typgerechte Ponys, fanden schnell viele Bewunderer. Die Nachfrage nach diesen »Edelponys« für Kinderreit- und Fahrzwecke schnellte hoch und war Mitte der sechziger Jahre besonders groß. Viele Tiere wurden nunmehr aus England und dem Nachbarland Holland eingeführt, darunter auch eine Menge nicht typgerechter Tiere, die zunächst auch die deutsche Welsh-Pony-Zucht negativ beeinflußten. Erst zehn Jahre nach dieser Importwelle und mit Beginn der Sättigung des Ponymarktes wurde insgesamt gesehen die

Qualitätszucht verstärkt und die Typen-differenzierung nach internationalem Muster überall zugrundegelegt.

Der Trend zum Kauf größerer Pony-rassen hat auch die Zahl der Welsh-Mountain-Ponys in den letzten Jahren etwas reduziert. Beliebt bleibt es als Kinderreitpferd, insbesondere für acht- bis zwölfjährige Kinder, die ein elegantes Pferdchen mit raumgreifenden Bewegungen wünschen. Als Fahrpony hat es darüber hinaus zahlreiche erwachsene Pferdeliebhaber gefunden. So sind Welsh-Mountain-Ponys, ein- oder mehr-spännig gefahren, recht häufig eine gelungene Bereicherung bei Turnieren.

Das Islandpferd

Das von allen Robustpferderassen wohl widerstandsfähigste und von seinem Äu-ßeren her urtümlichste Pferd ist das Is-landpferd.

Gegen Ende des 9. Jahrhunderts wur-de die Insel Island besiedelt. Die ersten Siedler waren Wikinger aus dem 1000 km entfernten norwegischen Vestland, von wo sie aufgebrochen waren, um sich der förmlichen Oberherrschaft des Wikin-gerkönigs Harald Schönhaar, der die nor-wegische Reichseinigung herbeiführen wollte, zu entziehen. Sie wollten freie Bauern bleiben und brachten ihr gesam-tes Hab und Gut mit. Darunter waren ih-re ursprünglichen Germanenponys so-wie auch feingliedrigere Keltenponys, die sie bei Zwischenaufenthalten in Nordschottland erstanden hatten.

Nach den Untersuchungen EB-HARDTS haben die unterschiedlich har-ten Lebensbedingungen auf der kargen Insel im hohen Norden mit extrem mari-timem, rauhem Klima und die nicht ge-

ringen Unterschiede der Luftfeuchtig-keit dazu geführt, daß die Islandpferde – entsprechend ihrem Erbgut – in drei Ty-pen zu unterscheiden sind. So dominiert im Südosten Islands ein verhältnismäßig massiger Pferdetyp. Im Südwesten setzte sich noch am ehesten der ursprüngliche Typ des Germanenponys durch, wäh-rend im Norden der Insel die Population feingliedriger ist und Reste keltischen Blutes verkörpert. Trotz gewisser Unter-schiede ist die Rasse in ihrem Erschei-nungsbild gut konsolidiert.

In den ersten Jahrhunderten nach der Besiedlung Islands wurde der Pferde-zucht viel Beachtung geschenkt. Die Bauern trieben Zuchtwahl nach Rasse und Qualität. Zur Zeit des isländischen Freistaates (930–1262) waren die Pferde auch außerhalb Islands beliebt. Vor al-lem feurige Hengste gingen als Gaben an die frühmittelalterlichen Königshäuser des Kontinents. Auch nach Norwegen zurück kamen in Island gezüchtete Pfer-de, insbesondere nachdem Norwegen ab 1263 wieder die Handels- und Seehoheit bekam und Island sich mit dem Vertrag »Gamli sattmali« norwegischer Oberho-heit unterwarf.

Die bisher (auch vom Verfasser) als Faktum dargestellte Reinzuchtveranke-rung des Islandpferdes durch einen for-mellen Beschluß des isländischen »All-thing« (Versammlung der Freien), wo-nach ab dem 11. Jahrhundert die Einfuhr ausländischer Pferde nicht mehr zulässig gewesen sein soll, entspricht nach den Studien des Verfassers über den Ur-sprung der nordischen Pferderassen ein-deutig nicht den Tatsachen. Richtig ist vielmehr, daß es weder in isländischen noch in norwegisch-dänischen Gesetzen für Island vor dem 8. 9. 1931 (erstes Schaf-importverbot) rechtsgültige Bestimmungen über den Viehhandel gab. Die ersten gesetzlichen Bestimmungen, in die alle Importtiere eingeschlossen sind, stammen vom 8.3.1948.

Diese historische Korrektur schmälert aber keineswegs das jahrhundertelang praktizierte grundsätzliche Reinzuchtideal. In Kenntnis der speziellen Eigenschaften ihrer Pferde erschien es den Isländern seit jeher als wenig sinnvoll, andere Pferderassen in größerem Stil einzukreuzen, wie es bei bodenständigen Rassen auf dem Kontinent häufig geschah. Wie sehr die Isländer von der Qualität ihrer Pferde überzeugt sind, zeigt ein Beispiel aus der Bauzeit des Hafens Reykjavik (1900–1910). Aus Norwegen wurden Østlandpferde (Gudbransdaler/Døle) eingeführt, die aber im Leistungsvergleich mit den heimischen Pferden nicht überzeugten und deshalb wohl den letzten Pferdeimport darstellen.

Planmäßig wird das Islandpferd in seiner Heimat seit 1920 gezüchtet, d. h., es wird ein Stammbuch geführt. Ein Blick in die Stammbücher zeigt neben interessanten Abbildungen auch wertvolle Hinweise auf Temperament, Gänge und Reiteigenschaften der Zuchtpferde. Trotz der Motorisierung besitzt das Pferd in seiner Heimat noch große Bedeutung. Im Innern der Insel sind Ponys unentbehrliche Reit- und Tragtiere, da einerseits das Straßennetz schlecht ausgebaut ist und andererseits eine Eisenbahn völlig fehlt. Neben der Zucht von Reit- und Tragponys werden auch Schlachtponys aufgezogen, denn der Verzehr von Pferdefleisch ist von alters her üblich.

Die Zahl der in Island gehaltenen Pferde kann nur geschätzt werden, sie mag bei etwa 50 000 liegen. Sie werden auf sehr großen Farmen mit Flächen von 200 bis 300 Hektar meist in Herden halbwild gehalten. Aufgestallt werden im Winter nur die Reit- und Tragpferde sowie diejenigen Jungpferde, die im Frühjahr zugeritten werden sollen.

Hauptziel der isländischen Pferdezucht ist seit Mitte der fünfziger Jahre der Export von Reitponys in viele europäische und außereuropäische Länder. Selbst in Alaska weiß man ihre Leistungsfähigkeit zu schätzen, dort werden sie als Rentierponys beim Hüten großer Herden erfolgreich eingesetzt.

In Deutschland wurden Islandpferde vereinzelt bereits 1920 gezüchtet. Seit den sechziger Jahren erfreuen sich Islandpferde immer größerer Beliebtheit und werden in allen Zuchtgebieten der Bundesrepublik stutbuchmäßig erfaßt. Man schätzt, daß heute außerhalb Islands in Europa bereits nahezu 30 000 Exemplare verbreitet sind.

Mit einer durchschnittlichen Widerristhöhe, die bei etwa 135 cm Stockmaß liegt (in den Grenzen von 128 cm bis 144 cm), ist der Isländer ein handliches, kompaktes Pferd. Der Röhrbeinumfang beträgt im Schnitt 18 cm. Es gibt Isländer in allen Farben: Füchse, Braune und Rappen sind am häufigsten vertreten, aber auch Falben, Schimmel, Isabellen und Schecken kommen vor. Wie beim Fjordpferd weisen vor allem die Falben einen deutlichen Aalstrich auf.

Rassetypisch sind ein stämmiger, kompakter, rundrippiger Körper und relativ kurze, aber kräftige Beine. Ein breiter Keilkopf mit schweren Kiefern, starkem Stirnschopf zwischen kurzen Mausohren und ein klares, waches Auge sind echte Ponymerkmale. Der Hals ist kurz, etwas schwer und beim Reitpony gut aufgerichtet. Das Deckhaar ist dicht, ziemlich derb, während der Sommerzeit kurz

Abb. 6: Islandpferde auf der Weide. Sie fühlen sich in Offenstallhaltung und mit Weidegang am wohlsten.

und im Winter lang. Zum Winterfell, das beim gesunden Pferd eher pelzig als struppig aussehen soll, gehört ein Kinnbart. Der Schweif, tief angesetzt und oben mit der sogenannten Ponyglocke abgedeckt, ist ebenso wie die Mähne dicht und lang. Röhrbein, Hinterröhre und Sprunggelenk sind kräftig. Die Hinterbeine stehen oft kuhhessig. Bedingt durch die kräftigen Gelenke und Knochen, sind auch kleinere Islandpferde um 130 cm Stockmaß ohne weiteres in der Lage, Erwachsene als Freizeitreiter zu tragen.

Neben den üblichen drei Grundgang-arten – Schritt, Trab und Galopp – gehen gute Islandpferde noch Paß und Tölt. Der Paßgang ist sicherlich vielen Lesern als Gangart des Kamels bekannt. Im Paß werden einmal gleichzeitig die beiden rechten und danach gleichzeitig die beiden linken Beine nach vorne gebracht, wodurch ein Zweitakt entsteht. Charakteristisch sind bei dieser Gangart die schiebenden Bewegungen nach vorwärts sowie die Rechts-Links-Schwingungen, die der Reiter im Sattel mitmachen muß. Der Paß ist für das Pferd kräftesparend, es sei denn, er wird im Renntempo geritten. Rennpaßwettbewerbe sind sehenswert. Die Ponys starten in den Rennen im Galopp und müssen nach 50 Metern aus vollem Tempo in den Paß umgesprungen werden. Beim Umspringen in den Paß streckt sich der Pferdekörper in die

Bewegung, das Tempo wird gesteigert und der Rennpasser bietet den faszinierenden Anblick eines »fliegenden« Pferdes.

Der Tölt ist die vorzüglichste Gangart eines guten Isländers. Der Reiter sitzt bei dieser Gangart ziemlich erschütterungsfrei im Sattel, ohne wie beim Trab geworfen zu werden und auch ohne Rechts-Links-Verschiebung wie beim Paß. Der Tölt kann vom Schritt- bis zum Renntempo gesteigert werden und hat eine Viertaktfußfolge wie der Schritt des Pferdes. Die Fußfolge ist allerdings beim Tölt erheblich schneller. Will man diese Gangart reiten, muß man sich eingehend mit der Körperhaltung des Pferdes, den speziellen Hilfen und dem Sitz vertraut machen. Der örtliche Reitlehrer wird als Ausbilder hierzu kaum in der Lage sein. Überregionale Lehrgänge zur Ausbildung von Pferd und Reiter werden von einigen Veranstaltern (Verbände und Trekkingunternehmen) inzwischen vor allem in der Urlaubszeit angeboten. Um dem Pferd die Hilfen verständlich zu machen und auf »Kommando« die Gangart wechseln zu können, bedarf es einer ähnlichen Grundausbildung der Spezialgangarten beim Islandpferd, wie sie für die Normalgangarten bei allen Pferden erforderlich ist.

Das höchste Ausbildungsziel für ein Islandpony ist das sog. »Fünfgangpferd«, das mühelos in die verschiedenen Gangarten umgesprungen werden kann und diese auch taktklar, ohne sie zu vermischen, beherrscht. Die weitaus meisten Islandponys sind – aufgrund von Körperbau und Veranlagung – Viergänger, bei denen nur eine der Spezialgangarten ohne Vermischung geritten werden kann. Der Schwerpunkt in Zucht und Ausbildung liegt beim Tölt. Nach dem Zucht-

bewertungsschema für Islandponys werden Charakter- und Reiteigenschaften mit 60 % und das Exterieur mit 40 % bewertet.

Vom Charakter her ist das Islandpony selbstbewußt; manchmal ist es auch – zu Unrecht – als eigenwillig bezeichnet worden. Wach und interessiert, nicht ohne Temperament und Vorwärtsdrang, trotzdem aber gutmütig und von der Grundstimmung her bedächtig und ruhig, hat sich dieses Pony als Familienpferd tausendfach bewährt. Seine vielseitige Verwendungsmöglichkeit unter dem Sattel reicht vom erholsamen Wochenendritt über mehrstündiges Trekking bis zum wettkampfsportlichen Gangartenturnier oder Distanzreiten.

Die Widerstandsfähigkeit des naturnah aufgezogenen Islandponys, das erst fünfjährig geritten werden sollte, macht es für unsere mitteleuropäischen Klimaverhältnisse zu einem idealen Freizeitpferd, das ganzjährig im Offenstall gehalten werden kann. Futterverwertung und sonstige Haltungsvoraussetzungen entsprechen weitgehend denen des Fjordponys. Bis auf eine leider vornehmlich bei Importponys vorkommende sommerliche Allergie, Sommerekzem genannt, ist das Islandpony recht widerstandsfähig gegen Krankheiten.

Der gesamte Trend zur Ponyhaltung, das Freizeitreiten Jugendlicher und Erwachsener auf kleinen Pferden und die Bezeichnung »Robustpferd« sind mit dem Islandpony eng verknüpft. Es hat bei allen diesen Begriffen Pate gestanden, als in den fünfziger Jahren einige Pioniere (primär Bruns und Bjarnason) die Verwendungsfähigkeit des Islandponys erprobten, für gut befanden und publizierten.

Der Haflinger

Ursprungsland und erstes Zuchtgebiet des Haflingers ist Südtirol, die heutige italienische Provinz Bozen. In diesem unwegsamen Gebirgsgebiet zwischen Etsch- und Sarntal, 1000 bis 2000 m über dem Meeresspiegel, sind auch heute noch vielfach die kleinen Dörfer nur über schmale Gebirgspfade erreichbar. Von jeher waren Gebirgsponys unentbehrliche Helfer für die ansässigen Bauern, denen das Pony als Arbeitspferd zur Bewirtschaftung der kärglichen Scholle, als Tragtier und Bergreitpferd zwischen den weit auseinanderliegenden Gemeinden und Weilern und zu den Märkten im Tal diente.

Die eigentliche Zucht des Haflingers mit gezielter Anpaarung und entsprechender Zuchtwahl zur Festigung eines ziemlich konsolidierten Rassetyps ist gut 100 Jahre alt. Über die zur Züchtung des Haflingers herangezogenen Rassen bestehen Unklarheiten. Zum Teil wird behauptet, daß im späteren Entstehungsgebiet der Rasse keine bodenständige Pferdezucht existiert habe, sondern lediglich ein vielfältiges Rassengemenge mit Noriker- und Arabereinschlag. Von vielen österreichischen Hippologen wird dage-

Abb. 7: Der Haflinger mit seiner weißen Mähne wird als vielseitiges Freizeitpferd für Reiten und Fahren immer beliebter.

gen bestätigt, daß in Nordtirol ursprünglich ein kleinerer Schlag des norischen Kaltblutes und in Südtirol ein zäher Gebirgsponyschlag, etwa vergleichbar dem derberen Typ des Bosnischen Gebirgsponys, braun, 135 cm Stockmaß groß, gezüchtet wurde. Wahrscheinlich ist, daß im Mittelalter von den Kreuzzügen und Türkenkriegen orientalische Beutepferde nach Südtirol kamen und damit bereits das bodenständige Gebirgspony norischen Ursprungs veredelt wurde.

Die Epoche der systematischen Haflingerzucht begründete schließlich der erste Haflingerhengst 249 FOLIE, der 1874 geboren und registriert wurde. Dieser reinerbige Goldfuchs mit Aalstrich, weißen Fesseln, etwa 146 cm Stockmaß groß, ist der Stammvater aller heutigen Haflinger und ging aus der Paarung zwischen einer arabisch veredelten Landstute und dem Halbblutaraberhengst 133 EL'BEDAVI XXII, ebenfalls Goldfuchs mit Aalstrich, 155 cm Stockmaß groß, geboren 1868, hervor. Auf die beiden Söhne des Hengstes 249 FOLIE, die Hauptlinienbegründer 14 FOLIE I, einen Fuchs mit Aalstrich und durchgehender Blesse, 145 cm Stockmaß groß, geboren 1887, und liz. 252/233 HAFLING, einen Rotfuchs mit Blesse, 140 cm Stockmaß groß, geboren 1897, gehen alle Hengstlinien der Haflinger zurück. Die nach Umfang und Güte erfolgreichste Nebenlinie ist die des 14 FOLIE I-Enkels 42 MANDL, deren Vertreter bis heute neben Schönheit in der Form und ausreichendem Rahmen auch den erstrebten Adel verzeichnen. Für die spätere Haflingerzucht in Bayern erlangte der Linienbegründer liz. 401 WILLI, geb. 1921, besondere Bedeutung. Er stammt über den Hengst 291 JENNER, geb. 1908, direkt von 233 HAFLING ab. Nach 1918 verbreitete sich die Haflingerzucht zunächst auf die Alpentäler Nord-und Osttirols. In den Jahren 1934/1935 wurde auch in Bayern mit der Zucht in größerem Umfang begonnen. Sowohl die Wehrmacht als auch die Berg- und Almbauern schätzten dieses vielseitig verwendbare, anspruchslose und harte Bergpferd. Die Verbreitung hat seitdem ununterbrochen zugenommen. Heute werden Haflinger nicht nur in Berggegenden, sondern auch in ausgesprochenen Flachlandgebieten gehalten und gezüchtet. Hauptverbreitungsgebiete sind – nach Italien und Österreich – die Bundesrepublik Deutschland, Holland und die Schweiz. Neben der bayerischen Zucht hat in Deutschland in den letzten Jahren die westfälische Haflingerzucht, die auf Nordtiroler und bayerischen Blutlinien aufgebaut ist, stark an Bedeutung zugenommen. Auch außerhalb Europas hat man inzwischen die Qualitäten dieser Pferderasse erkannt. Exporte in die Vereinigten Staaten, nach Südamerika und sogar nach Asien setzen den Siegeszug des Haflingers fort.

War der Haflinger noch vor 15 Jahren neben dem Fjordpferd diejenige Kleinpferderasse, die neben dem Traktor für viele Arbeiten im landwirtschaftlichen Betrieb zweckmäßig und billig einzusetzen war, so ist er heute überwiegend Freizeitpferd. Mit der Änderung des Verwendungszweckes hat sich auch die Exterieuranforderung gewandelt. Der moderne Haflinger soll im sogenannten »Reittyp« stehen, also vor allem hinsichtlich Brust- und Kruppenbreite weniger »kaltblutartig« wirken. Dank der planmäßigen Züchterarbeit ist dies durch Reinzucht inzwischen hervorragend gelungen. Übereinstimmungen mit der Zucht des Fjordpferdes sind hier unverkennbar.

Die Größe des Haflingers variiert von 134 cm bis 142 cm Stockmaß, der Röhrbeinumfang von 18 cm bis 20 cm. Dabei gilt, daß die etwas edlere, trockenere Bergform, z.B. der in Tirol aufgezogene Haflinger, kleiner ist als der im Flachland aufgezogene. Dies ist erklärlich, da die Aufzuchtbedingungen unterschiedlich sind. Die in den Gebirgsgegenden aufwachsenden einjährigen und zweijährigen Fohlen werden durch Älpung, d. h. Sommerhaltung auf Hochalmen in Höhen bis 2500 m über NN, robust aufgezogen und recht karg ernährt.

Untersuchungen haben ergeben, daß neben der kargen, aber mineralstoffreichen Ernährung auf den Almen auch die sauerstoffärmere Luft und die verstärkte Sonneneinstrahlung eine besondere Rolle spielen. Die Ernährungsgrundlage in niedrigeren Lagen und im Flachland ist dagegen durchweg üppiger und begünstigt den größeren Wuchs und etwas mehr Kaliber. Sicherlich ist der Berghaflinger von seiner Trockenheit und Härte her überlegen. Indes bietet auch der im Flachland gezogene Typ die Gewähr für ein genügsames, leistungsfähiges Freizeitpferd.

Die typische Farbe des Haflingers ist die Fuchsfarbe; sie kommt in allen Farbschattierungen vor. Ganz besonderer Wert wird heute auf Zuchtmaterial gelegt, das den leichteren Reitponytyp mit mehr als 140 cm Stockmaß verkörpert und außerdem möglichst reinerbig für weißes Langhaar ist.

Der angestrebte Typ des modernen Haflingers verkörpert ein Pferd, das über genügend Tiefe, gute Rippung, trockenes Fundament und korrektes, flottes Gangwerk verfügt. Der kurze Kopf mit lebhaften, großen Augen und kleinen Mausohren soll breit und ausdrucksvoll

sein, mit konkavem Profil, das an den orientalischen Einfluß erinnert. Die sonstigen Exterieuranforderungen sind ein gut aufgesetzter, langer Hals; ein markierter Widerrist; fester Rücken, lang bis mittellang mit guter Sattellage; schräg gelagerte, lange Schulter; trockene, gut gewinkelte Gliedmaßen mit ausgeprägten Gelenken und wenig Behang.

Der Charakter des Haflingers ist anständig und gutmütig, sein Temperament angenehm. Hinzu kommen die allen Gebirgsponys eigenen guten Futterverwertungseigenschaften, die Trittsicherheit, die Ausdauer und Widerstandsfähigkeit. Beliebt sind Haflinger als vielseitige Familienpferde, die gleichermaßen zum Reiten und sehr häufig auch zum Fahren eingesetzt werden.

Das Fjordpferd

Das norwegische Fjordpferd (norwegisch: Vestlandhest, auch Fjording oder einfach Norweger genannt) ist in Typ und Gepräge der größte Vertreter der nordischen Ponyrassen und gehört zweifellos zu den ältesten Pferderassen Europas. Die von manchen vermutete direkte Abstammung vom Przewalskipferd aufgrund einer oberflächlichen Ähnlichkeit mit diesem ist ohne wissenschaftliche Grundlage. Exterieur, Fell und Schutzhaar sowie Färbung und Verhalten differieren in hohem Maße. Sehr weit gefaßte Abstammungsbeziehungen zu frühgeschichtlichen Domestikationsformen des Przewalskipferdes, die als bronzezeitliche Landpferdeschläge unterschiedlicher Wuchsform, Größe und Färbung in ganz Eurasien verbreitet waren, sind aber sicher zutreffend. Aus diesen Landpferdeschlägen entwickelten sich in Skandinavien etwa ab dem 7. Jahrhundert n. Chr. die direkten Vorfahren der heutigen Fjordpferde. Die frühgeschichtlichen nordischen Pferde maßen um 140 cm Stockmaß und wurden u. a. von den Wikingern des norwegischen Vestlands als Reitpferde eingesetzt. Aus diesen wikingerzeitlichen Pferden gingen durch unterschiedliche Zuchtentwicklung im Laufe der folgenden Jahrhunderte – neben dem heutigen Fjordpferd – auch die Rassen Islandpferd, norwegisches Nordlandpferd, schwedisches Gotlandpferd, schottisches Hochlandpferd, finnisches Pferd und norwegisches Dølepferd (Gudbrandsdaler/Østlandpferd) hervor. Wissenschaftliche Belege weisen aus, daß das Fjordpferd von allen genannten Rassen noch am ehesten hinsichtlich des Skeletts und der Größe vergleichbar ist mit den Wikingerpferden des Vestlands um 1000 n. Chr.

Die älteste bildliche Darstellung eines frühgeschichtlichen Fjordpferdes stammt aus der Eisenzeit (7. Jahrh. n. Chr.; Helmbeschlag aus dem Bootgräberfeld Vendel VII). Auch verschiedene Stickereien des Bildteppichs von Bayeux (Normandie) zeigen Normannenpferde, die Fjordpferden ähnlich sind. Schließlich kann man auf einem Gemälde im Nordischen Museum Skansen (Stockholm) den Schwedenkönig Gustav Adolf in der Schlacht von Lützen (1632) ein Fjordpferd reiten sehen.

Eine erste planmäßige Zucht begann etwa um 1820 im norwegischen Vestland, einer regen- und schneereichen Gebirgslandschaft. Die Haltung in den kleinen bäuerlichen Betrieben war nach zeitgenössischen Berichten außerordentlich karg, weshalb die Fjordpferde selten größer waren als 1,30 m Stockmaß.

Um 1800 schreibt WALTHER (zitiert nach FLADE) über das Fjordpferd: »Lebhafte, muntere, mutige und sichere Bergpferde, besser zum Reiten als Fahren. Sie wehren sich tapfer gegen Bären und Wölfe.«

Die falbe Farbe der Fjordpferde, die heute so charakteristisch für die Rasse ist, war um 1800 noch keineswegs so einheitlich wie 100 Jahre später, als Graf Wrangel in seinem »Buch vom Pferde« die falben Norweger erstmals über die Grenzen Skandinaviens bekannt machte. Ursprünglich gab es neben Falben der verschiedenen Abstufungen auch Braune, Füchse und Rappen. Schimmel oder Schecken, wie wir sie z.B. bei den Islandpferden heute antreffen, hat es früher nach Berichten, die um 1500 bis 1600 n. Chr. datiert sind, weder in Norwegen noch Island gegeben.

Um 1850 bekam die Fjordpferdezucht neue Impulse, als man wegen gestiegener Ansprüche der Landwirte an die Zugkraft versuchte, das Fjordpferd größer zu züchten. Bis dahin waren die Pferde als Reit-, Zug- und Tragtiere teilweise unter extremen Bedingungen im Gebirge eingesetzt worden. Um mehr Größe und Masse zu bekommen, versuchte man in verschiedenen Bezirken des Vestlands, Fjordpferde mit größeren Pferden, vornehmlich Dølepferden, zu kreuzen. Die Ergebnisse befriedigten indes nicht, weil die Nachzucht fast ausnahmslos Charakterfehler aufwies, die man nicht akzeptieren konnte. Nach weitgehender Bereinigung der Zuchtpopulation, die gleichzeitig auch mit einer verstärkten Selektion auf die Falbfärbung verbunden war, kam man wieder zur konsequenten Fortführung der Reinzucht des ursprünglichen Fjordpferdtyps. Durch Selektion und bessere Aufzuchtbedin-

Abb. 8: Fjordstute im heute gesuchten leichteren, trockenen Typ.

gungen sowie eine gehaltvolle Fütterung der Fohlen wurde die Rasse nun etwas größer und bekam wieder die Maße des ursprünglichen Wikingerpferdes, also etwa 1,40 m Stockmaß.

Anläßlich der großen Landwirtschaftsausstellung in Hamburg sah man im Jahre 1883 erstmals eine Kollektion norwegischer Fjordpferde, darunter den eleganten Fjordhengst Rosendalsborken I. 8. Norwegen stellte dann auch bei den internationalen Tierausstellungen 1896 in Odense (DN) und 1898 in Paris (F) typische Fjordpferde aus. Zu dieser Zeit galten sie als »Exoten« mit ihrer aparten Falbfarbe, dem Aalstrich, den Beinstrei-

fen und der seit Jahrhunderten rassetypischen Stehmähnenfrisur. So ist auch erklärlich, daß zunächst verschiedene Adelige Europas sich diese Pferde kauften. Um 1910 erwarb die rumänische Königin zwei sehr schöne graufalbe Fjordpferde als Gespann. Weitere Balkanfürsten und auch der englische Herzog von Westminster eiferten ihr nach.

Nach Deutschland kamen die ersten Fjordpferde im Jahre 1940; es waren der Fjordhengst Sølvfaks sowie 17 Fjordstuten, die in einem Gestüt der Wehrmacht gehalten wurden. In größerem Umfang begannen Einfuhren von Fjordpferden in den fünfziger Jahren, als die Zeit der großen Wirtschaftspferde langsam endete. Etliche Zuchtexemplare wurden ab 1952 von Landwirten aus Norwegen und dem Nachzuchtgebiet Dänemark eingeführt. Geschätzt wurden die Pferde zunächst als leistungsbereite, anspruchslose und leicht zu handhabende Zugtiere in der Landwirtschaft sowie in Spezialkulturen des Wein- und Obstbaues. Manche Nachzuchtgebiete bevorzugten zu dieser Zeit einen vom Originaltyp abweichenden eher massigen Fjordpferdtyp, andere wiederum züchteten den weniger quelligen, trockenen Originaltyp, der heute als robustes Freizeitpferd geschätzt wird.

Die gesamte Fjordpferdezucht geht über den Hengst NJAL 166, geb. 1891, auf den im Typ des ursprünglichen Naturpferdes stehenden Fjordhengst GANGE ROLV I. 42, geb. 1874, zurück. Seit 1925 beruht die Zucht auf den Nachkommen des NJAL 166, nämlich den Linienbegründern HAKON JARL 645, geb. 1913, BERGFAST 635, geb. 1912 und ØYARBLAKKEN 819, geb. 1923.

Seit Mitte der sechziger Jahre hat sich in Deutschland die Fjordpferdezucht langsam, aber konsequent wieder zugunsten des drahtigen Originaltyps entwickelt. Kurzatmige Kreuzungsexperimente mit Araberhengsten, einem Vollbluthengst in Schleswig-Holstein und, völlig unnötig, mit einem Connemarahengst in Hessen sind vorhersehbar inzwischen gescheitert zugunsten sorgfältiger Reinzuchtwahl.

Das moderne Fjordpferd hat bei dieser Umstellung durch Zuchtwahl seine wertvollen Eigenschaften, die den Liebhaber zur Wahl gerade dieser Rasse unter den Robustpferden im engeren Sinne veranlassen, behalten. Hervorzuheben sind Leistungsbereitschaft und Umgänglichkeit, nicht Phlegma, sondern waches Temperament ohne überzogene Nervosität. Fjordpferde entsprechen, wenn sie fachkundig aufgezogen und ausgebildet

werden, in hohem Maße den Anforderungen, die heute an ein robust zu haltendes, vielseitig verwendbares Familien-/Freizeitpferd mit Eignung zum Reiten und Fahren gestellt werden. Ideal als ein »Geländepferd im Cob-Typ« sind sie voll Energie, Ausdauer und Mut bei jeder Geländesituation. Bei sportlichen Wettbewerben, insbesondere bei Distanzritten über lange Strecken und unter härtesten Bedingungen sowie bei Fahrturnieren, haben Fjordpferde in den letzten Jahren häufig gezeigt, was in ihnen steckt. Exemplarisch sei hier nur der Fjordhengst BØLJA des Albert Fichtel erwähnt, der mit besten Erfolgen mehrere tausend Kilometer Distanzritte gelaufen ist, darunter allein 14 Hundertmeiler.

Zu den bereits erwähnten inneren Eigenschaften gehört beim Fjordpony ein auf den Hauptverwendungszweck Reiten ausgerichtetes Exterieur, gepaart mit einem Höchstmaß Rassetypus. Ausschlaggebend für die Beurteilung eines Fjordponys ist in erster Linie der Kopf. Er soll ausdrucksvoll und trocken sein und muß beim Zuchttier einen ausgeprägten Geschlechtstyp zeigen. Das Auge soll Klugheit, Energie, Vertrauen und Leistungsbereitschaft widerspiegeln. Rassetypisch ist die breitflächige Stirn mit geradem oder leicht konkavem Nasenrücken, sind kleine, runde, weit auseinanderstehende Ohren. Die Ganaschen sollen nicht tief, aber weit sein.

Der Hals soll genügend lang und gut angesetzt sein; mit ihm balanciert sich das Pferd aus. Nicht erwünscht ist ein fleischiger Unterhals. Die Schulter wünscht man schräg, freiliegend und gut bemuskelt. Mit genügend Länge soll sie einen deutlichen Widerrist bilden. Der Rücken, mittellang bis lang, soll elastisch geschwungen und gut bemuskelt

sein. Starke Verbindungen zum Schulter-
gürtel und zur Kruppe sind für ein Reitpony wichtig. Viel Gurtentiefe und eine
gute Rippenwölbung sind Leistungsmerkmale. Sie bieten Raum für gut entwickelte Organe und erleichtern Sattellage und Gleichgewicht unter dem Reiter.
Eine lange, schräge Kruppe bei genügend breitem Becken sowie eine gut gewinkelte Hinterhand mit langem Ober-
und Unterschenkel befähigen das Pony
zu dem geforderten Schub und Schwung
aus der Hinterhand.

Die Leistungsfähigkeit der Beine be-
mißt sich nach der Korrektheit ihrer Stellung in Stand und Bewegung, der Ausprägung und Einschienung ihrer Gelenke sowie ihrer Proportionen und Winke-
lungen. Eine leicht zehenweite Vorhand-
stellung oder kuhhessige Hinterhandstellung sind im Gegensatz zur zehenen-
gen Stellung und zur Faßbeinigkeit keine Gebrauchsmängel. Rassetypisch für
Fjordponys sind leichte, behende Bewegungen, die sich der jeweiligen Bodenbeschaffenheit anpassen.

Die Falbfarbe der Fjordponys ist die
Aufhellung der Wildfärbung, zu der
auch der Aalstrich und die Beinstreifen
gehören. Die verschiedenen Schattie-
rungen entsprechen den üblichen Pferdefarben plus Aufhellungsfaktor, und
zwar

der Hellbraunfalbe = dem Hellbrau-
nen,
der Braunfalbe = dem Dunkelbrau-
nen,
der Graufalbe = dem Rappen,
der Rotfalbe = dem Fuchs.

Kleine weiße Abzeichen am Kopf
kommen in der Reinzucht vor, an den
Beinen jedoch nie. Die zweifarbige Mähne der Fjordponys wird wegen ihrer
Dichte und der Dicke der Mähnenhaare

häufig zu einer rassetypischen Stehmäh-
ne frisiert. Letzteres ist aber nicht unbedingt erforderlich; man kann die Mähne
auch lang wachsen lassen, wenn man das
urige Aussehen der Ponys dadurch un-
terstreichen will.

Als adäquate Haltungsform hat sich
für Fjordponys die Robusthaltung seit
Jahrzehnten bewährt. Viel Licht, Luft
und täglich freier Auslauf sind unerläßli-
che Voraussetzungen für die artgemäße
Haltung dieser widerstandsfähigen nordischen Ponyrasse. Aufgrund des kräftigen Gebisses und seines Verdauungs-
traktes ist das Fjordpferd in der Lage, besonders gut voluminöses Futter, also
Rauhfutter, zu verwerten. Als Erhaltungsfutter (bei leichter Arbeit) reichen
im Sommer Weidegang und im Winter
Heufütterung + Mineralstoffergänzung.
Fjordpferde gelten gemeinhin als Para-
debeispiel für gute Futterverwertung; ihr
natürlicher Freßtrieb – bei verhältnismäßig wenig Eigenbewegungsdrang – kann
auf unseren Kulturweiden leicht zu
Überernährung und Verfettung führen,
weshalb sich im Sommer bei zu üppigen
Weiden die Einschränkung der Weidezeit empfiehlt.

Jedwedes Kraftfutter, ohne das auch
Fjordpferde stärkeren sportlichen Bean-
spruchungen nicht gewachsen sind, muß
leistungsangepaßt sein. Zu reichliche
Kraftfuttergaben beeinträchtigen ganz
erheblich die Gutartigkeit und Umgänglichkeit; sie führen nicht selten zu der gefürchteten Hufrehe, die sehr schmerz-
haft ist und zu chronischer Hufbeinsen-
kung mit Lahmheit führt. Gleiches gilt
für die Fütterung anderer sehr stark ei-
weißhaltiger Futtermittel (Klee, Luzer-
ne etc.). Hierauf reagieren alle Robustrassen unter Umständen sehr empfindlich. Empfehlungen aus der Großpferde-

fütterung, die man nur in Relation zum geringeren Gewicht der Robustrassen kürzt, sind bedenklich und deshalb abzulehnen.

Fjordpferde sind spätreif und erst mit fünf Jahren voll ausgewachsen. Beim Einreiten und Einfahren muß dies berücksichtigt werden. Vierjährige können allerdings in angepaßte Ausbildung genommen werden. Die Gelehrigkeit erleichtert zwar die Ausbildung, darf aber nicht Anlaß für Laien sein, im »Do-it-yourself-Verfahren« eine Art Ausbildungsersatz zu praktizieren.

Der Durchschnitt der Widerristhöhe liegt heute bei 142 cm Stockmaß (in den Grenzen von 135 cm bis 150 cm). Stuten sind normalerweise etwas kleiner als Hengste. In Ausnahmefällen können reingezogene Fjordwallache bis 150 cm Stockmaß groß werden. Röhrbeinstärken von mehr als 19 cm bei Stuten und 21 cm bei Hengsten lassen Zweifel an der Reinblütigkeit aufkommen. Was das Reitergewicht betrifft, können Fjordpferde durchaus 100 kg tragen (dieses Gewicht müssen sie im übrigen bei der norwegischen Armee, wo sie als Tragpferde eingesetzt werden, im Durchschnitt tragen).

Das Connemarapony

Nicht so urtümlich, doch annähernd so widerstandsfähig und robust wie Fjordponys und Islandponys sind die irischen Connemaraponys. Sie stammen aus dem Gebiet Connemara im nördlichen Teil des County Galway an der Westküste der Republik Irland. Connemaraponys sind heute in Europa und in den USA weit verbreitet und beliebt als Erwachsenenreitponys. Ihre Beliebtheit erklärt sich dadurch, daß diese Rasse einerseits die positiven Eigenschaften eines Ponys, z.B. handliche Größe von durchschnittlich 142 cm Widerristhöhe, robuste Konstitution, Trittsicherheit und Futterdankbarkeit, mitbringt, andererseits aber auch Eleganz, Rittigkeit und Springtalent höherblütiger Pferde in dieser Rasse verkörpert sind.

Connemaraponys sind bereits seit dem 12. Jahrhundert als bodenständiger kleiner Pferdeschlag der irischen Insel bekannt. Wahrscheinlich ist, daß dieser Pferdeschlag sich bereits um 400 v. Chr. bildete, als nämlich die Briganten, ein keltischer Stamm, nicht nur England und Nordspanien eroberten, sondern auch im Süden Irlands seßhaft wurden. Es ist deshalb anzunehmen, daß bereits in vorchristlicher Zeit der zähe, kräftige, mit schwierigem Berggelände vertraute Nordponyvorfahr der Connemaraponys mit dem keltischen Pferd und mit reaktionsschnellen, temperamentvollen spanischen Pferden, die von den Kelten aus Galicien und Andalusien mitgebracht wurden, gekreuzt worden ist. In der Abgeschiedenheit der unwirtlichen, ziemlich feuchten irischen Landschaft, die bis heute von Menschen nur dünn besiedelt ist, entwickelte sich das Connemarapony. Ständig bei jedem Wetter im Freien, eine kärgliche Ernährungsgrundlage und natürliche Zuchtauslese haben Instinktsicherheit und Härte dieser Rasse geprägt.

Obwohl bis ins Mittelalter hinein in größeren Zeitabständen immer wieder Hengste unterschiedlicher Rassen, meist spanische oder afrikanische Berber und Araber, eingekreuzt wurden, änderte sich das Rassebild nicht grundlegend. Gefahr für die Rasse bestand Mitte des 19. Jahrhunderts, als die Iren zur Befriedigung der Nachfrage nach stämmigen

Abb. 9: Einziger bodenständiger Ponytyp Irlands ist das Connemara-Pony.

kleinen Pferden für die englischen Kohlengruben damit begannen, wahllos alle erreichbaren Rassen mit Connemaraponys zu kreuzen. Allein die Nachzucht einiger Welsh-Hengste brachte keine Rasseverschlechterung. Nach einigen Jahren nahm das Interesse der Bergwerke an Connemaraponys ab, weil man erkannt hatte, daß sich die kleineren Ponyrassen wie Shetlands und Welshs besser für die Untertagearbeit eigneten. Die Substanzverluste der Connemararasse hielten sich dadurch noch in Grenzen.

Mit Beginn unseres Jahrhunderts wurden zuchtfördernde Maßnahmen eingeleitet, die nach einem um 1900 veröffentlichten Studienbericht des Edin-

burgher Professors Ewart dringend notwendig waren. Ewart beschreibt den um die Jahrhundertwende in Irland vorherrschenden falbfarbenen Connemaratyp als ungewöhnlich hart, kräftig, fruchtbar, gesund, leichtfüßig, intelligent und gelehrig. Ihn fasziniert, daß diese Ponys in einer Dürftigkeit gedeihen, die für manch andere Pferderasse den Hungertod bedeuten würde, und er hält die Connemaraponys für prädestiniert, als Pferde der berittenen Infanterie in der britischen Armee Dienst zu tun. Dahinter stehen die Erfahrungen aus dem südafrikanischen Krieg, die Ewart in seiner Studie erwähnt, indem er den Ausspruch eines Militärexperten zitiert: »Ponys schlagen im Einsatz Pferde doppelter Größe, sind zweimal so zäh und dreimal so vernünftig!«

1923, zwei Jahre nachdem Irland die

Unabhängigkeit von England erlangt hatte, wurde die »Connemara Pony Breeders Society« mit Sitz in Galway gegründet. Beschlossen wurden alsbald Maßnahmen, die bereits Ewart vorgeschlagen hatte, nämlich die Verbesserung der Zucht von innen heraus auf der Basis ausgewählten Pferdematerials. Das noch heute geltende Zuchtziel verlangt Ponys von eisenharter Konstitution, Ausdauer, Zähigkeit, Intelligenz und angenehmem Charakter in der Größe von 132 bis 147 cm Widerristhöhe mit kompaktem, langem Körper, tragstarkem Rücken, guter Verbindung zur kräftig bemuskelten, schrägen Kruppe, kurzen, kräftigen Beinen, korrekt und trocken mit deutlich markierten Sehnen und Gelenken und viel Röhrbein. Den raumgreifenden Gang wünscht man nicht allzu flach. An Farben werden bevorzugt: Schimmel, Rappen, Braune und Falben, selten Füchse, die als untypisch gelten.

Im Laufe der Zeit hat auch die irische Zucht dem Streben nach mehr Eleganz und Größe nachgegeben. Nach anfänglich absoluter Reinzucht wurden zwei Vollbluthengste (WINTER und LITTLE HEAVEN), zwei Hengste der Rasse Irish-Light-Draught-Horse (SCIBBEREEN und MAY BOY) und der Araberhengst NASEEL eingekreuzt. Wesentlichen Einfluß auf die Zucht hatten auch die Nachkommen aus diesen Kreuzungsanpaarungen, so CLONKEEHAN AURATUM v. Naseel und CARNA DUN v. Little Heaven. Insbesondere die Nachkommen von LITTLE HEAVEN, SMOKEY JOE und DUNDRUM, wurden im Hochleistungsspringsport eingesetzt und gewannen zahllose

Springwettbewerbe gegen rd. 20 cm größere Konkurrenz.

Die Zucht tendiert heute aber wieder zur Reinzucht, abgesehen von Gebrauchskreuzungen (u. a. Kreuzungen mit irischen Huntern) und einem seit 1973 laufenden Zuchtversuch mit den englischen Vollbluthengsten TELLIPY und SPECK, denen alljährlich ca. 20 ausgesuchte Connemarastuten zugeführt werden. In erster Linie lief dieser Zuchtversuch, um neues Blut in die Zucht zu bringen zur Vermeidung zu starker Inzucht. Nach drei Generationen Rückkreuzung werden die dann 87,5 % Connemarablut führenden Stutfohlen erst wieder in das Connemarapony-Stutbuch eingetragen.

Die Verbreitung des Connemaraponys setzte kurz nach dem 2. Weltkrieg ein. 1947 wurde die englische Zucht aufgebaut, 10 Jahre später entdeckten die Amerikaner in Irland erstklassiges Material, das die Grundlage einer bedeutenden amerikanischen Zucht wurde. Auf dem europäischen Festland wurden die Connemaras erst verhältnismäßig spät heimisch. Schweden, Dänen, Holländer und Franzosen importierten ab 1962 die ersten irischen Ponys; danach folgten ab 1965 die deutschen Züchter, die bereits innerhalb kurzer Zeit durch Ponyschauen das Interesse der ponybegeisterten Freizeitreiter wecken konnten.

Der Vorteil des Connemaraponys ist seine Vielseitigkeit sowohl im Gelände als auch in der Bahn sowie seine Eignung als Familienpferd, das von Jugendlichen und Erwachsenen gleichermaßen geritten werden kann.

Haltungsformen

Für alle Pferde, ob Pony oder Vollblüter, gilt, daß der Mensch den biologischen Grundbauplan dieser bereits im Wildzustand hochspezialisierten Einhufer bis heute in entscheidenden Punkten nicht verändert hat. Von solchen Pferdebesitzern, die ständige Stallhaltung für ihre Pferde vorsehen, wird auf den Vorwurf, daß diese Haltung tierschutzrechtlich bedenklich sei, vehement argumentiert, daß es sich ja nicht um Wildpferde handele, sondern um Hauspferde. Dazu bleibt klarzustellen, daß sich die domestizierten Pferde nach den Ergebnissen der vergleichenden Haustierforschung sicher in Aussehen, Verhalten und Leistungsvermögen gegenüber ihren wilden Vorfahren verändert haben. Die Veränderungen gehen bis in den Feinbau des Organismus. Nur belegen diese Untersuchungen auch, daß sich die Umweltansprüche des Hauspferdes nicht in dem Maße geändert haben, wie z.B. die Leistungsfähigkeit gestiegen ist. Unser Pferd ist, insbesondere was Umwelt- (und damit Haltungs-)ansprüche und auch das Verhalten insgesamt angehen, sehr viel weniger von den wilden Stammformen entfernt als jedes andere Haustier.

Degenerationserscheinungen, wie wir sie in erschreckendem Umfang bei der Zucht des Hundes sehen können, gibt es in derartiger Ausprägung beim Pferd nicht – und wird es kaum geben können. Der Schoßhund, von seinem Äußeren, seinen Haltungsansprüchen, seinen Fähigkeiten und seinem Verhalten weit von der Ausgangsform, dem Wolf, entfernt, kann ohne menschliche Fürsorge nicht existieren. Sein Lebensraum wird begrenzt durch Wohnzimmerwände, die natürliche Umwelt wäre auf Dauer sein sicherer Tod. Völlig anders unser Hauspferd, egal welcher Rasse. Beispielhaft sei auf die amerikanischen Mustangs oder die verwilderten Pferde der Namib-Hochebene hingewiesen. Als entlaufene Hauspferde der Entdecker verwilderten sie, vermehrten sich und existieren ohne menschliches Zutun bis heute. In ihrem Erbgefüge, in ihren Verhaltensweisen hatte sich das Wilderbe erhalten, in einer ihnen adäquaten Umwelt konnten sie überleben.

Wie sich unnatürliche Haltung, Fütterung usw. beim Pferd auswirken, zeigen Untersuchungen aus dem Bereich der Pferdezucht. Trotz der sprichwörtlichen »Roßnatur« reagieren Pferde empfindlich auf wenig artgemäße Haltung, etwa durch Unfruchtbarkeit.

Wirklich ideale Lebensbedingungen – gemessen an der ursprünglichen Lebensweise des Pferdes – wird man seinen Vierbeinern hierzulande kaum bieten können. Aber jedem Pferdehalter sollten die unabdingbaren Grundbedürfnisse und natürlichen Lebensgewohnheiten des Pferdes klar sein, damit er seine Tiere artgemäß halten kann.

Wie sah nun die ursprüngliche Lebensweise des Pferdes aus?

Der ursprüngliche Lebensraum des Pferdes, die freie Natur, war weder durch

Zäune noch durch Stallwände oder -dekken eingeengt. Ob in der offenen Steppe oder in bergigen Gebieten, das Pferd konnte sich frei bewegen, seinen Standort selbst wählen. Sein Lebensraum bot ihm zu jeder Jahreszeit oft karge, aber ausreichende pflanzliche Nahrung. Den Durst löschte es aus Quellen, Bächen und Flüssen. Bei der Suche nach Futter und dem Aufsuchen der Wasserstellen legte es täglich etliche Kilometer zurück. Büsche und Bäume, ganze Wälder dienten ihm als Schutz vor zu starker Sonneneinstrahlung und den Witterungsunbilden. Der Herdenverband gab ihm Geborgenheit, Sicherheit und einen festen Platz im Sozialgefüge. Immer auf der Hut vor seinen Feinden, war es stets zur Flucht oder zur Abwehr bereit. Wurde es in die Enge getrieben, verteidigte es sich durch Auskeilen mit der Hinterhand, Beißen und gefährliche Schläge mit der Vorhand. Alte Erzählungen aus Norwegen berichten in diesem Zusammenhang von Kämpfen zwischen Fjordpferden und Bären, bei denen oft der Bär den kürzeren gezogen haben soll. Futter-, Wasseraufnahme und Säugen der Fohlen geschahen im Stehen. Ja, selbst zum Schlafen legte es sich nur nieder, wenn es sich sicher fühlte. Seine Sicherheit wurde durch ständig wechselnde »Wachposten« aus der Herdengemeinschaft gewährleistet.

Als Schlaf- und Ruheplatz wählte es nicht etwa geschützte Talsenken, sondern vornehmlich Bodenerhebungen, die trocken beschaffen und dem kühlen Wind ausgesetzt waren.

Aus dem gewohnten Aufenthalt im Freien resultieren starkes Licht- und Luftbedürfnis. Ohne ausreichende Sonneneinstrahlung leiden Stoffwechsel und Vitamin-D-Bildung. Rachitis bei jungen Tieren und Knochenweiche bei älteren sind reine Mangelerscheinungen, die erst durch nicht artgemäße Haltung entstanden sind. Viel frische, trokkene Luft ist für die empfindliche, aber leistungsfähige Lunge des Fluchttieres Pferd ebenfalls äußerst wichtig. Erkrankungen an Lungendampf sind durchweg auf schlechte Stallhaltung (feuchte, stikkige Luft) zurückzuführen.

Die ursprüngliche Lebensweise des Pferdes war demnach bestimmt durch Weite, Wind und Wetter sowie lebhafte Teilnahme am Umweltgeschehen. Instinktsicherheit und scharfe Sinnesorgane sorgten für sein Überleben. Die Ergebnisse der Verhaltensforschung belegen diese Lebensgewohnheiten des Pferdes.

Zusammengefaßt muß deshalb jede Form artgemäßer Pferdehaltung die Faktoren

1. Raumbedürfnis,
2. Licht- und Luftbedürfnis,
3. Herdenmentalität,
4. Trink- und Freßgewohnheiten und
5. Schlafgewohnheiten

zufriedenstellend berücksichtigen.

Wer Pferde anschafft, sollte sich fragen: Kann ich meine Tiere so halten, wie es ihrer Natur, ihrer Gesundheit und ihrem Wohlempfinden entspricht? Sind die Kompromisse, die zwangsläufig gefunden werden müssen, noch als pferdegerecht vertretbar? Dem Verfasser liegt es fern, eine unrealistische Idealisierung oder gar Vermenschlichung des Freizeitpartners Pferd in den Vordergrund stellen zu wollen. Gleichwohl kann es nicht schaden, sich darüber Gedanken zu machen, daß Pferde hochorganisierte Säugetiere sind, also Mitgeschöpfe, die in Zusammenarbeit mit uns Zweibeinern zu unserem Vergnügen erstaunliche Leistungen anbieten. Als Gegenleistung muß eine akzeptable Haltung selbstverständlich sein.

Die ganzjährige Freilandhaltung

Kommen Pferde heute ganzjährig ohne Stall überhaupt aus, vertragen unsere heutigen Pferderassen diese Haltung noch? Ist eine solche ganzjährige Freilandhaltung nicht geradezu terquälerisch? Diese und ähnliche Fragen werden sich diejenigen Leser stellen, die beim Wort »Pferd« primär an das herkömmliche Reitstallpferd gedacht haben, das tatsächlich in Anlehnung an menschliche Komfortbedürfnisse im wahrsten Sinne des Wortes zum »Haus«pferd gemacht wurde.

Unser Pferd ist aber kein Höhlenbewohner, so wie wir es als Mensch oder auch unser Haushund von der stammesgeschichtlichen Entwicklung her sind. Ein Stall ist deshalb für das Pferd innerhalb einer – seinen Bedürfnissen gerecht werdenden – intakten Umwelt nicht erforderlich. Nur geht es in den typischen Pferdehaltungen nicht ausschließlich nach den Bedürfnissen der Vierbeiner, sondern auch nach denen des Zweibeiners (der will im Zweifel reiten). Auch kann von intakter Umwelt in Mitteleuropa leider nur noch selten die Rede sein, denn nur zu häufig sind u.a. Weideflächen aus arbeitswirtschaftlichen Gründen »rasiert«, d.h., es fehlt natürlicher Schutzbewuchs in Form von Büschen, Hecken und Bäumen. Daraus folgt, daß eine ganzjährige Freilandhaltung ohne Stall doch recht selten pferdegerecht sein kann. Man muß also differenzieren,

es kommt auf die Gesamtumstände an. Fest steht allerdings, daß die Vertreter der Robustpferderassen im engeren Sinne, hier vor allem die nordischen Robustrassen Shetlandpony, Islandpferd und Fjordpferd, so sie nicht verweichlicht aufgezogen wurden, die ganzjährige Haltung ohne Stall vertragen. Sie lieben es, ganzjährig im Freien zu leben wie ihre Vorfahren, wenn der Mensch ihre unverzichtbaren Grundbedürfnisse befriedigend berücksichtigt – und in der naßkalten Jahreszeit keinerlei Leistungen verlangt werden. Ferner müssen die klimatischen Verhältnisse des Haltungsgebietes denen ihres Ursprungs- oder Aufzuchtlandes vergleichbar sein. Bei Umstellungen bedarf es allmählicher Gewöhnung unter stetiger Beobachtung.

Der Verfasser hatte im Winter 1980/ 1981 die recht seltene Möglichkeit, eine überwiegend aus reinrassigen Fjordpferden niederländischer Zucht bestehende freilebende Herde aus Stuten, Wallachen und einem Hengst unter winterlichen Bedingungen zu beobachten und eine ethologische Studie darüber anzufertigen (s. Abb. 5–8). Während des Beobachtungszeitraumes wurde die aus insgesamt 10 Vierjährigen bestehende Herde auf einem nahezu 100 Morgen großen Rheinwiesenareal bei Wesel am Niederrhein gehalten, das von Menschen wenig frequentiert wird. Neben geringem Schutzbewuchs (Büsche und Bäume) stand ein z. T. undichter Melkstall (Grundfläche rd. 25 x 3 m, dreiseitig geschlossen) den Pferden als bedingter Witterungsschutz zur Verfügung. Die menschlichen Einflüsse beschränkten sich bei dieser Herde im wesentlichen auf das Zufüttern von Heu bei extremen winterlichen Bedingungen sowie auf eine einmalige Hufpflege und die Kastra-

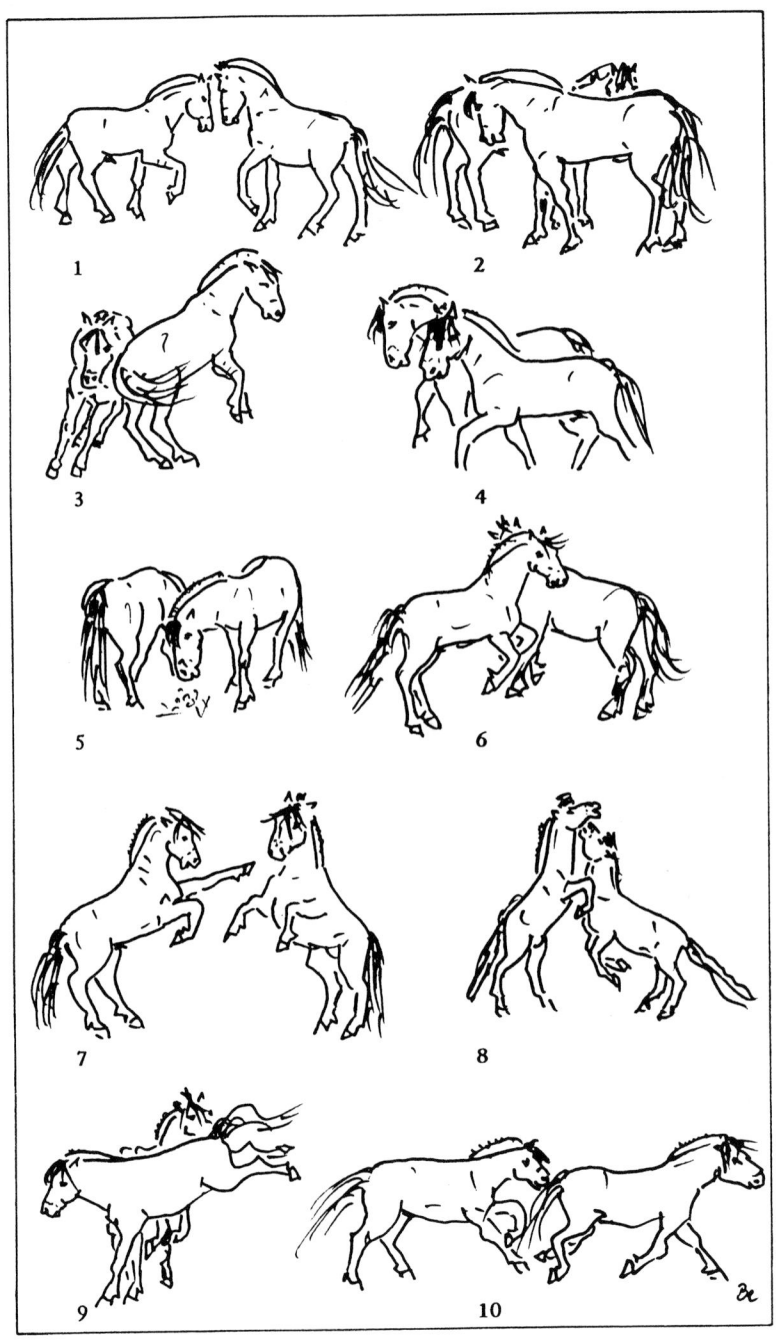

Abb. 10 (links): Ablaufphasen aggressiver Auseinandersetzungen zwischen männlichen Pferden.

1. *Annäherung und Nasalkontakt*
2. *Beriechen und Abtasten mit der Oberlippe*
3. *Attacke mit der Hinterhand*
4. *Imponiergehabe, Umrunden im Stolziertrab*
5. *Beriechen der Kotmarkierungen*
6. *Beißversuche und Schulterattacken*
7. *Attacke mit der Vorhand*
8. *Steigen und Beißversuche in den Halsbereich*
9. *Abwehr mit der Hinterhand*
10. *Verjagen des Unterlegenen*

tion der Wallache. Aufgrund der extensiven Aufzucht und Haltung waren die Pferde z. T. unterentwickelt, z. T. allerdings auch in recht guter Verfassung. Der ranghöchste Wallach, den der Verfasser aus der Herde heraus als »Wildling« erwarb, war bereits nach kurzer Umgewöhnung trotz seines Selbstbewußtseins ein

Abb. 11: Typisches Markierungsverhalten eines Hengstes durch Absetzen von Kotballen auf fremden Kot.

sehr angenehmes, lernwilliges, mutiges Freizeitpferd – ohne jede Untugend (wie man sie oft bei Jungpferden aus kleinräumlichen Aufzuchten findet).

Dieses Beispiel mag als Hinweis darauf verstanden werden, daß es für Zuchtherden bzw. Jungpferdeherden keine artgemäßere Aufzucht gibt als die Freilandhaltung, die allerdings in den meisten Fällen mit einem geräumigen Offenstall als Schutz erst pferdegerecht wird. In Island und gebietsweise auch in Norwegen werden Zucht- und Jungpferde ebenfalls häufig ganzjährig im Freien gehalten. In Island beispielsweise werden die Pferde zur Beifütterung im Winter abends in große Scheunen mit Heugatter getrieben. Dort kann man sie individuell kontrollieren oder behandeln – und sie haben die Möglichkeit, während des Heufressens trocken zu werden (die natürlichen Schutzmöglichkeiten auf Island sind gering).

Auch die Haltung der Dülmener »Wild«-pferde im Münsterland ist ein Beispiel für die praktizierte ganzjährige Freilandhaltung auf großen Flächen mit befriedigendem natürlichem Schutzbewuchs (allerdings auch mit Zufütterung und regelmäßiger Kontrolle!). Wichtig ist, daß die Pferde, die in ganzjähriger Freilandhaltung ohne Stall gehalten werden, ihren natürlichen Lebensrhythmus beibehalten können und nicht geritten oder gefahren werden. Die typischen Freizeitpferde aber, auch wenn sie nur am Wochenende leicht gearbeitet werden, benötigen einen Stall, selbst bei sonst idealen Bedingungen. Denn insbesondere in der naßkalten Jahreszeit schwitzen Robustpferde – auch bei gemächlichen Ritten – unter ihrem recht dicken Pelz. Würde man sie direkt nach der Arbeit den Witterungsunbilden aussetzen, wären Erkrankungen die Folge. Für Gebrauchspferde muß deshalb zumindest ein Offenstall, der auch (z. B. durch Stangen) verschließbar sein soll, vorhanden sein. Trockene Einstreu zum Abwälzen, Möglichkeiten zur Rauhfuttervorlage oder Kraftfutterzuteilung sowie eine Tränke müssen vorhanden sein, damit die Haltung pferdegerecht ist.

Den märchenhaften Berichten aus Island, wonach dort im klirrenden Winter als probates Mittel zur »Aufheizung« verschwitzter Reitpferde diesen einige Eimer Wasser über den Rücken gekippt werden, sollte man nicht nacheifern. Das ist grober Unfug und Tierquälerei. Es mag zwar im Einzelfall dazu führen, daß das Pferd sozusagen zur Kälteabwehr sehr stark zu zittern beginnt, Wärme produziert und nicht erkrankt, normalerweise zieht es allerdings gegenteilige Konsequenzen nach sich. Das verschwitzte Reitpferd muß in jedem Fall vor Zugluft geschützt werden und die Möglichkeit haben, trocken zu werden. Zugluft ist aber nicht gleichzusetzen mit allgemeiner Luftbewegung, also dem Wind (den das Pferd an sich liebt!). Zugluft ist eine begrenzte Luftströmung, die z. B. zwischen Stallritzen auftritt, die Temperatur in diesem Bereich unter das Stalltemperaturniveau drückt und nur einen kleinen Teil der Körperoberfläche beim Auftreffen abkühlt. Die kleinen, also partiellen Kältereize reichen aber nicht aus, um die dem Organismus zur Verfügung stehenden schützenden Regulatoren auszulösen. Deshalb führt Zugluft zu Erkrankungen.

Das Schwitzen (= Nässe von »unten«) ist keinesfalls gleichzusetzen mit Witterungsnässe. Gegen Regen oder Schnee schützt das gutentwickelte Fell. Die Nässe dringt nicht durch die Unterwolle bis

Abb. 12: Hengst in typischer Treibhaltung. Leithengste oder ranghohe Wallache laufen oft hinter der Herde her und treiben mit gesenktem Kopf und zurückgelegten Ohren.

auf die Haut vor. Seinem Schutzinstinkt folgend, kann das freilebende Pferd sich jederzeit an eine geschützte Stelle begeben, um den Witterungseinflüssen zu entgehen.

Licht- und Luftbedürfnisse werden bei der ganzjährigen Freilandhaltung optimal befriedigt. Wie steht es mit dem Raumbedürfnis? An sich rechnet man je Robustpferd um 1,40 m Stockmaß mit einem Futterflächenbedarf von zwei bis drei Morgen (= 5000 bis 7500 m²). Da ein Pferd möglichst nicht einzeln gehalten werden sollte, wird für die Haltung von zwei Pferden eine Mindestfläche von einem Hektar (= 10 000 m²) benötigt. Für die ganzjährige Freilandhaltung reichen diese Flächen aber keinesfalls aus. Der Flächenbedarf kann zwei- bis dreimal so hoch sein – je nach Aufwuchsqualität. Je extensiver die Haltung, desto mehr Fläche benötigt man. Daraus ergibt sich bereits, daß für den typischen Hobbypferdehalter eine ganzjährige Freilandhal-

tung auf ein paar Pachtmorgen im Normalfall ein ungeeignetes Unterfangen ist.

Bei ausschließlich oder zu stark mit Pferden besetzten Weiden besteht erhöhte Verwurmungsgefahr; deshalb empfiehlt es sich (nicht nur bei der ganzjährigen Freilandhaltung), Pferde im Wechsel oder gemeinsam mit Kühen oder Jungrindern weiden zu lassen. Ein Teil der pferdespezifischen Wurmlarven wird bei dieser Art der Weidenutzung durch das Rindvieh aufgenommen und abgetötet. Bewährt hat sich die gemeinsame Freilandhaltung von robusten Angusrindern und Ponys bei einem Besatzverhältnis Rinder : Ponys von 3 : 1.

Der Weidegrund darf nicht in unmittelbarer Nähe von Industrieanlagen oder sehr stark befahrenen Straßen liegen, da die Luftverschmutzung sich erklärlicherweise nachteilig auf den Gesundheitszustand der Tiere auswirkt.

Neben der Wahl des geeigneten Standorts sowie der Größe der Weide muß auf trockene Bodenbeschaffenheit und ausreichenden Wind- und Wetterschutz in Gestalt von Buschwerk, hohen Hecken und Baumgruppen geachtet werden. Ohne solchen Schutzbewuchs kön-

Abb. 13: Gegenseitiges Fellknabbern als soziales Verhalten.

nen die Tiere nicht ganzjährig im Freien gehalten werden. Ideal ist, wenn ein sauberer Bachlauf durch das Weideland fließt und das Gelände an ein Waldstück gekoppelt ist. Steht nur eine kleine Weidefläche ohne Schutzbewuchs und ohne Schutzhütte oder eine überwiegend lehmige oder sumpfige Weide zur Verfügung, ist sie für die Haltung von Pferden generell ungeeignet und abzulehnen. Pferdehaltung unter solchen Bedingungen hat absolut nichts mehr mit Robusthaltung zu tun. Auf sumpfigen Weiden wachsen zudem die gefährlichsten Giftpflanzen (u. a. Sumpfschachtelhalm, Herbstzeitlose). Das stark wirkende Gift dieser Pflanzen bleibt auch im Heu erhalten – deshalb Vorsicht beim Ankauf von billigem »Sumpfwiesenheu«.

Neben dem Raumbedürfnis sind die Trink- und Freßgewohnheiten zu berücksichtigen. Im Sommer dient die Wei-

de als Futterlieferant; die Pferde können zu jeder Zeit beliebig grasen. In der Winterzeit – etwa ab Ende Oktober bis Anfang Mai – muß reichlich Heu zugefüttert werden, evtl. noch Kraftfutter, Saftfutter und Mineralstoffe.

Zur Heufütterung benötigt man mindestens einen gedeckten Futterstand (Abb. 48), damit das Rauhfutter weder naß noch verschmutzt wird. Er kann Rauhfutter für mehrere Tage enthalten. Dies hat den Vorteil, daß die Tiere auch im Winter nach Belieben fressen können und nicht jeden Tag neues Heu aufgefüllt werden muß. Ein »Überfressen« der Tiere an Heu ist ausgeschlossen, da sie lediglich den individuellen Tagesbedarf zu sich nehmen. An kalten Tagen steigt der Futterbedarf, da die Tiere zur Aufrechterhaltung einer konstanten Körpertemperatur mehr Energie benötigen.

Saftfutter kann nicht auf Vorrat vorgelegt werden, da es bei Frosttemperaturen gefriert. Gefrorenes Saftfutter verursacht nach dem Fressen – je nach Menge – Koliken. Auch Kraftfutter muß täglich – falls erforderlich – aus Eimern zugefüttert werden. Zweckmäßig ist, das ganze Jahr über Salzlecksteine in Schutzbehältnissen am Futterstand oder an Bäumen zu befestigen. Während der Zeit des Haarwechsels im Herbst und im Frühjahr sollte man den Pferden abgeschnittene Baumzweige zum Knabbern vorlegen. Sauberes Trinkwasser muß immer zur Verfügung stehen; im Winter kann die Trinkwasserversorgung an Frosttagen problematisch werden (vgl. hierzu Kapitel Wasserversorgung). Unerläßlich ist auch bei dieser Haltungsform eine tägliche Kontrolle der Tiere und des Trinkwassers, die Gesundheitsvorsorge (Impfungen, Wurmkuren), die Hufpflege sowie die Weidepflege.

Verglichen mit der Offenstall-/Auslaufhaltung oder der Boxenhaltung ist die ganzjährige Freilandhaltung von Zucht- und Jungponys maximal artgemäß bei relativ geringem individuellem Aufwand je Pferd. Letzteres gilt jedoch nur bei wirklich idealen räumlichen Voraussetzungen.

Die Haltung im Offenstall

Inzwischen schon weit verbreitet und für robuste Freizeitpferde empfehlenswert ist die Offenstallhaltung. Bei dieser Haltungsform leben die Pferde zwar auch ganzjährig im Freien, ihnen steht jedoch eine dreiseitig geschlossene Schutzhütte zur Verfügung, die sie nach Belieben aufsuchen können. Um Schlagregen und Windwirbel vorzubeugen, also Schutz-

funktion zu erfüllen, weist die offene Seite der Schutzhütte in die windärmste Richtung, also im Normalfall in unseren Breiten nach Süden oder Südwesten. Die Schutzhütte sollte auf einer Bodenerhebung mit trockenem Untergrund stehen. In bergigen Gegenden empfiehlt sich Süd- oder Südwesthanglage; Nordhänge sind denkbar schlecht als Standort geeignet.

Der Hüttenboden kann aus gestampftem Lehm bestehen und muß mindestens ca. 20 cm höher als der Außenboden liegen, damit von außen kein Wasser in den Stall hineinfließen kann. Einstreu aus Stroh oder Sägespänen ist notwendig. Zweckmäßig ist der Anbau eines

Abb. 14: Offenstall als einfacher, aber zweckmäßiger Giebelwandanbau.

Abb. 15: Daran schließt sich ein kleiner Sand-auslauf an.

Heulagerraumes an die Schutzhütte; Heuraum und Schutzhütte können dann durch eine verschiebbare Heuwand verbunden werden. Die Pferde können so im Winter jederzeit nach Bedarf ihr Rauhfutter zu sich nehmen. Unumgänglich bei der Offenstallhaltung ist die direkte Angrenzung des Stalles an einen Sandauslauf sowie an die Weiden. Ideal sind in jedem Fall große Weiden. Je Robustpferd um 1,40 m Stockmaß sollten es mindestens zwei Morgen Weide (5 000 m²) sein.

Ist man auf nur zwei Morgen Weideland oder gar weniger je Pony angewiesen, so ist es unbedingt erforderlich, die Grasnarbe zur Erhaltung ihrer Produktion und aus Gründen der Weidehygiene besonders sorgsam zu pflegen. Von November bis Mai sollte die Weide vollständig für die Pferde gesperrt werden, damit sich die Grasnarbe bis zum Frühjahr erholen kann. Bei kleiner Gesamtweidefläche kann es erforderlich sein, auch im Sommer die Weide zeitweise zu sperren und die Pferde nur stundenweise oder nur nachts weiden zu lassen. Während der übrigen Zeit muß u. U. Heu, Futterstroh und Saftfutter beigefüttert werden, nicht zuletzt deshalb, um die Pferde mit dem Kauen des Futters zu beschäftigen.

Damit sich die Pferde auch in Zeiten der Weidesperrung frei bewegen können, zäunt man, an die Schutzhütte grenzend, einen Auslauf ein, der eher lang und schmal als quadratisch sein soll. Damit genügend Bewegungsanreiz vorhanden ist, wird man hierfür wenigstens 350 m² (etwa 30 x 12 m) einkalkulieren müssen.

Die ganzjährige Trinkwasserversorgung ist bei der Offenstallhaltung etwas weniger problematisch als bei der Haltung ohne Stall. Welche Lösungsmöglichkeiten sich hier anbieten, soll später noch eingehend behandelt werden. Dies gilt auch für Einzelheiten zum Bau einer Schutzhütte oder einer größeren Offenstallanlage, zur Anlage eines Auslaufs, zur Weidepflege und zur Fütterung.

Die Haltung im Offenstall ist sowohl für Zucht- und Jungponys als auch für Gebrauchsponys geeignet.

Die Leistung der Pferde ist bei dieser Haltungsform begrenzt, denn Gras- oder Heubauch – noch dazu bei dichtem Winterfell – sind keine Leistungsmerkmale, die Turnierreife signalisieren. Es ist keinesfalls ratsam, seine Pferde fünf Werktage lang unbegrenzt grasen zu lassen, kein Kraftfutter zuzufüttern, sie nicht zu konditionieren und dann am Wochenende Höchstleistungen von ihnen zu fordern!

Im Offenstall gehaltene Pferde, die im Sommer ohne zeitliche Begrenzung grasen oder im Winter bei »Ad libitum«-Heufütterung gehalten werden, sind wohl in der Lage, am Wochenende täglich zwei oder auch drei Stunden – einschließlich einiger Verschnaufpausen – unter dem Sattel zu gehen, dies jedoch mit dosiertem Tempo. Kilometerlange Galoppaden gehören nicht dazu! Will man seine im Offenstall mit angrenzenden Weiden gehaltenen Pferde stärker beanspruchen, kann dies nur nach langsamer Konditionierung in Form eines Aufbautrainings geschehen. Dies setzt voraus, daß die Weidezeit begrenzt wird, damit das Futtervolumen und damit die gewichtsmäßige Belastung der Verdauungsorgane reduziert wird. Gleichzeitig muß individuell konzentrierter gefüttert werden mit Kraftfutter je nach Beanspruchung.

Ist die Offenstallanlage zweckmäßig geplant, sorgfältig realisiert und werden die anfallenden Arbeiten regelmäßig verrichtet, kann man sicher sein, für seine Freizeitpferde gute Haltungsbedingungen geschaffen zu haben.

Die kombinierte Freiland- und Boxenhaltung

Wer fast täglich seine Pferde arbeiten möchte und größere Leistungen von ihnen fordert, wird als Haltungsform die kombinierte Freiland- und Boxenhaltung vorziehen. Wesentlich ist bei dieser Haltungsform, daß der Mensch weitgehend den Aufenthalt des Pferdes regelt und nicht – wie bei der ganzjährigen Freilandhaltung oder der Offenstallhaltung – das Pferd selbst. Auch die Fütterung wird stärker als bei den anderen Haltungsformen durch menschliches Zutun bestimmt.

Eine Reihe von Variationen sind bei dieser Haltungsform möglich. Je nach der erforderlichen Kondition des Pferdes wird man es im Sommer tagsüber weiden lassen und nachts in eine Box einstellen. Läßt man es täglich weniger als 6 Stunden weiden, so ist Zufutter erforderlich. Denkbar ist auch, daß man seine Pferde nur im Winter aufstallt, sie im Sommer tagsüber oder nachts weiden läßt und in der übrigen Zeit in einem durch natürlichen Bewuchs geschützten Auslauf hält. Steht ein Offenstall zur Verfügung, kann sich für die Sommerzeit auch die Offenstallhaltung anbieten.

Auch bei grundsätzlicher Offenstallhaltung ist ein separater Stall als »Notbox« zweckmäßig. Da im Winter der

Weidegang entfällt, sollten aufgestallte Pferde sich täglich mindestens ein bis zwei Stunden frei in einem Auslauf, der trocken sein soll, bewegen können.

Der Boxenstall soll groß, kühl, gut eingestreut und ständig belüftet – nicht zugig – sein. Auf gute Lichtverhältnisse ist zu achten. Geteilte Zugangstüren, die ins Freie führen, sind am zweckmäßigsten. Läßt man den oberen Teil der Tür auf, kann das Pferd jederzeit am Umweltgeschehen teilhaben und frische Luft atmen.

Als Fläche für eine Box sind pro Robustpferd etwa 10 m² erforderlich. Diese Mindestfläche für ein 135 bis 140 cm Stockmaß großes Pferd sollte nicht unterschritten werden. Aufgestallte Pferde brauchen dieses Minimum an Bewegungsraum, um wenigstens einige Schritte machen zu können, sich drehen oder auch einmal wälzen zu können. Je größer die Box, desto geringer ist die Gefahr des Festliegens beim Wälzen. Überhaupt sollte man Robustpferden nach der Arbeit immer die Möglichkeit des freien Wälzens geben, indem man sie nach dem Absatteln oder Abschirren in einen sandigen Auslauf läßt.

Die Einrichtung der Box soll weniger aufwendig als zweckmäßig sein. Selbsttränken, die regulierbar sein sollten, sind gut geeignet. Rauhfutter gibt man am besten in Heunetzen, die an einem Haken aufgehängt werden. Hängt das Heunetz zu tief, kann sich das Pferd leicht mit den Vorderbeinen darin verfangen. Man achte deshalb darauf, daß das Netz in Brusthöhe des Pferdes hängt. Die auch heute noch in vielen Ställen gebräuchlichen Eisenraufen sind schlecht geeignet. Meist sind solche Raufen so hoch angebracht, daß das Pferd beim Fressen den Kopf unnatürlich hoch nehmen muß; herabfallender Staub und winzige Heuteilchen können zusätzlich eine Quelle für Augenentzündungen sein. Bringt man Eisenraufen dagegen tief an, ist wiederum Verletzungsgefahr gegeben. Kraftfutter füttert man bei Bedarf aus Kunststoffeimern, aus Steinzeugtrögen oder Kunststoffecktrögen.

Die Boxenhaltung ist der Haltung in Ständern immer vorzuziehen. Ständer sind Relikte aus vergangener Zeit. Sie waren für die Haltung von Kavalleriepferden und schwer arbeitenden Bauernpferden mit hohem Freßzeit- und Ruhebedarf allenfalls noch zu vertreten, sind aber heute überholt. Ständer, wie man sie in manchen Reitställen vorfindet, sind nur 1,50 m breit. Gegenüber der Aufstallung in Boxen spart man hierdurch zwar mehr als 50 % Platz, Einstreu- und Baumaterial, büßt dafür aber 100 % artgemäße Haltung ein. Ein makabres Kostendenken! Selbst wenn Pferde täglich 1 bis 2 Stunden gearbeitet werden, ist damit ihr Bewegungsbedürfnis nicht befriedigt; im Ständer sind sie gezwungen, in der übrigen Zeit, also 22 bis 23 Stunden je Tag, angebunden im Stall zu stehen oder zu liegen. Gegen eine vorübergehende nächtliche Anbindehaltung, wenn tagsüber genügend Bewegungsmöglichkeiten bestanden, ist sicher nichts einzuwenden. Dies kann sich beim Pferdetrekking ergeben oder anläßlich einer Wettbewerbsveranstaltung. Wichtig ist, daß dem Pferd auch in einem solchen Fall freier Auslauf mit Wälzmöglichkeit geboten wird.

Hat man viel Platz zur Verfügung, dann sollten jedem Pferd bis zu 20 m² Boxenfläche zur Verfügung stehen. Auch die Möglichkeit der Haltung mehrerer verträglicher Pferde in einer Gemein-

Abb. 16: Auch so lassen sich Streitigkeiten ums Futter in der Gemeinschaftsbox oder im Auslauf vermeiden: Man bindet jedem Pferd seinen Futtereimer mit einem Gurtband um.

schaftsbox, Laufstall genannt, bietet sich an. Für eine Gemeinschaftsbox rechnet man je Pferd mit mehr als 10 m² Fläche, denn es muß genügend Raum vorhanden sein, der bei Rangeleien dem unterlegenen Pferd eine Ausweichmöglichkeit bietet. Für zwei Robustpferde um 1,40 m Stockmaß können 25–30 m² Fläche zugrundegelegt werden. Die Grundfläche sollte so gewählt werden, daß später der Laufstall evtl. durch eine halbhohe Trennwand mit Tür unterteilt werden kann, also z. B. Laufstall 3,50 m x 7 m ergibt zwei Boxen zu je 3,50 m x 3,50 m.

Besonders futterneidische Vierbeiner bindet man in Gemeinschaftsboxen während der Fütterung an, damit jedes Pferd das ihm zugeteilte Futter auch wirklich in Ruhe fressen kann. Die Haltung mehrerer Pferde in einer Gemeinschaftsbox setzt unbedingt voraus, daß sich die Vierbeiner tagsüber auf der Weide oder in einem Auslauf genügend Bewegung verschaffen und die gröbsten Rangeleien austragen können, denn sonst kann eine Gemeinschaftsbox für rangniedrige Pferde wegen mangelnder Ausweichmöglichkeiten zum »Alptraum« werden.

Der Vorteil der kombinierten Freiland- und Boxenhaltung liegt in der damit möglichen besseren Konditionierung des Pferdes für erwünschte sportliche Leistungen. Die Fütterungsfaktoren – Futterverwertung und Leistung – können bei dieser Haltungsform besser berücksichtigt werden. Hat man zusätzlich noch einen Auslauf zur Verfügung und kann für regelmäßigen Weidegang sorgen, ist auch diese Haltungsform für Robustpferde ein akzeptabler Kompromiß zwischen den Ansprüchen des Pferdes und denen des Halters.

Selbst bei größtmöglicher Rationalisierung ist die Boxenhaltung ziemlich aufwendig, denn Fütterung, tägliche Kotentfernung und Einstreupflege sowie regelmäßiges Bewegen der Pferde erfordern mehr Zeitaufwand und Arbeitskraft als die Offenstall-/Auslauf-/Weidehaltung. Nicht zuletzt sei auch auf den finanziellen Mehraufwand hingewiesen, den diese Haltungsform verursacht. Das bezieht sich insbesondere auf den erhöhten Einstreubedarf, die Mehrkosten für konzentriertes Futter sowie die höheren Herstellungskosten für Boxen und ihre Einrichtung.

Unterbringungsmöglichkeiten

Von ausschlaggebender Bedeutung für die spätere Zufriedenheit des Pferdehalters ist die richtige Wahl des »Standorts« für seine Pferde und die Überlegung, wer auf Dauer die Versorgung einschließlich der Nebenarbeiten übernimmt. Pferdefreunde aus ländlichen Gebieten werden in diesen Punkten weniger Schwierigkeiten zu überwinden haben als manche Städter. Das folgende Schema verdeutlicht die Möglichkeiten der Unterbringung und Haltung:

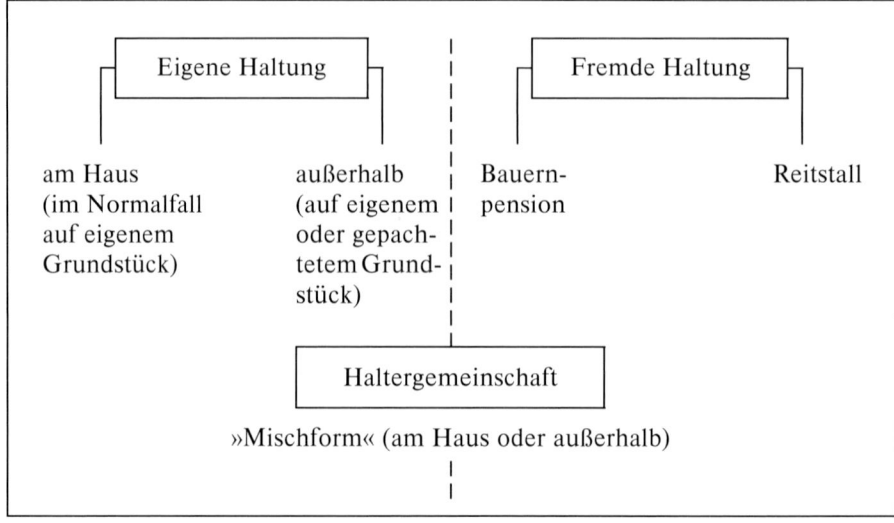

Welche Unterbringung sich im Einzelfall verwirklichen läßt, hängt von der Untersuchung folgender Faktoren ab:

1) Standort (Welcher Standort ist geeignet?)

2) Kenntnisse (Welche Kenntnisse muß derjenige, der die Pferde versorgt, haben?)

3) Zeit (Hat derjenige, der die Pferde versorgt, die nötige Zeit dazu?)

4) Finanzen (Welche finanziellen Belastungen sind mit den verschiedenen Unterbringungsmöglichkeiten verbunden, sind diese tragbar?)

Bei der Standortwahl ist zu prüfen, ob vorhanden sind:
● ausreichendes und qualitativ gutes Weideland,
● Offenstall, Box oder bebauungsfähiges Gelände,
● Möglichkeiten zur Anlage eines Auslaufs und einer kleinen Reitbahn,
● Ausreitgelände, möglichst ohne Reitbeschränkungen und ohne lange Anmarschwege über Asphaltstraßen,
● Wasser- und Stromanschluß,
● Futterquellen (Heu), Lagerungs- und Transportmöglichkeiten,
● geeigneter Hufschmied in der Umgebung,
● Tierarzt in der Nähe,
● kurze Entfernung zwischen Standort der Pferde und Wohnort des Pferdehalters (bei Pensionshaltung mittlere Entfernung bis max. 30 km = 30–40 Autominuten).

Derjenige, der Robustpferde versorgt und auch die damit zusammenhängenden Nebenarbeiten übernimmt, sollte neben handwerklichen Fähigkeiten ausreichende praktische und theoretische Kenntnisse auf folgenden Gebieten haben:

● Pferdehaltung (allgemein),
● Fütterung von Robustpferden,
● Umgang mit Pferden,
● Weidepflege.

Auch für die Robusthaltung ist Zeit erforderlich. Sollen die Pferde in eigener Regie (z.B. im Offenstall) gehalten werden, wird im Jahresschnitt für zwei Pferde mit täglich wenigstens einer Stunde reiner Arbeitszeit zu rechnen sein. Dies kann nur eine Faustzahl sein – nicht mehr. Hierin sind nicht alle saisonal bedingten Arbeiten enthalten, wie etwa das Heumachen. Auch kann ein längerer Anfahrtweg zum außerhalb gelegenen Standort die einzurechnende Arbeitszeit verlängern.

Will man seine Pferde nicht selbst halten, ist trotzdem zu überlegen, ob z.B. der Landwirt, dem man die Pferde in Pension geben möchte, auch zeitlich hierzu in der Lage ist. Wenn er einen großen Hof zu bewirtschaften hat, ist dies keinesfalls selbstverständlich. Aufgrund konkreter Absprachen kann man vielleicht selbst einen Teil der Arbeiten (Winterfütterung, Stall einstreuen usw.) übernehmen. In solchen Fällen sind eindeutige schriftliche Vereinbarungen dringend angeraten, da Streitfälle sonst erfahrungsgemäß unvermeidlich sind.

Anschaffungs- und Unterhaltungskosten werden im letzten Kapitel des Abschnitts »Planung« behandelt. Vorweg sei zu den finanziellen Überlegungen gesagt, daß die eigene Haltung am Haus die kostengünstigste ist. Vor allem dann, wenn bereits ein Stall oder eine Scheune vorhanden sind.

Die Haltung in eigener Regie

Die meisten Robustpferdeliebhaber wünschen sich, ihre Vierbeiner in eigener Regie halten zu können. Dies ist verständlich, denn die eigene Haltung bietet ein Optimum an Beschäftigung rund um das Pferd. Der Pferdehalter erlebt dadurch den Naturkreislauf intensiver, lernt seine Pferde durch täglichen Umgang und Beobachtung besser kennen und hat eine nützliche Freizeitaufgabe. Robustpferdehaltung als Quelle gesunder körperlicher Betätigung, als Ausgleich zum Berufsstreß – wenn es das nicht gäbe, man müßte es erfinden! Dabei soll nicht übersehen werden, daß auch bei günstigen Haltungsvoraussetzungen Rückschläge erfahrungsgemäß Sorgen mit sich bringen. Immerhin hat man es mit Lebewesen zu tun, deren Verhalten und gesundheitliche Konstitution nicht vorprogrammierbar sind. Auch das Verhalten des Lebewesens »Mitmensch« kann dem Pferdehalter Sorgen bereiten. Unvernunft, Achtlosigkeit, Unwissenheit und Nachbarneid, aber auch Zerstörungswut sind nicht selten die Ursache für Krankheiten der Pferde, nächtliche Suchaktionen oder Reparaturen. Da gibt es Spaziergänger, die zuerst Brot an die Pferde verfüttern und anschließend ihre »Marke« in Form von Plastikbeuteln auf der Weide zurücklassen. Schluckt ein Pferd solche Beutel, ist es aus: Der Magenausgang wird dadurch verschlossen – das Tier verendet (Pferde können normalerweise nicht erbrechen)! Oder es werden Weidetore unbefugt geöffnet, die Pferde hinausgejagt; die Suchaktion kann beginnen! Diese Beispiele sind zum Glück nicht gang und gäbe; daß so etwas leider vorkommt, davon können manche Pferdehalter ein Lied singen.

Allein aus diesen Gründen sollte man bemüht sein, Pferde nicht auf zu weit entfernten Weiden unterzubringen, es sei denn, daß eine kontinuierliche Beobachtung auch außerhalb der planmäßigen Versorgungszeiten gesichert ist.

Seine Pferde direkt beim Haus zu halten ist ideal, aber eben nicht für jeden möglich. Die Haltung außerhalb erfordert dagegen schon mehr Aufwand an Zeit und Geld, vor allem dann, wenn man in Stadtnähe Land pachten muß. Durchschnittspreise für Pachtland können kaum ermittelt werden; etliche Faktoren spielen hier mit, z.B. Qualität des Weidelandes (richtet sich nach der landwirtschaftlichen Bewertungsskala), Stadtnähe und dadurch bedingte stärkere Nachfrage usw. Sucht man Weideland zu pachten, studiere man Anzeigen in Lokal- und Fachzeitschriften oder frage bei Landwirten in der Umgebung nach. Pachtet man, so sollte dies schriftlich in einem eindeutigen Vertrag vereinbart werden, der Rechte und Pflichten regelt. Wichtig sind Kündigungsfristen und – bei Aufgabe der Haltung – die Abgeltung von Investitionen.

Die Pensionshaltung

Die Pensionshaltung ist für den Städter vielfach die einzige Möglichkeit, überhaupt ein Pferd zu halten. Diese Haltung, bei der man als Pferdebesitzer jemanden für Unterbringung, Versorgung und evtl. auch für die Pflege des Pferdes bezahlt, sollte von Laien in jedem Fall vor der Haltung in eigener Regie gewählt werden. Nach einiger Erfahrungszeit kann man dann immer noch sein Ziel – die Eigenhaltung – verwirklichen.

Zunächst soll auf die Unterbringung im Reitstall eingegangen werden:

Reitställe schießen heute wie Pilze aus der Erde, gute und schlechte. Für die Unterbringung von Robustpferden sind sie nur dann geeignet, wenn eine artgemäße Haltung gesichert ist und die Gesamtatmosphäre zusagt. Für Robustpferdefreunde mit sehr wenig Zeit kann sich ein solcher Reitstall anbieten.

Der Vorteil des Reitstalls, nämlich die Übernahme sämtlicher Arbeiten (Pflege, Versorgung, wenn notwendig Bewegen des Pferdes) durch entsprechendes Personal, kann für den die praktische Aktivität liebenden Pferdebesitzer ins Gegenteil umschlagen: Er kommt sich reglementiert vor und fühlt sich durch Betriebsordnungen eingeengt. Sein Beitrag zur Haltung des eigenen Pferdes beschränkt sich auf die Fütterung der mitgebrachten Möhren und die Zahlung eines »gesalzenen« Pensionsbetrages. Die Kosten entsprechen aus erklärlichen Gründen meist denen eines Großpferdes, das sonst in der gemieteten Box stünde; auch die im Pensionspreis enthaltenen Kosten für Personal, Hallenbenutzung usw. müssen berücksichtigt werden.

Weitaus kostengünstiger – und der Mentalität des Robustpferdeliebhabers sowie den Bedürfnissen seines Vierbeiners entgegenkommend – ist die Pensionshaltung bei einem Bauern. Hier wird man am ehesten die für eine artgemäße Haltung erforderlichen abwechslungsreichen Weideflächen zur Verfügung haben.

Inzwischen haben – insbesondere nach der sogenannten Milchkontingentierung – viele Bauern erkannt, daß sich auch mit Pensionspferdehaltung unter-

schiedlicher Art und Weise gutes Geld verdienen läßt. Wie in jedem Berufsstand gibt es auch unter Bauern solche, die versuchen, Unerfahrenheit und Begeisterung für Pferde auszunutzen, also den Pferdefreund zu »melken« – bei geringen Gegenleistungen. Da in der heutigen Ausbildung der Landwirte die Pferdehaltung keine oder nur eine geringe Rolle spielt, sind die speziellen Kenntnisse über Pferde und die notwendige praktische Erfahrung damit in diesem Berufsstand nicht mehr grundsätzlich zu unterstellen, sondern – so nicht eigene fachlich fundierte Pferdehaltung vorliegt – überhaupt nicht vorhanden. Aussprüche wie »Wir haben früher vor dem Krieg immer Pferde gehabt« versprechen interessante Geschichten, aber meist keine aktuelle Sachkunde.

Der Pferdebesitzer hat auf dem Bauernhof die Möglichkeit, einen Teil der Haltung (Pflege, Mithilfe bei Nebenarbeiten, Heumachen usw.) selbst zu übernehmen – ohne die starke zeitliche Bindung wie bei der Haltung in eigener Regie. Die Versorgung (z.B. Heufütterung im Winter) wird in der Regel der Bauer übernehmen. Ist kein geeigneter Stall vorhanden, wird man diesen vielleicht mit Erlaubnis auch selbst bauen können; dies gilt ebenfalls für die Anlage eines Auslaufs, den man zusätzlich als Reitbahn nutzen kann. Einen Stall (evtl. mit Nebenraum) auf einem fremden Grundstück zu errichten, wird selbstverständlich nur dann möglich sein, wenn beiderseitig eine langfristige Pferdehaltung gewünscht wird. Die Grenzen zur Haltergemeinschaft sind hier fließend. Wichtig sind wiederum schriftliche Vereinbarungen.

Der Pensionspreis ist Verhandlungssache. Zu berücksichtigen sind Stadtnähe (stärkere Nachfrage), Umfang der Leistungen, Qualität vorhandener Einrichtungen sowie erforderliche eigene oder fremde Investitionen.

Entscheidet man sich für die Pensionshaltung, sollten möglichst viele Vergleichsobjekte gründlich geprüft werden. Man schaue sich sowohl in Reitställen als auch auf Bauernhöfen genau um. Wie werden die bereits dort untergebrachten Pferde behandelt? Sind die Weiden gepflegt, die Ställe ordentlich eingestreut? Sind einem die Leute sympathisch? Wie ist das Verhältnis der Leistungen zum Pensionspreis? Hat man gravierende Zweifel, ob einem der Betrieb zusagt, suche man lieber weiter nach einer akzeptablen Haltungsmöglichkeit, als sich durch widrige Umstände die Pferdehaltung gehörig vergraulen zu lassen. Bevor man sich endgültig festlegt und verbindliche Vereinbarungen trifft, sollte man den gewählten Standort mehrmals in Augenschein nehmen!

Die Haltergemeinschaft

Eine Lösungsmöglichkeit, die mancherorts praktiziert wird, ist die Haltergemeinschaft. Man versteht darunter den Zusammenschluß mehrerer Pferdebesitzer zu dem Zweck, die Pferdehaltung gemeinsam zu betreiben. Am Rande sei hier kurz auf den rechtlichen Aspekt hingewiesen. Die Haltergemeinschaft ist eine »Gemeinschaft Bürgerlichen Rechts« (§§ 741 ff BGB). Für das Zustandekommen gelten keine besonderen Formvorschriften wie etwa bei der Gründung eines Vereins. In der Regel wird es so sein, daß eine Haltergemeinschaft etwa gemeinsam Weideland oder einen Resthof

pachtet, bewirtschaftet und nutzt. Denkbar ist auch, daß ein Partner der Haltergemeinschaft eigenes Weideland besitzt oder gepachtet hat und einem zweiten ein Nutzungsrecht einräumt. In jedem Einzelfall ist eine entsprechende Arbeits- und Kostenteilung zu vereinbaren; dies sollte immer umfassend, eindeutig und schriftlich geschehen.

Die Vorteile einer Haltergemeinschaft liegen klar auf der Hand. Jeder, der eigene Pferde in einiger Entfernung von seinem Wohnort hält, weiß, mit welchem Arbeits- und Zeitaufwand eine ordnungsgemäße Pferdehaltung betrieben werden muß. Ohne pferdekundige Hilfskräfte, die in der Urlaubszeit, im Winter oder auch bei Erkrankung des Pferdehalters zur Verfügung stehen, kann die Eigenpferdehaltung leicht drückende Probleme mit sich bringen.

Ein guter Kompromiß ist die gemeinsame Pferdehaltung Gleichgesinnter. Zu zweit oder zu dritt hilft man teils gemeinsam, teils wechselweise bei der Weidepflege, bei der Heuernte und vor allem bei der Versorgung und Überwachung der Pferde im Winter. Auch in der Urlaubszeit weiß man seine Pferde (oder sein Pferd) in guter Hand. Kostenmäßig wird man sich ebenfalls günstiger stehen. Als Nachteil könnte von manchem vielleicht empfunden werden, daß er in der Gemeinschaft nicht mehr uneingeschränkt schalten und walten kann, sondern Instandsetzungen, Heukauf und ähnliches mit seinem Partner besprechen muß. Dieser vermeintliche Nachteil kann auch ein Vorteil sein, wenn man bedenkt, daß sich Probleme rund um die Pferdehaltung gemeinsam oft besser lösen lassen. Ein gesundes Maß an Kooperationsbereitschaft und Rücksichtnahme sollte der an einer Haltergemeinschaft interessierte Robustpferdefreund allerdings mitbringen.

Ein Inserat in einer Fach- oder Lokalzeitschrift verhilft am ehesten zu einer Kontaktaufnahme mit interessierten Partnern. Sehr nützlich ist hierbei, wenn auch die Zielrichtung der Pferdehaltung innerhalb der Gemeinschaft ähnlich ist, also sich Pferdehalter zusammentun, die fahrsportbegeistert sind, sich vielleicht gemeinsam für Distanzreiten interessieren oder am Wanderreiten Freude ha-

ben. Die Erfahrung zeigt nämlich, daß leider bereits unterschiedliche Pferderassen und damit verbundene gegenteilige Beschäftigungen zu Kontroversen führen können. Es kann Probleme geben, wenn der eine als Haflingerbesitzer gerne anspannt und kaum Verständnis hat für die Idee eines Partners, der auf Isländer setzt und seit Jahren von einer Ovalbahn träumt, die er nun auf dem gemeinsamen Gelände zu Lasten der Weideflächen anlegen will.

Anschaffungs- und Unterhaltungskosten

Mit welchem finanziellen Aufwand ist die Robustpferdehaltung verbunden? Diese wichtige Frage soll nachfolgend behandelt werden. Dabei möge der Leser berücksichtigen, daß alle Angaben nur Anhaltspunkte sein können, die dem zukünftigen Pferdehalter die Kostenplanung erleichtern sollen. Preisgestaltung, Leistungen, Nachfrage, örtliche Verhältnisse und subjektive Ansprüche sind zu unterschiedlich, als daß man allgemeingültige, vollständige Kostentabellen aufstellen könnte.

Untersucht werden müssen einmalige Kosten für Anschaffungen und laufende Kosten für die Unterhaltung. Ganz grob kann man davon ausgehen, daß bei der Haltung in eigener Regie die Anschaffungskosten höher sein werden als bei der Pensionshaltung. Umgekehrt verhält es sich mit den Unterhaltungskosten; diese sind bei der Pensionshaltung mit Sicherheit höher als bei der Eigenhaltung. Kostenbeeinflussend sind ferner die Art der Haltung (Offenstallhaltung ist kostengünstiger als Boxenhaltung) und die Entfernung zum Standort (Fahrtkosten).

Tabelle 1: Allgemeine Anschaffungskosten (in DM) *)	
Shetlandpony	1.000 – 1.500
Welsh-Pony (Sekt. A)	2.000 – 2.500
Islandpferd	4.500 – 6.500
Haflinger	3.000 – 4.000
Fjordpferd	3.600 – 4.500
Sattel, komplett (gute Westernsättel ca. 1.500)	900 – 1.500
Trensenzaum, komplett	120 – 200
Halfter aus Leder	60 – 100
Putzzeug	40 – 80
Sonstiges Zubehör (Hufteer, Desinfektionsspray u. a.)	50 – 100
Ausrüstung des Reiters Parka/Steppjacke/Reitkappe	200 – 300
Reithose	150 – 200
Stiefel	200 – 300
Insgesamt (z. B. Haflinger u. Zubehör mittl. Qualität)	ca. 5.750

Anmerkung

Aus Gelegenheitsverkäufen sind auch Pferde unter diesem Preisniveau zu bekommen. Die angegebenen Preise gelten für Pferde durchschnittlicher Qualität. Spitzentiere sowohl für Zucht- als auch Sportzwecke können gut 50% teurer sein; das gilt vor allem für Islandpferde.

Tabelle 2: Zusätzliche Anschaffungskosten bei Eigenhaltung (in DM)

Offenstall (für 2 Pferde, mit Nebenraum)	3.500 – 8.000
Auslauf (400 m², Kies-/Sandauffüllung 0,30 m tief, Holzeinzäunung)	3.500 – 6.000
Elektroweidezaungerät	350 – 500
Holzeinzäunung (Pfähle, Halbhölzer, Isolatoren, Elektrodraht) 100 lfd. Meter	600 – 800
Hilfsmittel/Werkzeuge (Schubkarre, Schaufel, Gabel, Gartenschlauch, Säge, Sense)	500 – 600
Frontbalkenmäher (1,20 m breit, 2-Takt-Motor, 3 Gänge)	2.500 – 3.000
Offenstallanlage für zwei Robustpferde (1 Hektar Weide eingezäunt, in fünf Koppeln unterteilt, Auslauf/Reitbahn)	20.000 – 25.000

Tabelle 3: Unterhaltungskosten – Haltung in eigener Regie

Kostenart	jährlich	monatlich
	DM	
Weidepacht (4 Morgen = 1 Hektar = 10 000 m²)	400 – 600	
Heu (bei Kauf von 25 dz)	700 – 900	
Zufutter, Stroh, Sägespäne	600 – 900	
Hufpflege und -beschlag (je Pferd 5–6 Rundbeschläge)	1.000 – 1.200	
Gesundheitsvorsorge (Impfungen, Wurmkuren)	400 – 600	
Weideunterhaltung u. -pflege (Düngung, Nachsaat, Einzäunung)	600 – 800	
Sonstiges (Stallreparaturen, Stromverbrauch, Haftpflichtversicherung)	400 – 600	
Kosten für 2 Pferde	4.100 – 5.600	340 – 460
Kosten für 1 Pferd	–	170 – 230

Tabelle 4: Unterhaltungskosten – Pensionshaltung im Reitstall

Kostenart	*jährlich*	*monatlich*
	DM	
Pensionspreis	4.200 – 5.400	350 – 450
Hufpflege und -beschlag (5–6 Rundbeschläge)	500 – 600	
Gesundheitsvorsorge (Impfungen, Wurmkuren)	200 – 300	
Sonstiges (u. a. Pferdehaftpflicht)	100 – 200	
Kosten für 1 Pferd	5.000 – 6.500	420 – 540

Tabelle 5: Unterhaltungskosten – Pensionshaltung beim Bauern

Kostenart	*jährlich*	*monatlich*
	DM	
Pensionspreis		
Mai – Oktober	900 – 1.200	150 – 200
November – April	1.500 – 2.100	250 – 350
	2.400 – 3.300	200 – 275
Hufpflege und -beschlag (5–6 Rundbeschläge)	500 – 600	
Gesundheitsvorsorge (Impfungen, Wurmkuren)	200 – 300	
Sonstiges (u. a. Pferdehaftpflicht)	100 – 200	
Kosten für 1 Pferd	3.200 – 4.400	270 – 370

Anmerkung zu den Tabellen 2–5:
Die angegebenen Kosten beziehen sich auf die Haltung größerer Robustpferde um Stockmaß 1,40 m. Für die kleineren Rassen können die angegebenen Kosten um bis zu 30 % reduziert werden. Es handelt sich um Durchschnittskosten aufgrund statistischer Auswertung durch den Verfasser (Stand: 1990).

Stallbau

Die gebräuchlichsten Formen der Robusthaltung sind die Haltung im Offenstall mit ganzjährigem Auslauf sowie die kombinierte Freiland- und Boxenhaltung. Für beide Haltungsformen wird ein Stall benötigt. Neben dem eigentlichen Stall sind je nach Bedarf Nebenräume erforderlich, die der Lagerung von Heu und Stroh, dem Abstellen von Geräten und Werkzeugen sowie der Aufbewahrung des Lederzeugs, der Pflegemittel und der Stallapotheke dienen. Zweckmäßig ist, einen Nebenraum gleichzeitig als Reiterstübchen einzurichten.

Die Größe des Stalls und der Nebenräume hängt von unterschiedlichen Faktoren ab. Die Bandbreite reicht von der einfachen Schutzhütte bis zur kompletten Anlage mit Offenstall, Notbox oder Winterbox, Lagerräumen und Sattelkammer.

Die Zahl der zu haltenden Pferde gibt den ersten Anhaltspunkt für die Beurteilung des Größenbedarfs. Hierbei sollte jeder zukünftige Pferdehalter berücksichtigen, daß sich sein Pferdebestand im Laufe der Zeit vergrößern kann, sei es, daß er nach einiger Erfahrungszeit zu züchten beginnt, ein weiterer Familienangehöriger ein eigenes Pferd bekommt, oder er mit anderen Pferdefreunden die Pferdehaltung gemeinsam betreiben will. Jeder Stallbau sollte deshalb so konzipiert werden, daß eine spätere Erweiterung noch möglich ist.

In diesem Zusammenhang sei nochmals daran erinnert, daß das Pferd als Herdentier Gesellschaft braucht. Obwohl der Mensch für ein Robustpferd eine Art Herdenersatz werden kann, gehört zur artgemäßen Haltung Gesellschaft unter Artgenossen. Ein einzeln gehaltenes Pferd wird in unserem Sinne nicht »glücklich« sein. Es hat keinerlei Möglichkeiten zum artgemäßen sozialen Verhalten. Fellknabbern und spielerisches Herumtoben mit anderen Pferden bleiben ihm versagt. Wer möchte als Mensch schon gezwungen werden, ein Einsiedlerdasein zu führen? Im Interesse des Freizeitkameraden Pferd sollte dieser Punkt befriedigend gelöst und die Stall- bzw. Weideanlage nicht von vornherein auf die Haltung nur eines Pferdes festgelegt sein. Hat man keinen Bedarf oder reichen die finanziellen Mittel nicht für zwei größere Pferde, so genügt es, als Gesellschaftspferd etwa ein Shetlandpony zu halten. Sicher, auch ein reines Gesellschaftspony verursacht Kosten, doch ist der Aufwand hierfür lohnenswert.

Der Flächenbedarf für einen Stall richtet sich neben der Zahl der zu haltenden Pferde auch nach deren Größe sowie nach der Art des Stalles selbst. Für eine Winterbox, in der das Pferd während der Winterzeit die Nacht und einen Teil des Tages verbringt, wird die Fläche nach der Formel »doppeltes Stockmaß zum Quadrat« ermittelt. Für ein Robustpferd mit einem Stockmaß von 1,40 m ergibt dies eine Boxengrundfläche von mindestens 8 m². Die Grundfläche für einen Offenstall, in dem das Pferd im Winter sein

Futter aufnimmt und je nach Witterung im Sommer und im Winter Schutz sucht, kann um 10 bis 20 % kleiner sein. Dies ergibt eine Offenstallgrundfläche je Pferd von etwa 6,5 bis 7,5 m². Auch im Offenstall muß also Platz genug sein, damit jedes Pferd einen bestimmten Individualabstand zum Weidegenossen einhalten kann. Anders als in einer geschlossenen Gemeinschaftsbox (Laufstall) bestehen bei Rangeleien im Offenstall für das rangniedrigere Pferd bessere Ausweichmöglichkeiten; es kann den Stall verlassen, wenn dieser entweder einen großen oder zwei getrennte Eingänge hat. Die genannten Flächen sind Mindestflächen, die keinesfalls unterschritten werden dürfen. Beengte Stallverhältnisse sind niemals pferdegerecht.

Größe und Zahl der Nebenräume variieren von Fall zu Fall. Wer seinen Heu- und Strohvorrat nicht anderweitig unterbringen kann oder will, der rechne pro Pferd mit einem Lagerraumbedarf von rd. 25 m³, also einem zu bauenden Nebenraum mit den Maßen 3 m x 3,50 m = 10,50 m² Grundfläche x 2,30 m Höhe = etwa 24 m³ Volumen. Der Nebenraum muß belüftet sein, damit eine mögliche Selbstentzündung des Heus verhindert wird. Für eine Sattelkammer, die gleichzeitig als Reiterstübchen dienen kann, dürften mindestens 5 m² Grundfläche einzuplanen sein.

Ein weiterer Flächenbedarf wird für einen Abstellraum erforderlich sein. Darin kann man Balkenmäher, Schubkarre, Werkzeug und Ausbesserungsmaterial aufbewahren. 5 m² sollten hierfür eingeplant werden. Ohne Einbeziehung von eventuell vorhandenen Gebäuden oder Lagermöglichkeiten ergibt sich also für die Offenstallhaltung von zwei Robustpferden ein Flächenbedarf von 40–45 m².

Die nächste Überlegung gilt der Lage des Stalles. Der Stall sollte direkt auf dem Weidegrundstück gebaut werden, denn dies ist Voraussetzung für eine unkomplizierte Haltung. Für die Ausrichtung des Stalles gilt: offene Seite entgegengesetzt zur Hauptwindrichtung. Als Bauplatz nicht geeignet sind Mulden, Nordhänge und generell undurchlässige Böden mit stauender Nässe oder hohem Grundwasserspiegel. Böden mit stauender Nässe müssen gegebenenfalls durch eine (aufwendige) Drainage entwässert werden.

Sollte man einen Fertigstall aufstellen oder den Stall selbst bauen? Dies richtet sich nach den individuellen Möglichkeiten. Es gibt inzwischen gute Fertigboxen und Offenställe in Holzbauweise, die – bedingt durch Serienproduktion – auch zu einem annehmbaren Preis bezogen werden können. Die Anlieferung und auf Wunsch den Aufbau an Ort und Stelle besorgt der Hersteller gegen Aufpreis. Beim Vergleich mehrerer Angebote müssen diese Kosten berücksichtigt werden. Vorteilhaft ist der Kauf eines Offenstalles (Kombistall), den man nach dem Baukastensystem selbst zusammenstellen und später durch Bezug weiterer Elemente noch erweitern kann.

Viele Robustpferdehalter (geschätzt über 80 %!) greifen selbst zu Hammer und Säge und bauen den Stall für ihre Robusten nach eigenen Plänen. Die unmittelbaren Beweggründe sind für jeden einzelnen, der sich handwerklich selbst hilft, verschieden. Sicher sind es in erster Linie die Freude am Selbstgeschaffenen und die stets willkommene Gelegenheit, Geld zu sparen. Überdies sind Robustpferdehaltung und handwerkliche Selbsthilfe ziemlich stark miteinander verknüpft. Bechtle charakterisiert den

Robustpferdehalter darum auch sehr treffend als »echten Rancher, der vor nichts zurückschreckt«. Um einen einfachen, trotzdem aber zweckmäßigen und ansehnlichen Robustpferdestall zu bauen, muß man nicht in die höheren Regionen der Technik einsteigen. Handwerkliches Allgemeinwissen und die Aneignung handwerklicher Grundfähigkeiten genügen. Gewiß läßt sich nicht alles selber machen, weil manche technischen Voraussetzungen und auch gesetzlichen Bestimmungen Grenzen ziehen (z. B. Elektroinstallation). Woran es möglicherweise bei manchem hapert, ist das »Gewußt wie«. Hinweise zur Ausführung, zum Material und zu den Besonderheiten der Konstruktion des Stallbaues geben die folgenden Kapitel. Zusätzlich sollte der weniger Geübte sich der Hilfe eines erfahrenen Bekannten bedienen. Auch sind in Heimwerkerfibeln nützliche Erklärungen zu technischen Details enthalten. Im Zweifel ziehe man einen Zimmerer oder Schreiner zu Rate, bevor kostenträchtige Fehler gemacht werden.

Baurechtliche Aspekte

Für den Freizeitpferdehalter gehört die baurechtliche Beurteilung und Abwicklung des geplanten Stallbauvorhabens zu den leidigen Problemen. Dem Baugeschehen sind gesetzliche Zügel angelegt – nicht ganz ohne Grund, denn wie würden unsere Landschaften und Ortschaften aussehen, wenn jeder nach eigenem Belieben so bauen würde, wie er es sich vorstellt.

Die maßgeblichen Bestimmungen sind im Baugesetzbuch (BauGB) des Bundes und in den Bauordnungen der einzelnen Länder (z. B. BauO NW) enthalten. Auf die wichtigsten Bestimmungen soll hier eingegangen werden.

a) Zulässigkeit

Bevor man sich für einen Standort entscheidet und einen Fertigstall erwirbt oder Baumaterial für den Selbstbau bestellt, muß geprüft werden, ob ein Stallbau an der vorgesehenen Stelle überhaupt zulässig ist.

Im städtischen Bereich wird diese Frage negativ zu beantworten sein, da ein Stallbauvorhaben in der Regel den Festsetzungen eines bestehenden Bebauungsplanes widersprechen wird. Oft werden dem Vorhaben auch nachbarliche Interessen entgegenstehen. Wer also im Stadtgebiet ein größeres Grundstück besitzt (Vorgärten sind sowieso selbst für die Haltung eines Miniponys ungeeignet!), sollte – bevor er den ersten Spatenstich tut – erst bei der Stadtverwaltung einen verbindlichen Bauvorbescheid einholen. In Gebieten, für die die Gemeinde noch nicht beschlossen hat, einen Bebauungsplan aufzustellen, sind nach § 34, Abs. 1 und 2 BauGB Vorhaben zulässig, »die sich nach Art und Maß der Nutzung, nach ihrer Bauweise und der überbauten Fläche in die Eigenart der Umgebung einfügen«. Letzteres trifft hauptsächlich für am Ortsrand gelegene Grundstücke zu. Wenn dort nur Wohnbebauung vorhanden ist, wäre aber ein Stallbau kaum zulässig.

In den weitaus meisten Fällen wird der Bau eines Stalles jedoch im ländlichen Bereich geplant. Das Baugesetzbuch (§ 35) verwendet dafür den Begriff »Außenbereich«. Die Zulässigkeit eines Vorhabens ist dort weniger stark eingeengt. Werden allerdings durch den

Stallbau sogenannte »Öffentliche Belange« beeinträchtigt (z. B. Verunstaltung des Ortsbildes, Beeinträchtigung der natürlichen Eigenart der Landschaft), ist ein Stallbau unzulässig. Als Grundsatz gilt, daß nach § 35 BauGB u.a. dem Landwirt im Außenbereich baurechtlich mehr erlaubt ist als dem Nichtlandwirt. Was »Landwirtschaft« ist, definiert § 201 BauGB. Kriterium für einen landwirtschaftlichen Betrieb ist danach die unmittelbare Bodenertragsnutzung oder die mittelbare Nutzung durch Verwendung des Bodenertrags, z. B. als Fütterungsgrundlage. Es muß eine ernsthafte, auf Dauer angelegte und nachhaltig zur Existenzsicherung beitragende Tätigkeit sein. Nur in äußerst seltenen Fällen wird der Freizeitpferdehalter vor der Genehmigungsbehörde als »Landwirt im Nebenerwerb« Anerkennung finden.

Vorhaben des Landwirtes sind »privilegierte Vorhaben«, wenn sie seinem Betrieb dienen und öffentliche Belange nicht entgegenstehen. Im Einzelfall können auch »sonstige Vorhaben« (von Nichtlandwirten) nach § 35 Absatz 3 BauGB zugelassen werden. Örtlich sehr unterschiedliche Maßstäbe lassen eine Aussage über die Chance des Freizeitpferdehalters, als Nichtlandwirt im Außenbereich einen Stall bauen zu dürfen, kaum zu. Hat man von einem Landwirt eine Weide gepachtet, kann es ratsam sein, daß er als Bauherr des geplanten Vorhabens auftritt.

Wünschenswert wäre, wenn die allgemeine Genehmigungspraxis der Bauaufsichtsbehörden endlich die starke Entwicklung der Freizeitpferdehaltung gebührend berücksichtigen würde. Es ist nicht einzusehen, daß der private Pferdehalter, der seine Pferde artgemäß im Offenstall halten will und Weideflächen landwirtschaftlich nutzt, baurechtlich als »Sonderfall« behandelt wird!

Detaillierte Planungen sollten erst erstellt werden, wenn man sich beim zuständigen Bauaufsichtsamt der Kreisoder Gemeindeverwaltung über die Zulässigkeit informiert hat.

Zu einzelnen Fragen des Bauvorhabens (Zulässigkeit, technische Anforderungen, Nutzung usw.) kann ein schriftlicher Vorbescheid (vor Beantragung einer Baugenehmigung) bei der Bauaufsichtsbehörde eingeholt werden. Dieser Bescheid ist ein sogenannter Verwaltungsakt. Ist der Antragsteller mit der Auffassung der Behörde nicht einverstanden, kann er zunächst Widerspruch gegen den Bescheid einlegen. Hilft die Behörde dem Widerspruch nicht ab, ist als weiteres Rechtsmittel die Klage vor dem Verwaltungsgericht gegeben. Bei der Entscheidung über die Zulassung von Vorhaben im Außenbereich hat der Gesetzgeber der Bauaufsichtsbehörde einen Ermessensspielraum eingeräumt, das heißt, sie muß nach sachlichen Gesichtspunkten unter gerechter Abwägung des öffentlichen Interesses und der Einzelinteressen die Auswahl unter den möglichen Entscheidungen treffen. Ermessen bedeutet nach den Grundsätzen des Verwaltungsrechts nicht, daß die Behörde nach Belieben oder willkürlich entscheiden darf; ihr Ermessen ist vielmehr »pflichtgebunden«. An den Haaren herbeigezogene Ablehnungsgründe (sachfremde Erwägungen) oder das Außerachtlassen wichtiger Gesichtspunkte bei der Prüfung des Sachverhaltes führen zu Ermessensfehlern und damit zu rechtswidrigen Entscheidungen. Bei einem ablehnenden Bescheid achte man auf die Begründung. Ist sie wenig stichhaltig, sollte man es auf ein Widerspruchsverfahren ankommen lassen. In komplizierten Fällen ziehe man einen Fachmann zu Rate (Architekt, Rechtsanwalt).

Liegen alle Voraussetzungen vor, die das Bundesbaugesetz an die Zulässigkeit des Vorhabens knüpft, so besteht ein Rechtsanspruch auf Zulassung des Bauvorhabens (vgl. Urteil des Bundesgerichtshofes vom 26.10.1970, III ZR 132/67).

b) Technische Anforderungen

Die Landesbauordnungen stellen bestimmte technische Anforderungen an den Stallbau. Zum größten Teil handelt es sich um Selbstverständlichkeiten, die jeder Pferdehalter im Interesse seiner Tiere auch ohne gesetzliche Vorschriften berücksichtigen wird.

Ställe sind nach der BauO NW so anzuordnen, zu errichten und instandzuhalten, daß eine gesunde Tierhaltung gewährleistet ist und die Umgebung nicht unzumutbar belästigt wird. Sie müssen eine für ihre Benutzung ausreichende Grundfläche und lichte Höhe haben sowie ausreichend zu be- und entlüften sein. Die ins Freie führenden Stalltüren müssen nach außen aufschlagen. Ihre Zahl, Höhe und Breite müssen so groß sein, daß die Tiere ohne Schwierigkeiten ins Freie gelangen können. Wände, Decken, Dächer und Fußböden müssen wärmedämmend sein. Sie sind gegen schädliche Einflüsse der Stallfeuchtigkeit, der Stalldämpfe, der Jauche und gegen andere chemische Einwirkungen zu schützen.

Der Fußboden des Stalles muß wasserundurchlässig sein. Er ist mit Gefälle und Rinne zum Ableiten der Jauche zu versehen. Die Jauche ist in wasserdichte Jauchegruben oder in Abwasserbeseitigungsanlagen (Kanal) zu leiten.

Wichtig ist weiterhin die Gewährleistung der Standsicherheit des Stalles (Statik). In bergigen Gegenden sind wegen des überdurchschnittlichen Schneefalls besondere Anforderungen an die Tragfähigkeit des Daches zu stellen.

Für Offenställe, die nicht der dauernden Unterbringung von Pferden dienen, werden Ausnahmen von den vorstehenden technischen Anforderungen zugelassen!

c) Genehmigungspflicht – Genehmigungsfreiheit

Falls ein Vorhaben generell zulässig ist, muß im Einzelfall nach der jeweils geltenden Landesbauordnung geprüft werden, ob eine Baugenehmigung zu beantragen ist. Eine allgemeine Aussage hinsichtlich der Größe von genehmigungsfreien Stallbauvorhaben ist nicht möglich, da jede Landesbauordnung für diese Fälle konkrete Regelungen trifft (z.B. LBauO NW v. 1984 § 62 (1) Ziffer 4).

Genehmigungsfrei sind oft solche Ställe bis 4 m Firsthöhe und 50 m² Grundfläche, die »einem landwirtschaftlichen Betrieb dienen«, keine Feuerstätten einschließen und nur zum vorübergehenden Schutz von Tieren bestimmt sind (typische Weideschutzhütten).

Dem Bauantrag für genehmigungspflichtige Vorhaben sind ein örtlicher Lageplan (erhältlich beim Vermessungs- und Katasteramt der Gemeinde), Zeichnungen des Stalles, eine Baubeschreibung und die Statik (Festigkeits- und Standsicherheitsberechnung) beizufügen. In den Lageplan ist die Grundfläche des Stalles rot einzuzeichnen. Die Behörden verlangen, daß die eingereichten

Bauunterlagen den technischen Vorschriften entsprechen und die fachliche Qualifikation des Planverfassers erkennen lassen. Für die Baudurchführung muß der Bauherr bei größeren genehmigungspflichtigen Stallbauvorhaben einen Bauleiter (z. B. Maurer-, Zimmermeister oder Architekt) bestimmen. Vor Zustellung der Baugenehmigung, die Auflagen und Bedingungen enthalten kann, darf mit der Bauausführung nicht begonnen werden.

Einer Bauanzeige sind die gleichen Unterlagen wie einem Bauantrag beizufügen. Hier ist nur das behördeninterne Verfahren vereinfacht und abgekürzt. Auf die Bauanzeige wird auch keine Genehmigung erteilt. Mit der Ausführung anzeigepflichtiger Vorhaben darf einen Monat nach Eingang der Bauanzeige bei der Bauaufsichtsbehörde begonnen werden, sofern die Behörde das Vorhaben nicht untersagt oder einem früheren Beginn zugestimmt hat.

Wer »schwarz« baut, also ohne Bauanzeige oder Baugenehmigung, kann – falls der Stallbau planungsrechtlich zulässig ist – auch nachträglich für sein Bauvorhaben eine Bauanzeige oder einen Bauantrag einreichen. War der Stallbau aber schon planungsrechtlich nicht zulässig, wird die Behörde dem Bauherrn eine Abbruchverfügung zustellen. Dieses Risiko sollte man als Pferdehalter gar nicht erst eingehen, sondern sich vorher gründlich über die örtlich verschiedenen Vorschriften informieren! Ist der »Schwarzbau« sowohl planungsrechtlich als auch von der Bauausführung her genehmigungsfähig, werden Eifer und Begeisterung des Bauherrn trotzdem von der Behörde nicht »honoriert«, sondern als Ordnungswidrigkeit mit einem Bußgeld geahndet!

Einzelvorschläge und praktische Durchführung

Bewußt werden in diesem Buch möglichst einfache Stallbaulösungen beschrieben. Dies gilt für die Größe, die Konstruktion, das zu verwendende Material und für die Bauausführung. Technische Hinweise, Baubeschreibungen und die Erläuterungen zur praktischen Durchführung beschränken sich auf das Wesentliche und können keinesfalls die im Einzelfall erforderliche genaue Planung und Durchführung allein ermöglichen. Die angegebenen Preise sind Durchschnittspreise des Jahres 1990. Bei den Grundrißskizzen sind die jeweiligen Materialstärken wegen der Variationsbreite nicht berücksichtigt.

Bei den Einzelvorschlägen wurde Wert gelegt auf

● Zweckmäßigkeit und Praxisnähe,
● geringe Kosten und
● ansehnliche Außengestaltung.

Material

Als Baumaterial für Robustpferdeställe (Offenställe und Reihenboxen) ist Holz hervorragend geeignet.

Neben guter Wärmedämmung (= wenig Schwitzwasserbildung) und ausreichender Dampfdurchlässigkeit (= kein feucht-warmes bzw. feucht-kaltes Stallklima) hat es noch folgende ideale Eigenschaften: Es ist

● gut zu bearbeiten,
● einfach zu reparieren,
● leicht zu transportieren,
● widerstandsfähig und
● dauerhaft (bei jährlichem Anstrich mit Holzschutzmitteln – nicht mit Lacken!).

Für Laienarbeiten kommt als Massivholz Fichten- und Tannenholz in Frage. Diese Holzarten gehören zu den Weichhölzern und sind leicht zu bearbeiten, während Eiche oder Buche Harthölzer sind, die wesentlich schwerer wiegen, nicht so leicht zu bearbeiten sind und einen stolzen Preis haben. Buchenholz arbeitet außerdem übermäßig stark, wenn es Feuchtigkeit aufnimmt.

Über dieses »Arbeiten« des Holzes muß man Bescheid wissen, um unangenehme Überraschungen zu vermeiden. Infolge der Poren des Holzes, die je nach Feuchtigkeit der Luft Wasser aufnehmen oder abgeben, quillt oder schrumpft das Holz; man sagt »es arbeitet«, und zwar hauptsächlich in Richtung quer zur Faser.

Wird ein Baumstamm in Bretter zersägt, erhält man in der Mitte das sog. Herzbrett. Es ist das wertvollste Holz mit dem kleinsten Schwundverlust beim Nachtrocknen und mit der geringsten Quellung bei Feuchtigkeit. Die weiteren Bretter des zersägten Stammes werden als Mittelbretter und als Rand- oder Seitenbretter bezeichnet. Das äußerste Stück mit der gewölbten Stammseite ist die Schwarte. Rand- oder Seitenbretter arbeiten aufgrund der größeren Poren stärker als Herzbretter oder Mittelbretter.

Wer gute Holzqualitäten wünscht (und bezahlen will), sollte darauf achten, gut getrocknete, ziemlich astfreie Bretter und Kanthölzer (Balken) zu kaufen, die keine Risse zeigen und von vornherein eben sind.

Naturholzbretter sind üblicherweise 1/2 Zoll (12 mm), 3/4 Zoll (18 mm) und 1 Zoll (24 mm) stark, gehobelte Bretter etwas dünner. Die Breite der handelsüblichen, besäumten Bretter schwankt zwischen 10 und 32 cm. Unbesäumte Bretter werden von Pferdehaltern gern zur Weidezaunherstellung verwendet, da die an solchen Brettern belassene seitliche Rinde (Schwarte) originell und rustikal wirkt.

Als Material für die Wandinnenverkleidung können Spanplatten oder Hartfaserplatten verwendet werden. Dies sind Platten, die aus maschinell zerkleinerten Holzspänen bzw. Holzfasern mit Hilfe eines Bindemittels unter hohem Druck gepreßt sind. Solche Platten können sich nicht so leicht verziehen, quellen oder schrumpfen selten und lassen sich wie Naturholz bearbeiten. Hartfaserplatten sind in Stärken von 3,5 bis 6 mm erhältlich, Spanplatten gibt es in Stärken bis etwa 24 mm. Spanplatten begünstigen die Schwitzwasserbildung, sie sollten deshalb nur als Teilverkleidung dienen. Vor allem sollten die Spanplatten frei von Formaldehyd und anderen schädlichen Beimischungen sein.

Zur Außenwandverkleidung (Wetterseite!) eignen sich Onduline-Wellplatten. Sie bestehen aus Faserstoffen, die mit bindefähigen Materialien verbunden und mit Bitumen imprägniert sind. Onduline-Wellplatten sind absolut witterungsbeständig und können durch Nagelung angebracht werden (Vorsicht bei dünneren Wandstärken: im Stallinneren hervorstehende Nagelspitzen abkneifen oder umschlagen und im Holz versenken!). Die Platten sind 2,00 m lang und 0,89 m breit (10 Wellen je Platte) und wiegen ca. 6,8 kg je Platte. Mit einer elektrischen Säge oder einem Fuchsschwanz kann man die Platten nach Bedarf zusägen.

Pferde neigen dazu, Onduline-Wellplatten anzuknabbern oder sich an ihnen kräftig zu scheuern. Die an den Auslauf

Tabelle 6: Material/Preise

Lfd. Nr.	Art	Maßeinheit	Durchschnitts-preis – DM – (einschl. Mwst)
	Holz		
1	Kanthölzer, 15 x 15 cm (tauchimprägniert)	lfd. m	15,00
2	Kanthölzer, 10 x 15 cm (tauchimprägniert)	lfd. m	9,00
3	Kanthölzer, 8 x 10 cm (roh)	lfd. m	6,00
4	Rundhölzer, 12 cm Ø (roh)	lfd. m	4,00
5	Dielenbretter, 28 cm breit, 4 cm stark	m²	25,00
6	Schalbretter, 20 cm breit, 2,4 cm stark	m²	13,00
7	Rauspund mit Nut und Feder, 9,6 cm breit, 1,9 cm stark	m²	13,00
8	Schwarten, 12–15 cm breit	lfd. m	3,00
9	Bretter, unbesäumt, 20 cm breit, 2,4 cm stark	m²	11,00
10	Hartfaserplatten, 0,5 cm stark	m²	9,00
11	Spanplatten, 1,9 cm stark (F = 0, V 100)	m²	10,00
	Wellplatten		
12	Onduline, 200 cm lang, 90 cm breit, 0,3 cm stark	Stück	16,00
13	Eternit (P 8), 100 cm breit, farbig, Nutzbreite 91 cm, 0,6 cm stark		
	– 250 cm lang	Stück	35,00
	– 200 cm lang	Stück	30,00
	– 160 cm lang	Stück	23,00
	– 125 cm lang	Stück	18,00
14	Traufenzahnleisten, 15 cm hoch	Stück	5,00
15	Lichtplatten (P 8), 100 cm breit Nutzbreite 91 cm		
	– 250 cm lang	Stück	40,00
	– 200 cm lang	Stück	30,00
	Beton		
16	Fertigbeton (z. B. Stampfbeton B 10 KS)	m³	105,00 *)
17	Kies, Körnung 0–32 mm	1000 kg	19,00 *)
18	Sand, Körnung 0–3,5 mm	1000 kg	17,00 *)
19	Zement, PZ 35 f	50 kg	9,00
	*) einschl. Transportkosten		
	Sonstiges		
20	Winkeleisen, Schenkel 20/20 cm	Stück	6,00
21	Türbänder, 60 cm lang	Stück	8,00
22	Plattenkloben	Stück	4,00
23	Verschlußriegel	Stück	14,00
24	Holzschutzmittel (z. B. Utelineum)	10 kg	40,00

angrenzenden, mit Onduline verkleideten Außenwände schirmt man daher durch einen Zaun ab (siehe Abb. 45).

Für die Dacheindeckung von Offenställen und Boxen mit Flachdach (Pultdach) haben sich Eternit-Wellplatten bestens bewährt. Diese Platten werden entsprechend der Verlegeanweisung des Herstellers mit Sechskantschrauben auf die Dachbalken (Traversen/Pfetten) geschraubt und sind sehr dauerhaft. Gebrauchte Platten, die schon einige Jahre der Witterung ausgesetzt waren, sollten nicht verwendet werden. Durch den Transport können bei älteren Platten kleine Risse entstehen, die zu Undichtigkeiten führen.

Eternit-Wellplatten (Profil 8) sind 6 mm stark, 1,00 m breit und 1,25 m bis 2,50 m lang; die Nutzbreite beträgt 0,91 m (eine Welle wird beim Verlegen der Platten jeweils durch die daneben liegende Platte überdeckt). Eternit-Wellplatten sind wesentlich schwerer als Onduline-Wellplatten und wiegen je nach Länge zwischen 16 kg und 32 kg. In die Dacheindeckung sollten Lichtplatten mit einbezogen werden. Lichtplatten gibt es in den gleichen Größen wie Eternit-Wellplatten.

Um eine gute Luftzirkulation unterhalb des Stalldaches zu erreichen, können die oberhalb des Fronttraversbalkens verbleibenden Wellenöffnungen offen bleiben. Die Wellenöffnungen auf der Rückseite verschließt man mit sogenannten Traufenzahnleisten, und zwar so, daß zwischen Wellplatten und Traufenzahnleisten noch 1 cm breite Öffnungen verbleiben (siehe Abb. 37).

Bei längerem Aufenthalt von Pferden in einem mit Eternit gedeckten Stall kommt es im Winter an der Decke zu Reifansatz und Schwitzwasserbildung.

Für Boxen, die der Winteraufstallung dienen, empfiehlt es sich deshalb, eine zusätzliche Bretterdecke unter die Wellplatten einzuziehen (Aussparung bei Lichtplatten).

Das Material für Fundamente und Boden richtet sich nach der örtlichen Zulässigkeit. Man kann die Stützbalken des Stalles in Einzelfundamente oder Streifenfundamente aus Beton setzen, dies ist die stabilste Lösung. Ist die feste Verbindung des Stalles mit dem Boden aus baurechtlichen Gründen nicht erlaubt, dann kann der Stall auf ein Streifenfundament aus Ziegeln gesetzt werden. Durch Bodenanker wird die Standfestigkeit hergestellt. Der Stall sollte dann eine Rahmenkonstruktion erhalten (siehe Abb. 22), damit er problemlos auf- und evtl. abgebaut werden kann.

Für den eigentlichen Stallboden ist Beton wegen seiner Strahlungskälte schlecht geeignet. Bis zu einem gewissen Grad kann dieser Nachteil durch dicke Einstreu ausgeglichen werden. Ideal ist durchlässiger Lehm- oder Sandboden mit einer Einstreu aus Sägemehl und Sägespänen. Abbildung 47 zeigt den Aufbau eines Stallbodens.

Den Boden der Nebenräume kann man – falls zulässig – betonieren oder mit dicken Brettern (Bohlen) auslegen. Plant man einen besonderen Futterplatz mit ein, dann sollte die Fläche vor der Heuwand ebenso wie die Fläche vor dem Stalleingang betoniert oder mit Ziegeln gepflastert werden. Die Betonoberfläche soll griffig sein und grob abgestrichen werden. Ziegel verlegt man in einem Sandbett. Die so befestigten Flächen lassen sich dann jederzeit gut sauberhalten. Erfahrungsgemäß halten sich die Pferde in der feuchten Jahreszeit häufig in Stallnähe vor dem Eingang auf. Die Fläche würde ohne Befestigung in kurzer Zeit in einen Morast verwandelt.

Werkzeuge

Spezialwerkzeug ist für einen Stallbau in Holzbauweise normalerweise nicht erforderlich. In erster Linie werden folgende Werkzeuge benötigt:
● Schubkarre, Spaten, Schaufel,
● Hammer, Kneifzange, Schraubenzieher, Schraubenschlüssel,
● Wasserwaage, Meßlatte, Bandmaß, Winkel,
● Spannsäge, Fuchsschwanz, Bohrer, Hobel, Stecheisen, Schraubzwingen.

Wenn in der Nähe der Baustelle ein Stromanschluß vorhanden ist, leisten strombetriebene Geräte gute Dienste (Handkreissäge, Stichsäge, Handbohrmaschine, evtl. Kettensäge).

Ist kein Stromanschluß vorhanden, empfiehlt es sich, den größten Teil des Baumaterials bereits fertig zugesägt zur Baustelle zu transportieren. Bei einem Stall in Rahmenbauweise kann man die einzelnen Elemente auch in »Heimarbeit« bauen. Dabei muß sehr genau gearbeitet werden, damit die vorgefertigten Teile am vorgesehenen Bauplatz auch exakt zusammengeschraubt werden können.

Ohne Hilfskräfte sind verschiedene Arbeiten nicht zu bewältigen. Mindestens zwei Personen sind für die Ausrichtung der Stützbalken, den Transport von vorgefertigten Elementen und deren Zusammenfügung sowie für die Dacheindeckung notwendig.

Offenstall I (Abbildungen 17 bis 24)

Beispiel I ist als kleine Lösung zu verstehen. Dieser Offenstall eignet sich für die Haltung von zwei Robustpferden (Stockmaß um 140 cm).

Tabelle 8: Kostenzusammenstellung – Offenstall I –		
Bezeichnung	*Material:* *lfd. Nr.* *aus Tab. 6*	*Gesamtpreis* *– DM –*
Fundamente, Bodenbefestigung	16–19	600
Stützbalken, Traversbalken	1, 2, 20	600
Außenwände	8, 10	750
Dach, Regenrinne	13–15	850
Innenwand	5, 6	140
Tür	2, 6, 7, 21–23	140
Heuwand, Balkenschiene	3, 6, 23	220
Nägel, Schrauben, Sonstiges	–	120
Holzschutzmittel	24	80
Reine Materialkosten		3.500

Tabelle 7: Kurzbeschreibung/Technische Daten – Offenstall I –	
Grundfläche (5 m x 5 m)	25 m²
davon	
Offenstall und überdachter Futterplatz	15 m²
Nebenraum für Geräte, Futter und Einstreu	10 m²
Höhe Vorderwand	2,70 m
Höhe Rückwand	2,30 m
Eingang Süden	
Höhe	2,20 m
Breite	2,70 m
Eingang Westen	
Höhe	2,20 m
Breite	1,85 m
Fundamente: Einzelfundamente/Streifenfundamente aus Beton	
Bodenbefestigung	
Offenstall: Schotter, Kies, Sand	
Nebenraum, Futterplatz, Vorplatz: Beton	
Stützbalken: Kanthölzer 15/15 cm	
Traversbalken: Kanthölzer 10/15 cm	
Außenwände: Schwarten-Stülpschalung mit Hartfaserinnenverkleidung	
Innenwände: Schalbretter	
Heuwand, Balkenschiene: Schalbretter, Kanthölzer 8/10 cm	
Tür: Rauspund, Schalbretter; unterer und oberer Anschlag	
Kanthölzer 10/15 cm	
Dach: Eternit-/Lichtplatten	
Fassungsvermögen Nebenraum insgesamt	24 m³
davon nutzbar zur Futter- und Einstreulagerung	15 m³
darin enthalten Heulagerung	10 m³
= rd. 8 dz = 60 Ballen Preßheu = rd. 1/3 des Winterbedarfs	
für 2 Pferde	

Abb. 17 Offenstall

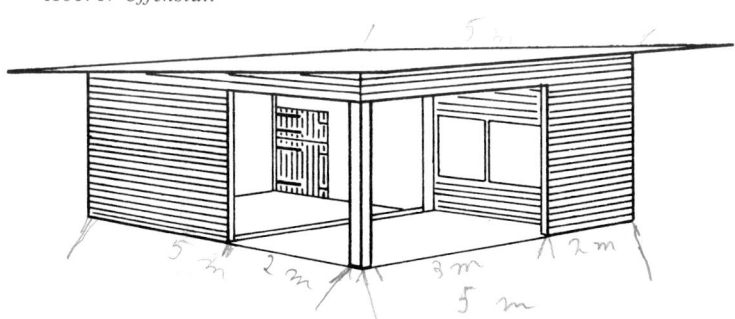

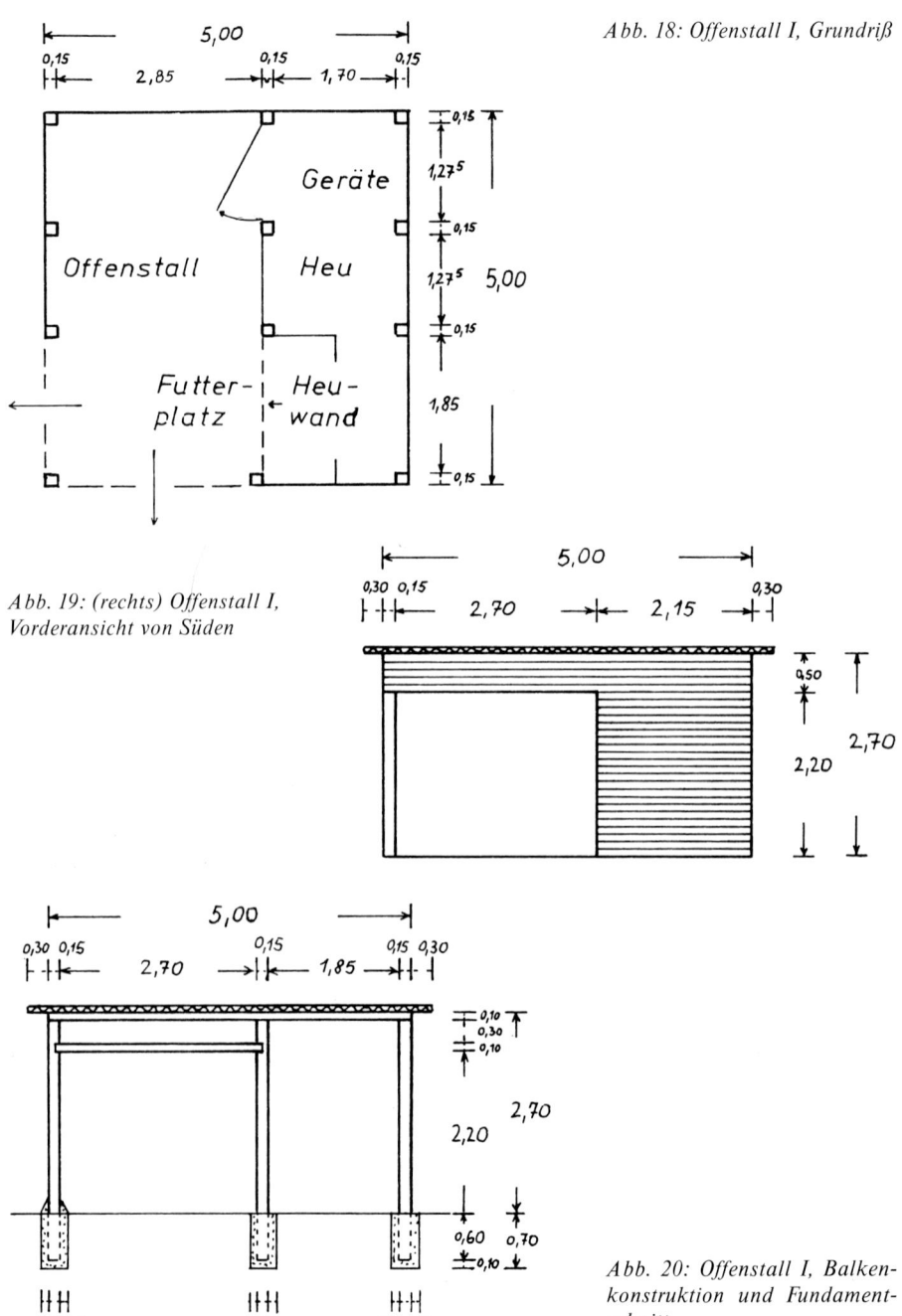

Abb. 18: Offenstall I, Grundriß

Geräte

Offenstall

Heu

Futter-
platz

Heu-
wand

Abb. 19: (rechts) Offenstall I,
Vorderansicht von Süden

Abb. 20: Offenstall I, Balken-
konstruktion und Fundament-
schnitt.

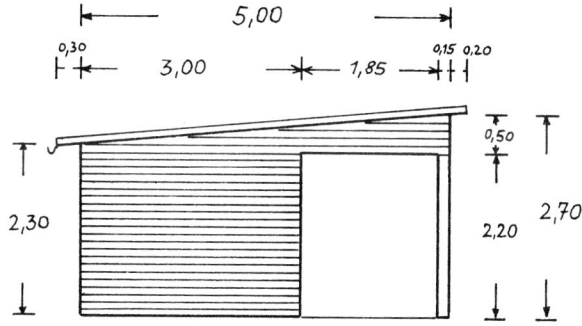

Abb. 21: Offenstall I, Seitenansicht von Westen

Abb. 22: Offenstall I, Seitenwand Westen in Elementbauweise

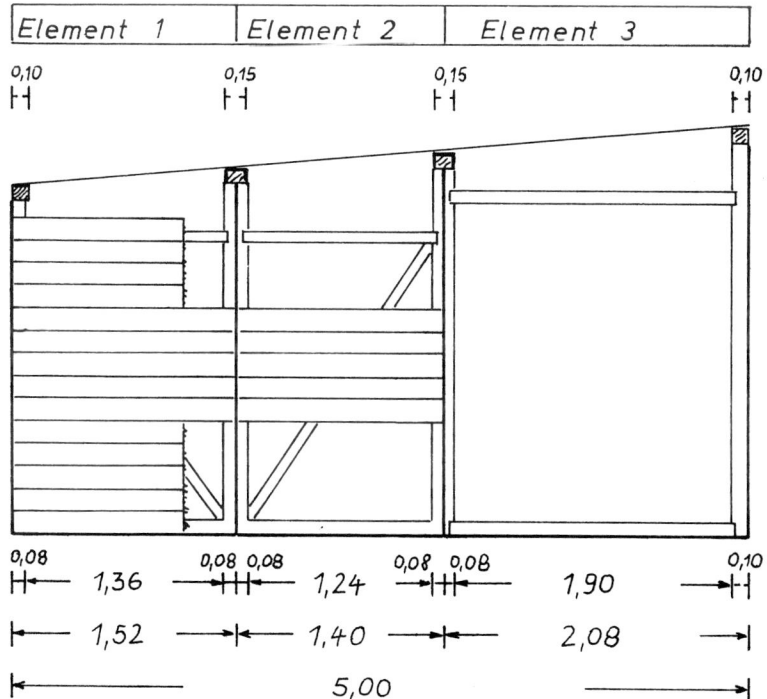

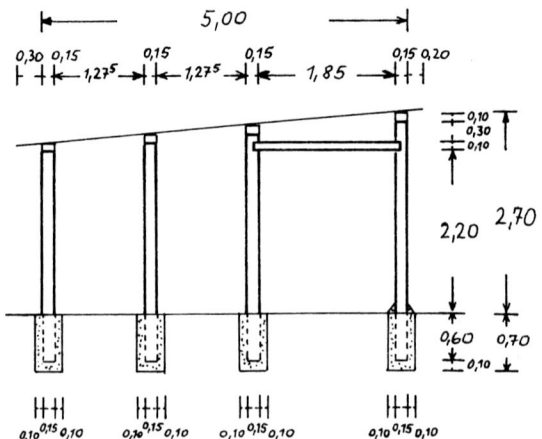

Abb. 23: Offenstall I, Balken-konstruktion und Fundament-schnitt

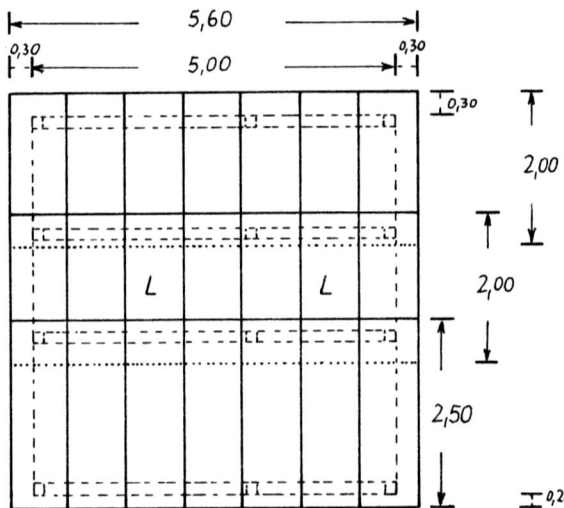

Abb. 24: Offenstall I, Dachein-deckung

Offenstall II (Abbildungen 25 bis 27)

Diese Offenstallanlage stellt die Erweiterung der »kleinen Lösung« dar. Beispiel II eignet sich für die Unterbringung von vier Pferden und erlaubt eine Trennung des Pferdebestandes in zwei Gruppen. Bei Bedarf kann auch ein Stall als Box/Notbox verwendet werden.

Die Materialkosten belaufen sich auf ca. 8000 DM.

Tabelle 9: Kurzbeschreibung/Technische Daten – Offenstall II –	
Grundfläche (8 m x 6,5 m)	52 m²
davon	
Stall-/Futterplatzfläche	rd. 30 m²
Nebenraumfläche	rd. 22 m²
Höhe Vorderwand	2,70 m
Höhe Rückwand	2,10 m
Eingang Süden	
Höhe	2,20 m
Breite	2,70 m
Eingang Westen	
Höhe	2,20 m
Breite	1,85 m
Fundamente, Bodenbefestigung, Wandverkleidung, Dach:	
wie Offenstall I	
Fassungsvermögen Nebenraum (ohne Sattelkammer)	40 m³
davon nutzbar zur Futter- und Einstreulagerung	28 m³
darin enthalten Heulagerung	18 m³
= rd. 16 dz = 120 Ballen Preßheu = rd. 1/3 des Winterbedarfs	
für 4 Pferde	

Abb. 25: Offenstall II, Grundriß

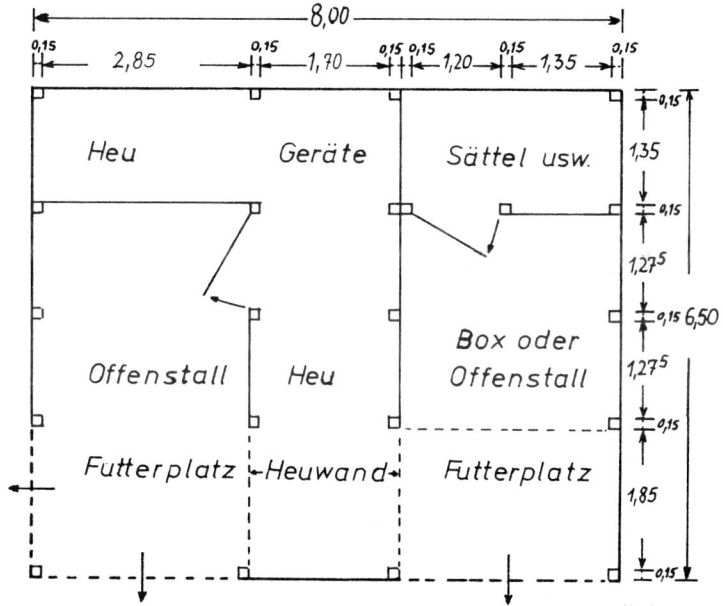

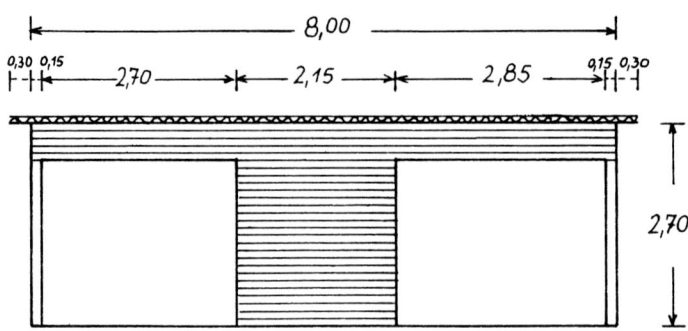

Abb. 26: Offenstall II, Vorderansicht von Süden

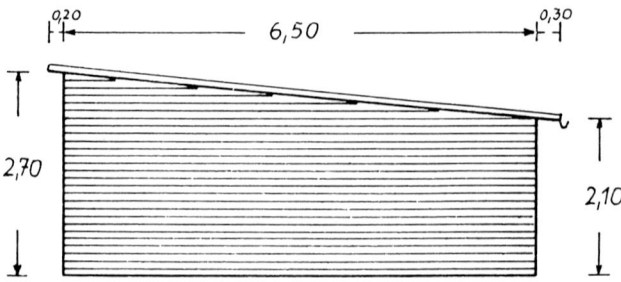

Abb. 27: Offenstall II, Vorderansicht von Osten

Reihenboxen (Abbildungen 30 bis 32)

Die dargestellten Boxen sind zur Aufstallung von zwei Robustpferden geeignet. Ohne große Veränderungen können sie auch als Offenstall genutzt werden, wenn sie direkt an einen Auslauf grenzen. Hierzu hängt man alle Türen (auch die Tür der Boxentrennwand, siehe Abb. 28) aus, damit die Pferde nach Belieben den Stall aufsuchen und verlassen können.

Der Eingang zur Sattelkammer kann auch nach außen verlegt werden. Zu bedenken ist dabei, daß aus Sicherheitsgründen (Diebstahlgefahr) die Eingangstüren zu Nebenräumen grundsätzlich im Stallinneren angebracht werden sollten, wenn die Stallanlage nicht unmittelbar beim Haus liegt. Erfahrungsgemäß üben nämlich Außentüren mit Vorhängeschlössern eine magische Anziehungskraft auf Ganoven aus; ganz ausschließen kann man das Diebstahlrisiko allerdings in keinem Fall.

Für den Bau von Boxen kann auch die Verwendung einer gut erhaltenen Holzbaracke (Baubude) in Erwägung gezogen werden. Solche Baracken bestehen aus Elementen, die gut zu transportieren und aufzubauen sind. Die Außenwände sind aus Rauspund mit Nut und Feder hergestellt; zur Verstärkung verkleidet man die Wände innen bis zu einer Höhe von 1,20 m mit Spanplatten oder Schalbrettern. Außen können Onduline-Wellplatten angebracht werden; empfehlenswert ist dies in jedem Fall für die Wetterseite. Die Türen kann man nicht verwenden, denn sie sind bei einer normalen Baubude nicht geteilt und für eine Pferdebox auch viel zu leicht gebaut. Wenn die Türen mindestens 1,00 m breit und 2,00 m hoch sind, kann man sie in 1,20 m Höhe zersägen, den Rahmen und insbesondere die gesamte Innenfläche der Untertüren mit Schalbrettern verstärken und, mit stabilen Türbändern versehen, neu anbringen. Vielfach wird eine Neuanfertigung der Türen der Umarbeitung vorzuziehen sein. Um einem ungesunden Stallklima vorzubeugen, sollte je

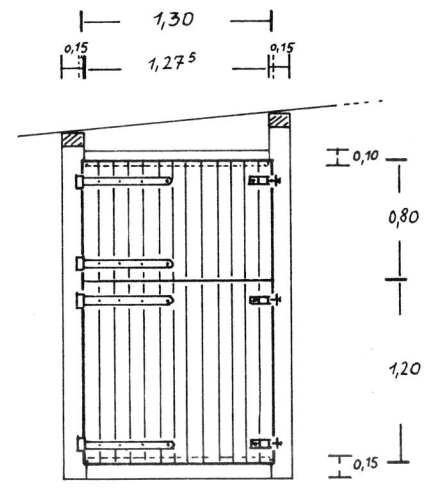

Abb. 28: Geteilte Stalltüre

Abb. 29: Heuwand

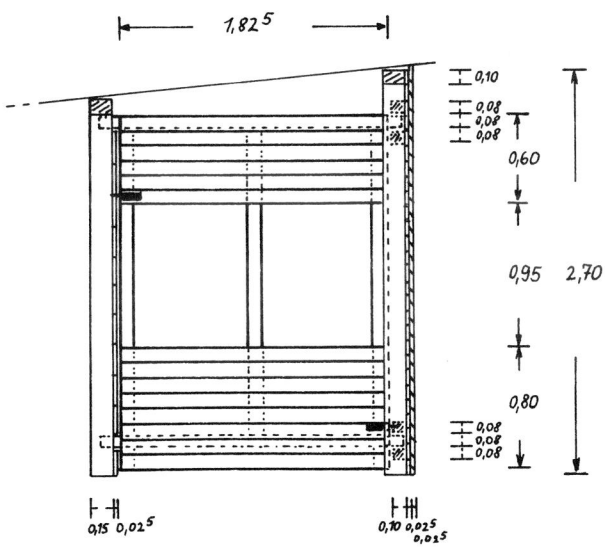

Tabelle 10: Kurzbeschreibung/Technische Daten – Reihenboxen –

Grundfläche (8 m x 3,3 m)	26,4 m²
davon	
Box 1	10,8 m²
Box 2	10,0 m²
Sattelkammer	5,6 m²
Höhe Vorderwand	2,70 m
Höhe Rückwand	2,30 m
Türen	
Höhe	2,00 m
Breite	1,20 m

Fundamente: Streifenfundamente aus Beton
Bodenbefestigung
   Boxen: Schotter, Kies, Sand
   Sattelkammer, Vorplatz (2,50 m breit): Beton
Stützbalken: Kanthölzer 15/15 cm
Traversbalken: Kanthölzer 10/15 cm
Außenwände:
   Boxenrückwand und Boxenseitenwand Westen: Schalbretter mit
   Ondulineaußenverkleidung; Innenverkleidung der Boxen bis
   1,20 m Höhe: Schalbretter auf Kantholzrahmen 8/10 cm
Sattelkammerrückwand und Seitenwand Osten: Rauspund mit Onduline-
   außenverkleidung
Vorderwand Süden (Boxen und Sattelkammer): Schalbretter mit
   Rauspundaußenschalung
Innenwände
   Boxentrennwand: Schalbretter (beidseitig) auf Kanthölzern 10/15 cm
   Trennwand zur Sattelkammer: Rauspund
Türen: Rauspund, Schalbretter; unterer und oberer Anschlag
   Kanthölzer 10/15 cm
Dach: Eternit-/Lichtplatten, Bretterdecke

Tabelle 11: Kostenzusammenstellung – Reihenboxen –

Bezeichnung	Material: lfd. Nr. aus Tab. 6	Gesamtpreis – DM –
Fundamente, Bodenbefestigung	16–19	1.100
Stützbalken, Traversbalken	1, 2,	700
Außenwände (ohne Onduline)	3, 6, 7	1.200
Ondulineverkleidung	12	350
Dach, Regenrinne	13–15	650
Innenwände (Trennwände)	2, 6, 7	200
Türen	2, 6, 7, 21–23	420
Bretterdecke	7	380
Nägel, Schrauben, Sonstiges	–	240
Holzschutzmittel	24	160
Reine Materialkosten		5.400

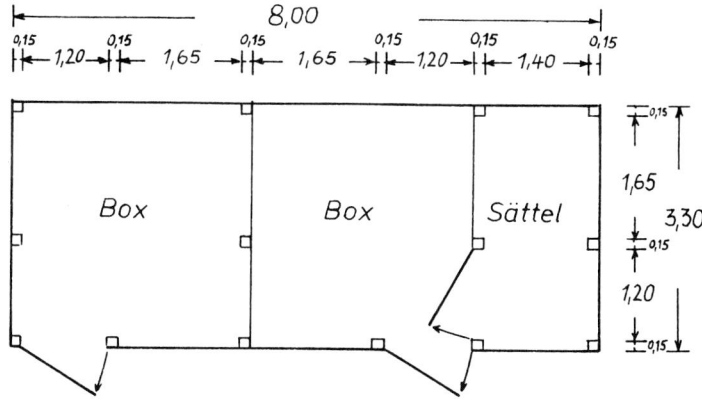

Abb. 30: Reihenboxen, Vorderansicht

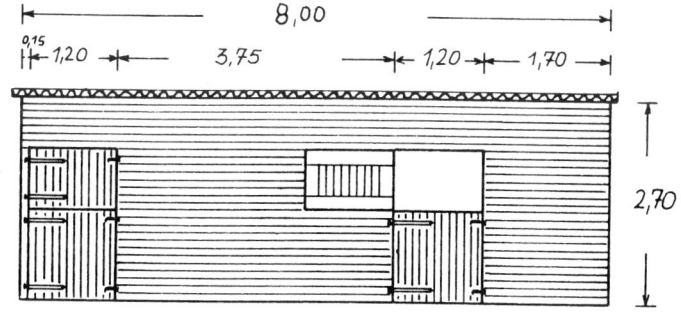

Box ein Dachentlüfter angebracht werden. Dachentlüfter können sowohl auf Satteldächern als auch auf Pultdächern einfach angebracht werden; zu beziehen sind sie bei Baustoffhandlungen zu Preisen um 50,00 DM.

Gebrauchte Holzbaracken in akzeptablem Zustand bekommt man schon für 800–1000 DM (Größe 6 x 3 m). Rechnet man Onduline-Verkleidung, Innenverstärkung, neue Türen, Dachentlüfter und Streifenfundamente sowie die Bodenbefestigung hinzu, ergibt sich immerhin noch eine Kostenersparnis von

Abb. 31: Reihenboxen, Grundriß

Abb. 32: Reihenboxen, Seitenansicht von Osten

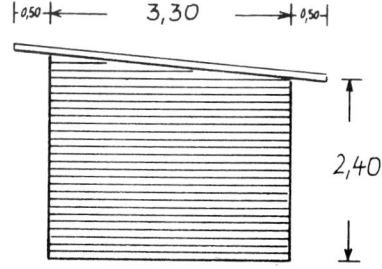

30 bis 40 % gegenüber den Kosten für einen gleich großen Stall aus neuem Holz. Beim Kauf gebrauchter Holzbaracken frage man auch nach einer evtl. vorhandenen statischen Berechnung, die dem Bauantrag beizufügen ist.

Praktische Durchführung/Arbeitsablauf

Nachdem der auf die eigenen Verhältnisse abgestimmte Stallbau hoffentlich den Segen der Behörden erhalten hat, beginnt die eigentliche Arbeit zunächst mit einer kleinen organisatorischen Aufgabe, der Bauvorbereitung. Hierzu gehört die Gerätebeschaffung, die Absprache mit Helfern, die Zeitplanung und das Bestellen und rationelle Lagern der benötigten Baustoffe. Machen Sie es wie ein erfahrener Bauhase, der durch gute Bauvorbereitung bereits vor der Grundsteinlegung die Hälfte des zu erwartenden Ärgers einspart.

Bereits bei Anfertigung der Bauzeichnung und der Baubeschreibung sollte eine Stückliste über Art und Menge des zu verwendenden Materials aufgestellt worden sein. Hieraus ergibt sich die Kostenkalkulation. Anhand der Stückliste ist zu überlegen, welche Materialien gekauft werden müssen. Kosten können z. B. durch Kauf von gebrauchten Kanthölzern und Brettern bei Abbruchunternehmen oder durch billige Beschaffung von Ziegelsteinen für die Bodenbefestigung gespart werden. Liegt ein Sägewerk in der Nähe, kann man dort sicher das benötigte Holz günstiger einkaufen als beim Holzhändler. Für den Transport muß in der Regel selbst gesorgt werden.

Wenn die Bauvorbereitungen abgeschlossen sind, wird der Bauplatz eingeebnet und mit Hilfe eines Bandmaßes vermessen, wobei als Orientierungspunkte die Grenzsteine des Grundstücks

Abb. 33: Trennwand, Vorderansicht

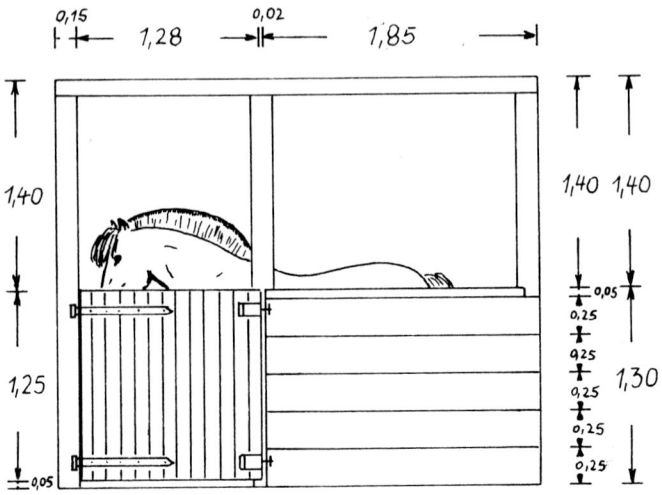

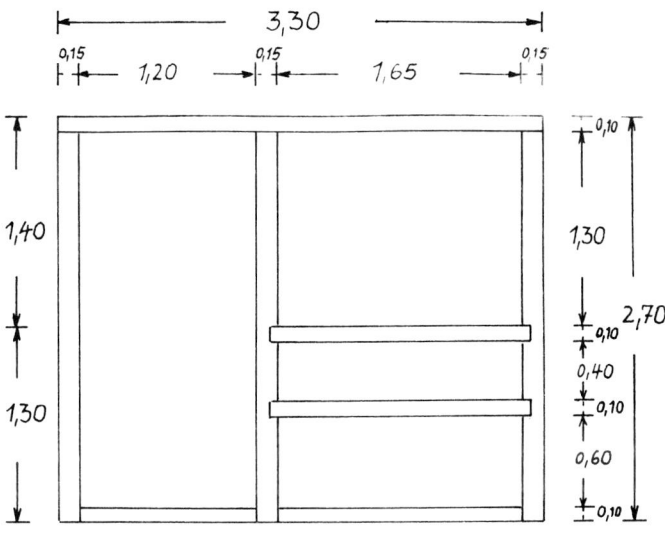

Abb. 34: Trennwand, Vorderansicht

Abb. 35: (rechts) Außenwandverkleidung mit Schwartenbrettern (Stülpschalung)

Abb. 36: (unten) Außenwandverkleidung mit Onduline

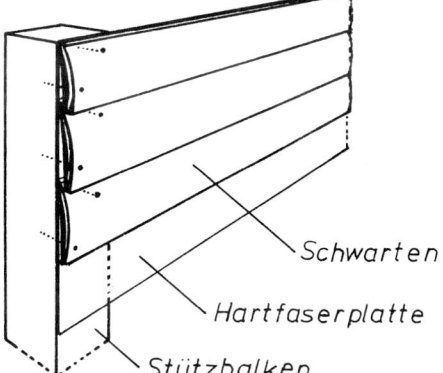

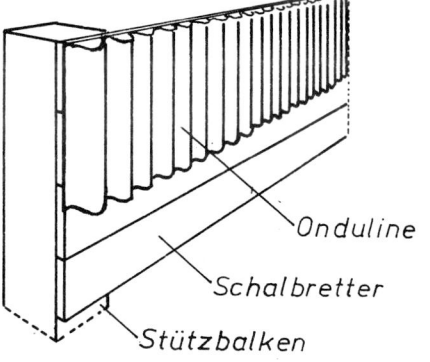

oder die Außenwände bereits bestehender Gebäude dienen können. Benötigt werden hierzu auch die Bauzeichnung und der Lageplan, sofern für das Projekt ein solcher angefertigt wurde. Bei größeren, genehmigungspflichtigen Stallbauten muß ein Vermessungstechniker mit Präzisionsmeßinstrumenten die Vermessung vornehmen.

Mit einer ersten Messung werden zunächst die Eckpunkte des Stalles durch je einen Holzpflock markiert. Dabei müssen wiederholt rechte Winkel (90°) abgesteckt werden. Auf dem Papier ist dies mit zeichnerischen Hilfsmitteln einfach;

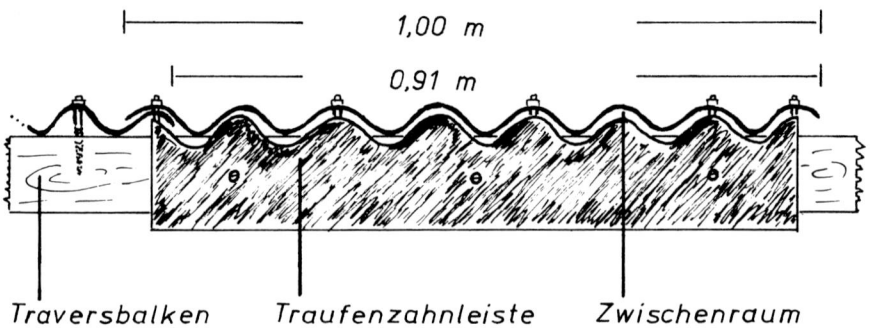

|← 1,00 m →|

|← 0,91 m →|

Traversbalken   Traufenzahnleiste   Zwischenraum

Abb. 37: Traufenzahnleiste (Befestigung der Rückfront)

im Gelände praktiziert man den Lehrsatz des Pythagoras oder benutzt Instrumente. Dem Lehrsatz des Pythagoras entsprechend, ergibt sich bei einem Dreieck mit dem Seitenverhältnis 3:4:5 (oder 3 m : 4 m : 5 m) immer ein rechter Winkel. Man legt als erstes eine Seitenlinie (Seitenwandflucht) fest und mißt vom Ausgangspunkt 4 m ab. Nun hat man bereits zwei Punkte festgelegt. Mit einer Schnur oder dem Bandmaß wird dann vom ersten Punkt aus ein Halbkreis mit der Länge 3 m und vom zweiten Punkt aus ein Halbkreis mit der Länge 5 m gezogen. Der dritte Punkt ist der Schnittpunkt der beiden Halbkreise. Werden diese drei Punkte/Pflöcke mit einer Schnur verbunden, erhält man ein rechtwinkliges Dreieck. Der rechte Winkel liegt in der Spitze gegenüber der langen Seite des Dreiecks, also beim Ausgangspunkt (siehe Abbildung 46). Nachdem die Lage des Stalles bestimmt ist, mißt man als letzte Kontrolle noch die Diagonalen quer durch den Grundriß. Wenn sich das gleiche Maß ergibt, ist alles im rechten Winkel.

Die Eckpflöcke sind nur ein Provisorium; spätestens beim Fundamentaushub werden sie entfernt. Damit die bereits ermittelten Fluchtlinien als Orientierung für die weitere Arbeit erhalten bleiben, müssen sie außerhalb der Grundrißfläche markiert werden. Um jede Ecke baut man einen Schnurbock (siehe Abb. 46), der aus drei Pfählen und zwei geraden Brettern besteht und so weit von den Fluchtlinien entfernt steht, daß dazwischen noch genügend Arbeitsraum verbleibt. Die Oberkante der Schnurbretter kann gleichzeitig ein bestimmtes Höhenmaß (z. B. 50 cm über Fundamentniveau) festlegen. Als Hilfsmittel für die horizontale Übertragung von Meßpunkten dient entweder eine Schlauchwaage oder bei kleineren Ställen ein gerades Brett, welches an einem Meßpunkt aufgelegt wird und mit Hilfe einer Wasserwaage entsprechend auszurichten ist.

Es folgen die Fundamentherstellung sowie das Setzen der Stützbalken und die Befestigung der Dachbalken (Traversen). Soll der Stall ein Streifenfundament erhalten (Tiefe 0,70 m bis 1,00 m, 0,10 m über Erdboden), können die Stützbalken entweder vor Herstellung des gesamten Fundamentes eingegossen werden oder aber anschließend in vorbereitete Fundamentöffnungen einbetoniert werden. Will man die Stützbalken erst nach Herstellung des Streifenfundamentes einbetonieren, müssen die Fundamentöffnungen bereits bei der Verschalung genau festgelegt werden. Es ist zweckmäßig, hierzu Styroporteile zu verwenden, die in die Verschalung eingesetzt und gut befestigt werden, damit sie beim Ausgießen der Verschalung mit Beton nicht verrutschen. Nachdem der Beton angetrocknet ist, brennt man die Styroporteile mit Benzin heraus. Verzichtet man auf Streifenfundamente und setzt die Stützbalken in Einzelfundamente, muß gewährleistet sein, daß das Stallbodenniveau über dem Außenboden liegt.

Für Ställe in Elementbauweise ist ein Massivfundament aus Beton nicht erforderlich; ein Ziegelfundament oder Eisenbahnschwellen reichen als Untergrund zur Befestigung und Auflage des Stallrahmens.

Die Stützbalken müssen paarweise gesetzt und sehr genau ausgerichtet werden. Jedes Stützbalkenpaar wird gleichzeitig durch genügend starke Winkeleisen mit dem zugehörigen Dachbalken verschraubt. Damit vor dem Trocknen des Betons eine gewisse Stabilität gewährleistet ist und die Abstände zwischen den einzelnen Stütz- und Traversbalken korrekt erhalten bleiben, werden sie untereinander jeweils mit zwei Brettern verbunden.

Abb. 38: Boxenanbau (mit Schleppdach) mit geteilten Türen und gegenüberliegendem Kleinauslauf mit einfachem Holztor aus Kanthölzern.

Wenn der Beton seine Stabilität erreicht hat (Trocknungszeit hängt von der Betongüte ab), beginnt die Dacheindeckung. Die provisorisch angenagelten Abstandsbretter werden von den Dachbalken entfernt, und anschließend schraubt man die Eternit-Wellplatten und Lichtplatten entsprechend der Verlegeanweisung des Herstellers (hinten beginnen) auf die Balken. Das Dach sollte an der Vorderfront mindestens 20–30 cm, bei Boxen 50–100 cm überstehen.

Als nächstes hebt man den Stallboden aus und füllt mit Schotter, Kies und Sand wieder auf. Betonböden für Nebenräume können gleichzeitig oder sofort anschließend an die Fundamentherstellung gegossen werden. Böden aus Bohlen sollten auf Kanthölzern verlegt werden. Dies ist besonders wichtig für einen

Abb. 39: Offenstall mit Stülpschalung und Eternit-Pultdach-Eindeckung

Abb. 40 (rechts oben): Zweckmäßig gegliederte Bodengestaltung im Offenstall: Die vordere Eingangsfläche ist betoniert, dann folgt die einen Meter tief drainierte Liegefläche mit Sägespanschüttung (30 cm hoch), der Futtertisch im Hintergrund ist wieder betoniert. Die Übergänge von den Betonflächen zur Liegefläche wurden aus abgeschrägten Kanthölzern hergestellt.

Abb. 41 (rechts unten): Abgemauerte »Freßecke« im Offenstall zur sauberen Rauhfuttervorlage.

Heulagerraum, damit unter dem Bretterboden Luft zirkulieren kann und somit der Schimmelbildung vorgebeugt wird. Das Holzmaterial (Stützbalken, Bohlen usw.) muß vor Verwendung gut mit Holz-

schutzmitteln imprägniert werden. Man verwende ausschließlich schadstoffarme Imprägnierungsmittel.

Nun ist der Stallbau schon weit fortgeschritten, die aufwendigsten und schwierigsten Arbeiten sind geschafft, und die Stabilität der Gesamtkonstruktion läßt hoffentlich keine Zweifel an den Fähigkeiten des Erbauers aufkommen! Nach einer »Verschnaufpause«, die man als nachträgliches Richtfest nutzen kann, folgen Herstellung/Anbringung

● der Außenwände (bei Stülpschalung die Bretter immer von unten nach oben aufnageln),

● der Innenverkleidung bzw. Verschalung,

● der Außenverkleidung (Onduline),

● der Innenwände,

● der Dachrinne und Traufenzahnleisten,

● der Türen (Stalltüren sollten sich nach links öffnen lassen, da man Pferde mit der rechten Hand führt; im Einzelfall kann auch die Öffnung nach rechts zweckmäßig sein. Untertüren müssen sehr stabil und mit zwei Riegeln verschließbar sein: unten Schubriegel, oben Viehstallriegel – siehe Abbildung 42 –, den Pferde nicht öffnen können) und

● der Heuwand (entweder stationär oder verschiebbar auf Rollen oder auf einer Balkenschiene – siehe Abbildung 26).

Der Innenausbau wird abgeschlossen durch

● die Elektroinstallation (nach VDE-Vorschrift für Feuchträume; Installation darf für Pferde nicht erreichbar sein; Abnahme durch Elektromeister; in jedem Fall ist ein FI-Schutzschalter erforderlich),

● die Wasserinstallation (Tränkebekken, Rohrleitungen) und

● den Ausbau der Nebenräume (Sattelkammereinrichtung siehe Abbildungen 43 bis 44).

Abb. 42: Verschlußriegel

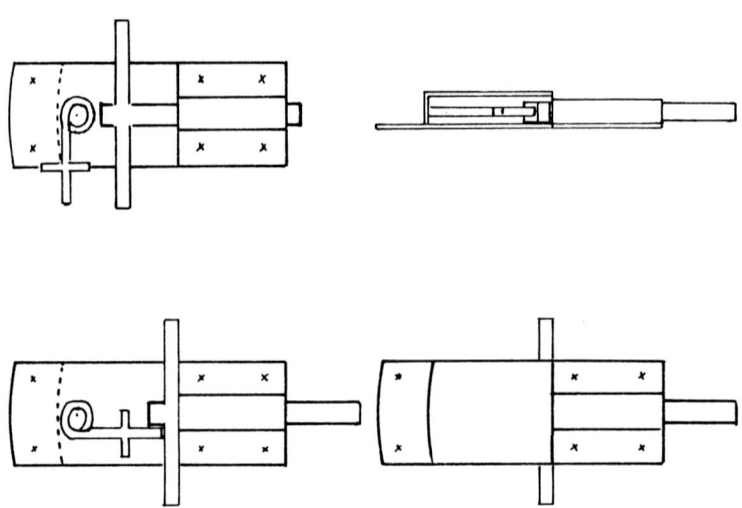

Abb. 43: Sattelhalter

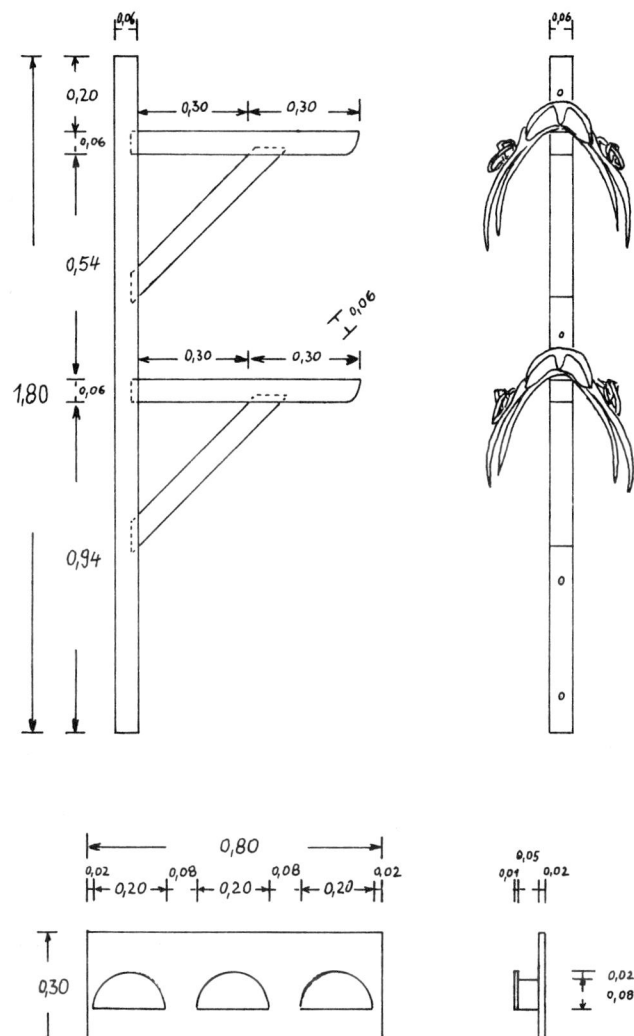

Abb. 44: Trensenhalter

Allgemein sei noch hinzugefügt, daß der Stall absolut zugfrei sein muß, die Stützbalken leicht abgerundet werden sollten und keine scharfkantigen Metallbeschläge angebracht werden dürfen. Hervorstehende oder herumliegende Nägel sind zu entfernen. Bei Holzställen darf die Brandgefahr nicht unterschätzt werden, vorsorglich bringe man einen Feuerlöscher an (evtl. in der Sattelkammer oder an einer von den Pferden nicht erreichbaren Außenwand).

Einstreu

Die Einstreu ist der oberste Teil des Stallbodens (siehe Abb. 47), sie soll den Pferden in erster Linie ein trockenes Lager zum Ausruhen bieten (Zitat Schiele: »Trocken, trocken, knochentrocken!«). Pferde legen sich nur dann zum Ausruhen auf feuchten Untergrund, wenn sie gar keine andere Wahl haben; lieber dösen sie im Stehen. Hält man Pferde über längere Zeit in Boxen mit ungepflegter, feuchter Einstreu, sind sowohl Gesundheitsschäden (stärkere Verwurmung, Erkrankungen der Atmungsorgane, bedingt durch Faulgase, Strahlfäule) als auch Leistungsminderung (wenig ausgeruhte Knochen) die Folge. Die Einstreu muß deshalb auch geruchs- und feuchtigkeitsbindend wirken sowie weich und genügend warm sein.

Als Einstreumaterial sind geeignet:

● Sägemehl (mit Einschränkungen),
● Sägespäne (möglichst gesiebt, also staubfrei und ohne Formaldehyd),
● Stroh (trocken; nicht muffig, faulig oder »schimmelpilzvernebelt«),
● Torf (mit Einschränkungen).

Sägemehl, besonders von Nadelhölzern, ist aufsaugefähig und geruchsbindend, staubt aber oft zu stark. In Kombination mit einer Aufschüttung aus Sägespänen (10 cm Sägemehl, 10 cm Sägespäne) als akzeptables Einstreumaterial erprobt. Einstreu ausschließlich aus Sägespänen ist vorzuziehen.

Stroh ist als herkömmliches Einstreumaterial bekannt und wird am häufigsten verwendet. Nicht verwenden soll man Gerstenstroh, das wegen seiner langen Grannen bei Pferden zu Hautreizungen und – wenn es gefressen wird – zu Koliken führen kann. Haferstroh wird von Pferden am liebsten gefressen; eignet sich nicht als Einstreu bei Pferden, die in Leistungskondition gehalten werden sollen. Haferstroh ist – wie jedes Einstreumaterial – nur in sauberem, nicht schimmeligem Zustand als Einstreu zu gebrauchen. Stroheinstreu kann kombiniert werden mit einer Unterlage aus staubfreien Sägespänen. Vorsicht ist immer geboten bei Rundballenstroh (Schimmel).

Abb. 45: Zaunanordnung und Bodenbefestigung

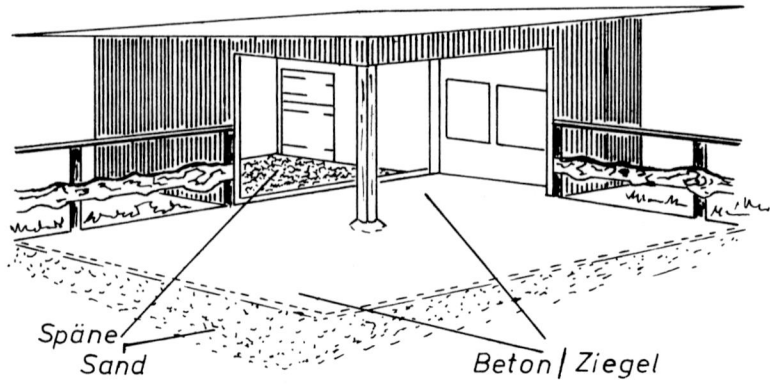

Späne
Sand   Beton / Ziegel

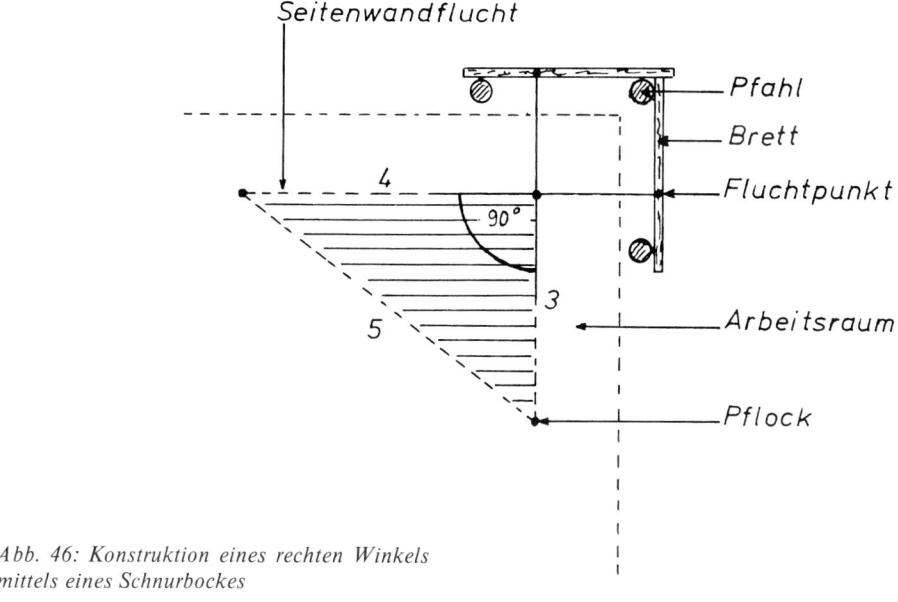

Abb. 46: Konstruktion eines rechten Winkels mittels eines Schnurbockes

Abb. 47: Schnitt durch den Stallboden

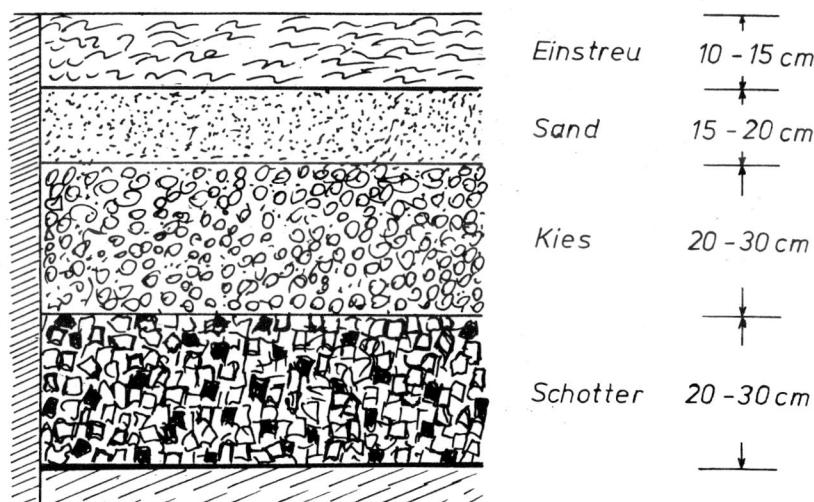

Einstreu	10 – 15 cm
Sand	15 – 20 cm
Kies	20 – 30 cm
Schotter	20 – 30 cm

Torf als Einstreu ist wegen der damit verbundenen hohen Kosten wenig gebräuchlich und sollte aus Naturschutzgründen gemieden werden.

Um die Geruchsbindung (Ammoniak, Schwefelwasserstoff) zu verstärken, kann man zusätzlich zu allen Einstreumaterialien etwas Algominkalk beistreuen.

Pflege und Erneuerung der Einstreu gehören zur täglichen Arbeit des Robustpferdehalters. Die Einstreu ist die Visitenkarte eines jeden Pferdehalters! Sparsamkeit ist in Sachen Einstreu nicht angebracht. Der Kot muß täglich aufgesammelt und entfernt werden. Dazu benutzt man entweder ein im Handel erhältliches Sammelgefäß mit einer Harke oder eine engzinkige Kartoffelgabel (bei Landhandelsgenossenschaften erhältlich). Die Zinken der Gabel läßt man am besten vom Schmied vorn in der Spitze breithämmern (das ist im glühenden Zustand schnell erledigt).

Neben dem Kot entfernt man auch besonders feuchte Teile der Einstreu und streut anschließend satt nach. Damit trotzdem keine faulige, stinkende Matte entsteht, die zudem noch eine ideale Brutstätte von Parasiten und Fliegen ist, sollte bei Boxenhaltung jede Woche, bei Offenstallhaltung regelmäßig alle 14 Tage (zumindest im Winter) die gesamte Einstreu erneuert werden. Diese Einstreupraktik wird als Wechselstreu bezeichnet.

Von manchen Pferdehaltern wird die sogenannte Matratzenstreu bevorzugt. Die Grundlage für diese Einstreu bildet eine 10 bis 15 cm hohe Mischung aus Torf oder Sägespänen mit gelöschtem Kalk,

der die Ammoniakgase bindet. Darüber wird eine dicke Lage Stroh geschichtet. Auf dieser »Matratze« stehen oder liegen die Pferde weich und bei guter Einstreupflege auch trocken (wenn der Urin durch ein Stallbodengefälle ablaufen kann). Diese Praktik, die bei Boxenhaltung weit verbreitet ist, spart gegenüber der Wechselstreu Arbeitszeit und Material, da die gesamte Matratze nur in mehrmonatigen Abständen erneuert wird; ansonsten werden täglich – wie bei der Wechselstreu – Kot und feuchte Stellen entfernt. Das allerdings ist unbedingt notwendig. Gewinnt nämlich der arbeitssparende Effekt die Oberhand, dann bleibt am Ende der Kot im Stall liegen und wird täglich nur mit neuem Einstreumaterial überdeckt. So aber schafft man sich einen besseren Misthaufen im Stall, jedoch keine pferdegerechte Einstreu. Auch bei guter Pflege hat die Matratzenstreu den Nachteil, daß sie weniger hygienisch als die Wechselstreu ist.

Aus der Verhaltensforschung ist bekannt (und der Verfasser konnte gleiche Beobachtungen über etliche Jahre im eigenen Pferdebestand machen), daß Pferde sowohl eine außerordentliche Abneigung haben, sich in den eigenen Kot zu legen als auch verunreinigtes Futter zu fressen. Bei ständiger unsauberer Haltung setzt aber eine Gewöhnung ein, die bei älteren Pferden kaum noch umzukehren ist. Dagegen sind Fohlen, die aus einwandfreien Haltungen kommen und später ebenfalls unter hygienischen Bedingungen gehalten werden, ein Leben lang »sauber« – sie trennen auch im geschlossenen Stall den Liegebereich vom Kotplatz.

Anlage und Einzäunung von Weiden

Für eine gesunde Pferdehaltung sind genügend große, abwechslungsreiche Weiden Voraussetzung.

Die Anlage neuer Weiden (Bodenbearbeitung, Düngung, Säen) geschieht am besten durch einen Landwirt oder einen sog. Lohnunternehmer, der über geeignete Maschinen verfügt. Zur Weideansaat gut geeignet ist Acker- oder Brachland mit trockener Bodenbeschaffenheit. Feuchte Böden, die Unkrautwuchs (u.a. Giftpflanzen) begünstigen, sollten für Pferdeweiden grundsätzlich nicht gewählt werden, es sei denn, daß durch Drainagen oder Abzugsgräben stauende Nässe weitgehend beseitigt wird. Das Einsäen der neuen Weide geschieht im Frühjahr (Ende April/Anfang Mai), damit die Saat noch bei genügender Bodenfeuchtigkeit aufgeht.

Bei der Zusammenstellung des Saatgutes berücksichtige man, daß vielseitiger, schmackhafter Pflanzenbewuchs mit hohem Kräuteranteil und reichlich Untergräsern für Pferde besser geeignet ist als eine saftige, stickstoffgetriebene reine Grasweide.

Als Anhaltspunkt für die Zusammensetzung des Saatgutes gelten folgende Faustzahlen: Gräseranteil rd. 80%, Kräuteranteil rd. 20%, kein Kleeanteil!

Die gebräuchlichsten *Weidegräser* sind:

Weidelgras/Raygras (Untergras),
Wiesenrispe (Untergras),
Rotschwingel (Untergras),
Wiesenschwingel (Obergras) und
Wiesenlieschgras (Obergras).

Abb. 48: Futterstand

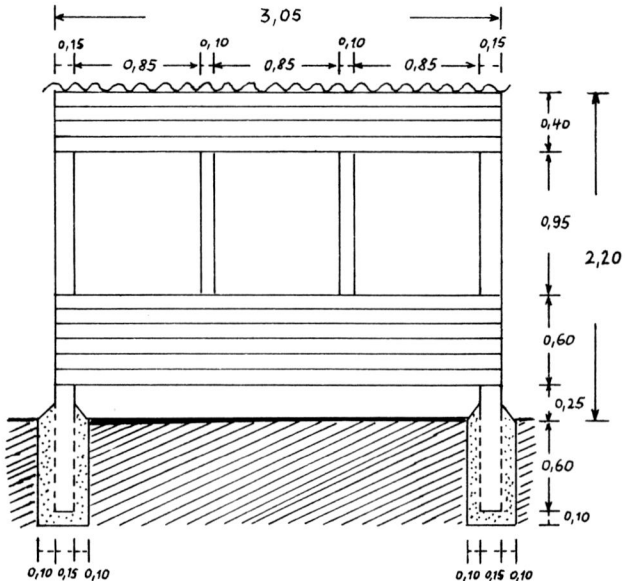

Abb. 49: Futterstand, Vorderansicht und Fundamentschnitt

Abb. 50: Futterstand, Balkenkonstruktion der Vorderwand

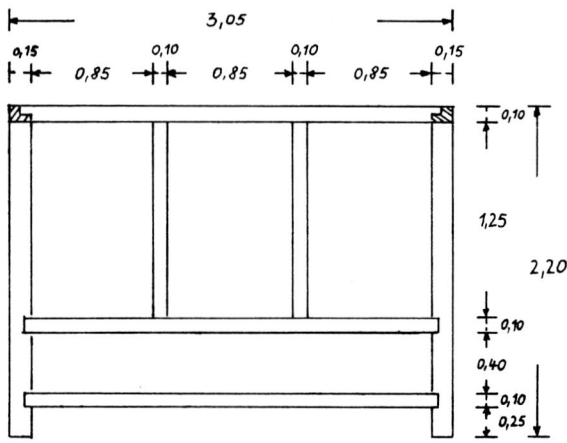

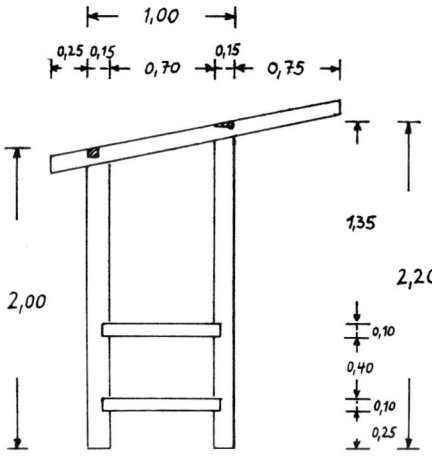

Abb. 51: Futterstand, Balkenkonstruktion der Seitenwand

Eine Kräutermischung kann enthalten:
Löwenzahn
Schafgarbe
Spitzwegerich
Kamille
Wiesenkümmel
Wildmöhre
Wildpetersilie
Salbei
Wiesenbocksbart
Kleiner Wiesenknopf

Für die Neuansaat einer 10.000 m² (1 Hektar, 4 Morgen) großen Weide werden im Schnitt 40–45 kg Saatgemisch gebraucht. Prozentual kann eine Saatmischung so zusammengesetzt sein:

Weidelgras	30 %
Wiesenrispe	25 %
Wiesenschwingel	25 %
Kräuter	20 %
(kein Kleeanteil!)	
	100 %

Im Handel sind inzwischen auch Spezialsaatgemische für Pferdeweiden erhältlich. In jedem Fall muß die gesamte Saatmischung auf die örtlichen Klima- und Bodenverhältnisse sowie die Höhenlage abgestimmt sein. Ein erfahrener Landwirt oder landwirtschaftliche Beratungsstellen können hierüber Auskunft geben.

Von den landwirtschaftlichen Warengenossenschaften werden durchweg speziell auf Milch-/Rindviehweiden abgestimmte Weidesaatmischungen mit Weißkleeanteil angeboten. Diese dürfen nicht verwendet werden, da der Weißklee sich bei intensiver Beweidung sehr stark verbreiten würde, und die einseitige Kleegrasweide bei Robustpferden zu Gesundheitsstörungen führt.

Geeignet sind handelsübliche Grassamenmischungen plus Kräuterbeimischung. Die Preise für solche Saatmischungen (einschl. Kräutersamen) liegen bei 7 bis 10 DM je kg.

Nach der Neuansaat darf die Weide nicht intensiv von Pferden beweidet werden, damit sich die Grasnarbe festigt. Erst nach Jahren wird eine neuangelegte Weide biologisch gesehen ihre »Höchstform« erreichen. Voraussetzung ist die richtige Pflege und Düngung, auf die später im Kapitel »Praxis« noch eingegangen wird.

Bei alten Weiden mit Kahlstellen, ungenügendem Kräuter- oder Untergraswuchs müssen die für eine Nachsaat vorgesehenen Stellen zunächst bearbeitet werden (»Schwarzeggen«). Je Quadratmeter reichen für die Nachsaat etwa 8 bis 10 g Samen aus. Größere Flächen, die nachgesät werden, sollen ein Jahr nicht intensiv beweidet werden, damit der gewünschte Erfolg nicht ausbleibt.

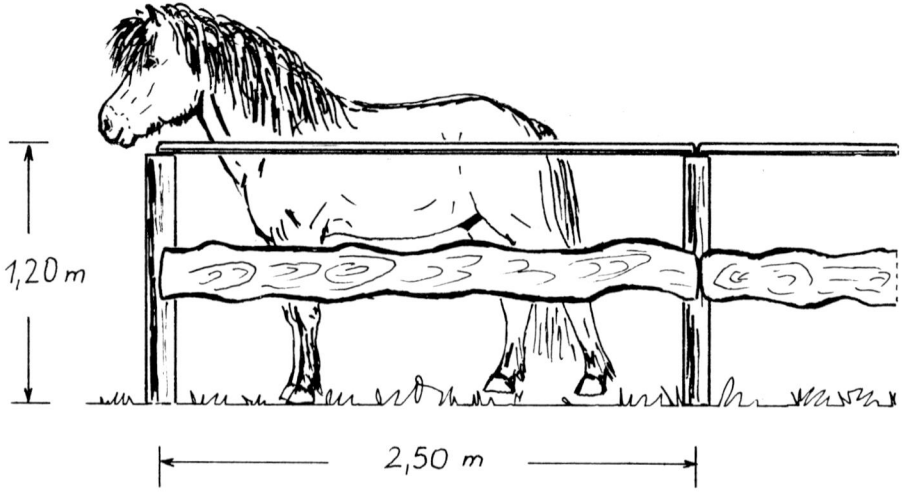

1,20 m

2,50 m

A bb. 52: (oben) Holzweidezaun mit Schwartenbrettern

A bb. 53: (unten) Holztor aus Kanthölzern
(4 x 6 cm)

A bb. 54 (rechts oben): Eine sehr sichere Koppel-
einzäunung mit massiven Pfosten, Gummigurt-
bändern und dem unverzichtbaren Elektroweidezaun.

A bb. 55 (rechts unten): Für ruhige, ausgewachsene Robustpferde reicht meist eine Einfriedung mit
dreifachem Elektrozaun und massiven Pfosten.

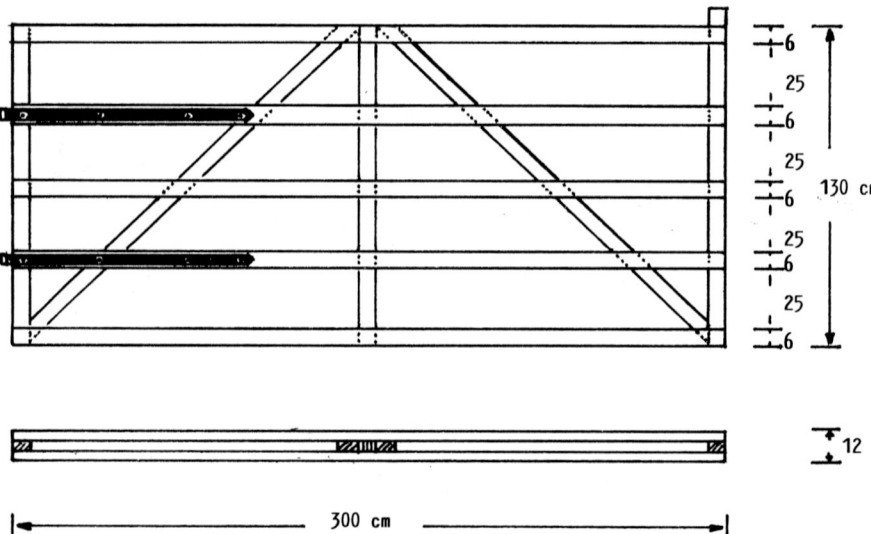

6
25
6
25
6   130 cm
25
6
25
6

12

300 cm

Abb. 56: (links) Zubehör für Stall und Weide

a) *Kunststoffkrippe*
b) *Eimerhalter*
c) *Eisenanbindering zum Anschrauben*
d/e) *Eisenanbindering zum Durchschrauben*

a

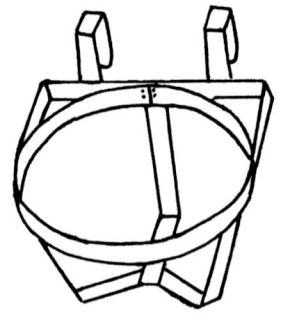

b

1

2

3

4

5

6

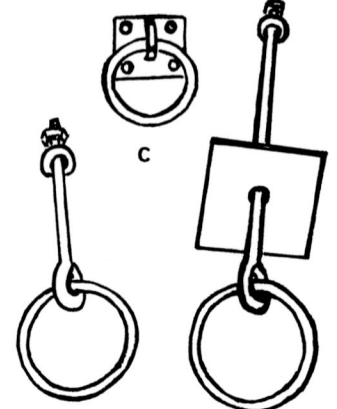

d   c   e

Abb. 57: Elektroweidezaunzubehör:

1) *Trockenbatteriegerät (9 V)*
2) *Ringisolator*
3) *Schlitzisolator*
4) *Rollenisolator*
5) *Zaunprüfer*
6) *E-Zaunschalter*

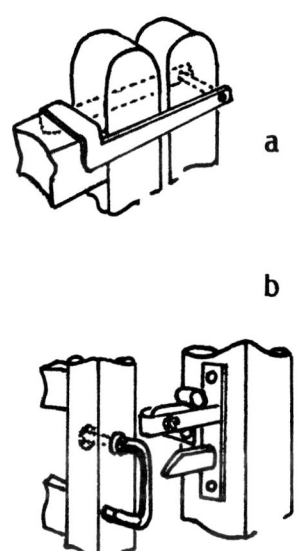

a

b

Abb. 58: Torverschlüsse

a) Überwurfbügel
b) Schnappverschluß

Die *Einzäunung* der Weide muß
● ausbruchsicher, aber
● ungefährlich sein.

Vollkommen ungeeignet für Pferdeweiden sind Stacheldrahteinzäunungen,
die schon manchem Pferd arge Verletzungen beigebracht haben. Es kommt
vor, daß sich Pferde in der Nähe des Zaunes wälzen und dabei im Draht hängenbleiben oder bei Auseinandersetzungen
an den Draht geraten. Wer eine stachel-
drahtumzäunte Weide besitzt, sollte zur
Schaffung einer »Schutzzone« zusätzlich einen Elektroweidezaun anbringen.
Zwar ist die Verletzungsgefahr dadurch
noch nicht ganz gebannt, aber immerhin
stark abgeschwächt, da der mit rhythmi-
schen Schwachstromimpulsen gespeiste

Draht von Pferden sehr gut respektiert
wird, wenn sie einige Male damit Bekanntschaft gemacht haben.

Verwenden kann man Isolatoren aus
Kunststoff, die auf 20 cm langen Eisen-
stiften angebracht sind und damit in die
Holzpfähle geschraubt werden, oder 30
cm lange Brettchen mit eingeschraubten
Isolatoren. Die unteren Enden der Brettchen werden seitlich gegen die Zaun-
pfähle genagelt. Besser noch entfernt
man den Stacheldraht ganz und ersetzt
ihn durch drei parallele Spanndrähte aus
glattem Draht, die über Isolatoren laufen
und an ein bewuchsunempfindliches
Elektroweidezaungerät angeschlossen
werden. Um Stabilität und Ausbruchsi-
cherheit eines solchen Zaunes zu erhöhen, können als Abschluß nach oben
Halbhölzer auf die Pfähle genagelt werden.

Die beste, aber auch teuerste Umzäu-
nung ist ein Holzzaun (siehe Abb. 52).
Hierzu verwendet man Eichen- oder
Fichtenpfähle, die im Abstand von
2,50 m etwa 70 bis 80 cm tief in die Erde
eingegraben werden. Damit der Zaun
1,20 m bis 1,30 m hoch wird, müssen die
verwendeten Pfähle mindestens 1,90 m
lang sein. Gegen die Pfähle werden Stangen, Halbhölzer oder unbesäumte Bretter genagelt. Den oberen Abschluß bilden Halbhölzer. Als zusätzliche Siche-
rung (auch gegen Benagen des Holzes
durch die Pferde) dient ein Elektrodraht.
Bei Holzzäunen ohne Elektrodraht empfiehlt es sich, die Bretter bzw. Stangen
von innen an die Pfähle zu nageln, damit
sie auch stärkerem Druck standhalten.
Der Weideeingang kann durch verschiebbare Stangen oder eiserne Weidetore geschlossen werden. Insbesondere
außerhalb gelegene Weiden müssen
durch ein Schloß vor unbefugtem Öffnen

Abb. 59: Einfaches Koppel- oder Auslauftor mit Stange und Elektrospirale mit Torgriff

gesichert sein. Stangeneingänge sichert man am besten durch senkrecht von oben durch die Stangen und Stangenhalterungen gesteckte Eisenstäbe. Genügend dicke Eisenstäbe können unten durchbohrt und mit einem Vorhängeschloß gesichert werden.

Ein Holzzaun verursacht eine Menge Arbeit sowohl bei der Herstellung als auch bei der Unterhaltung (jährlicher Holzschutzmittelanstrich erforderlich).

Zur Außenumzäunung kann auch ein Gummigurtsystem verwendet werden, das an stabilen Holzpfählen befestigt wird. Die Inneneinteilung der Weide in einzelne Portionsweiden kann durch einen schnell versetzbaren Elektrozaun aus isolierten Metallsteckpfosten und Litze oder besser sichtbarer Folie vorgenommen werden.

Auslauf und Reitbahn

Für die Haltung von Robustpferden ist ein Auslauf, der an den Stall und die Weiden grenzt, obligatorisch. Ein Auslauf bietet den Pferden während der Winterzeit – egal ob Offenstall- oder Boxenhaltung praktiziert wird – Bewegungsraum in frischer Luft. Im Sommer können die Pferde bei Weidegangbegrenzung tagsüber oder nachts darin gehalten werden.

Den Auslauf kann man zu jeder Jahreszeit auch als Reitbahn und/oder Longierplatz benutzen, wenn folgende Mindestmaße berücksichtigt werden:

lich für einen Auslauf ungeeignet, deshalb wird anstelle von Gräben ein Rohrsystem verlegt, das die gleiche Funktion erfüllt. Drainagerohre mit 4 bis 20 cm Innendurchmesser gibt es u. a. aus Ziegelmaterial, sie sind rd. 30 cm lang. Die einzelnen Rohrstücke werden mit Gefälle in Richtung Sammelleitung, die in einen Bach, Abwassergraben oder Kanal führt, locker aneinandergelegt. Um Verschlammung der Rohre zu vermeiden, können die Verbindungsstellen mit Dachpappestreifen umwickelt werden.

Fläche			*Verwendung als*
10	x	10 m	kleiner Auslauf, Longierplatz
30	x	12 m	Auslauf und kleine Reitbahn
40	x	20 m	Auslauf und Reitbahn mit Normalmaß

Der Robustpferdereiter ist zwar in erster Linie Geländereiter und hat selten Dressurambitionen, trotzdem hat sich in der Praxis gezeigt, daß Reitbahn oder Longierplatz in der Winterzeit häufig benutzt werden. Nicht immer hat man genügend Zeit für einen Geländeritt, möchte sein Pferd aber bewegen und gymnastizieren. Ohne Auslauf/Reitbahn ist dies kaum möglich, will man nicht seine Weiden zweckentfremden.

Auslauf und Reitbahn sollen auch nach stärkeren Regenfällen benutzbar sein, es darf kein Morast entstehen. Undurchlässige Böden sollten drainiert werden, d. h., man muß den Abfluß des Oberflächenwassers künstlich beschleunigen. Entwässerungsgräben sind natür-

Man legt immer mehrere parallel laufende Drainagestränge an, die alle in die Sammelleitung münden. Seit Jahren sind auch sog. Porosit-Rohre und flexible Kunststoffleitungen mit perforierten Wandungen auf dem Markt. Diese Rohre sind teurer als Ziegelmaterial, aber auch wesentlich schneller zu verlegen und deshalb vorzuziehen.

Mit dem Bau der Drainage wird stets am tiefsten Punkt begonnen, zuerst entstehen also die Sammelleitungen, danach verlegt man die Rohrstränge. Die Tiefe des Bodenaushubs für die Rohre richtet sich nach dem Gefälle, etwa 0,3 % in Längsrichtung, wobei die Grabentiefe an der flachsten Stelle 20 – 25 cm betragen soll. Die Gräben dürfen nicht zu schmal sein, etwa 30 cm Breite ist ausreichend. Vor dem Verlegen der Rohre wird die Grabensohle mit einer Schicht Kies oder Schlacke (5 cm) aufgefüllt. Nach dem Verlegen müssen die Gräben mit durchlässigem Material, normalerweise Schotter und Kies, verfüllt werden.

Eine sorgfältig verlegte Drainage funktioniert gewöhnlich jahrelang ohne Wartungsarbeiten. Um die Arbeiten zufriedenstellend auszuführen, bespreche man sich mit einem Fachmann, der Anzahl, Durchmesser und Lage der Rohrstränge und der Sammelleitung vor Ort am besten beurteilen kann. Er kann auch raten, ob und wie ein Filtervlies aus Geotextil in den Bodenaufbau eingefügt werden sollte.

Eine Drainage für einen größeren Auslauf ist sehr teuer. Als Notlösung bei undurchlässigem Boden kann ein Teil des Auslaufs (vor dem Stall) sowie der Hufschlag der Reitbahn oder des Longierzirkels 50 cm tief ausgehoben und mit Schotter, Kies und Sand (nicht zu fein) verfüllt werden. Die ärgste Schlammwüste wird so auch verhindert.

Ausläufe mit durchlässigem Untergrund brauchen nicht besonders präpariert zu werden. Günstig ist immer, wenn man einige Lkw-Ladungen Sand auf dem vorhandenen Boden verteilt.

Damit Auslauf und Reitbahn nicht übermäßig verschmutzen, müssen regelmäßig, mindestens einmal täglich, alle »Pferdeäpfel« mit der Schubkarre eingesammelt werden. Im Sommer wird die Fliegenplage extrem unangenehm, wenn der Mist im Auslauf verbleibt. Zum Aufsammeln des Mistes hat sich die im Kapitel »Einstreu« beschriebene Kartoffelgabel sehr bewährt.

Pferde- und Zubehörkauf

Was ist beim Pferdekauf zu beachten?

Im Abschnitt Planung wurden bereits Überlegungen hinsichtlich der Zielvorstellungen behandelt, die der zukünftige Pferdehalter vor Augen hat. Hat man sich entschieden, ein eigenes Pferd zu kaufen, und sind die Haltungsvoraussetzungen dafür geschaffen, dann kann das »Abenteuer Pferdekauf« beginnen. Damit dieses Abenteuer nicht zur halsbrecherischen Galoppade mit folgenschwerem Ausgang wird, sollte der Kauflustige einige Ratschläge beherzigen.

Sicherlich sind die Zeiten der Roßtäuscher vorbei; doch was für den sonstigen täglichen Geschäftsverkehr gilt, kann auch auf den Pferdehandel übertragen werden: Nicht immer hat man es mit seriösen Geschäftspartnern und -praktiken zu tun!

Noch vor gut 50 Jahren, als das Pferd in Landwirtschaft und Verkehr eine dominierende Rolle spielte, war die Zahl der Pferdekenner entsprechend hoch.

Um einen Käufer zu betrügen, bedurfte es daher schon einiger Tricks. Heute hat sich die Situation gewandelt: Die Zahl der Pferdeliebhaber steigt, die Zahl der eigentlichen Pferdekenner ist dagegen sehr viel kleiner geworden. Daraus folgt, daß heutzutage ein Pferdeverkäufer dem unerfahrenen »Nur«-Pferdeliebhaber schnell ein nur bedingt brauchbares Pferd verkauft hat, ohne daß er gleich Roßtäuschermethoden anwenden muß. Wer mögliche Mängel nicht kennt, kann diese weder erfragen noch aufzuspüren versuchen. Der Verkäufer wird sich im Normalfall auf die Herausstellung der positiven Eigenschaften beschränken, denn eine generelle Aufklärungspflicht über alle Mängel gibt es gesetzlich nicht.

Welche Kenntnisse sind für den Pferdekauf wichtig?
1. Pferdekunde (Theoretische Kenntnisse und praktische Erfahrung)
2. Menschenkenntnis, Kenntnis der Handelsgebräuche und der Täuschungsmöglichkeiten
3. Rechtskenntnisse (Allgm. Teil des Bürgerlichen Gesetzbuches und speziell die Bestimmungen §§ 481 – 492 BGB)
   Gut ist es, wenn der Käufer selbst über einiges Grundwissen verfügt. Neben theoretischer »Bücherweisheit«, die keinesfalls gering eingeschätzt werden sollte, ist aber an erster Stelle die praktische Erfahrung besonders wertvoll.
   Wer als Pferdeliebhaber diese Erfahrung mitbringt, mag sich getrost ins Abenteuer stürzen. Wer diese Erfahrung nicht hat, und das trifft für einen großen Teil von Pferdeliebhabern zu, der nehme zum Pferdekauf einen vertrauenswürdigen Fachmann mit. Dies kann ein pferdeerfahrener Landwirt oder Züchter, ein Reitlehrer, ein bekannter Robustpferde-

halter oder ein Veterinär sein. Letzterem wird der Vorzug zu geben sein, da er gleichzeitig den Gesundheitszustand des Pferdes begutachten kann. Beim Kauf von Zuchttieren ist eine tierärztliche Untersuchung immer angebracht. Der Fachmann sollte kein ausschließlicher Großpferdekenner sein, sondern die rassebedingten Besonderheiten in der Beurteilung von Robustpferden berücksichtigen können. Gedrungene Gesamterscheinung, kräftige Röhrbeine, kürzere Halsung, kuhhessige Hinterhandstellung, abfallende Kruppe und oft wenig Widerrist sind nur einige Exterieurbesonderheiten, die bei Robustpferden anzutreffen sind und deshalb für sich alleine betrachtet keine Fehler im Sinne der herkömmlichen Beurteilungskriterien darstellen. Dies gilt insbesondere dann, wenn es sich um Gebrauchs- und nicht um Zuchtpferde handelt.

Gehen wir davon aus, daß der zukünftige Pferdehalter sich für eine der Robustrassen entschieden hat und der Gebrauchszweck »Familienpferd« feststeht. Wichtigstes Merkmal für diesen Gebrauchszweck ist: Ein solches Pferd sollte ein regelrechtes Verlaßpferd sein, mit dem jung und alt umgehen können!
   Welches Geschlecht, Alter und Temperament soll das Pferd haben?
● Möglichst ein Wallach (= kastrierter Hengst), ohne sogenannte Hengstmanieren (die man bei spät kastrierten Pferden findet) und jugendlichen Übermut; besser etwas »abgeklärt« als zuviel Temperament; sieben bis acht Jahre alt. Stuten eignen sich ebenfalls, wenn sie ausgeglichen im Temperament sind. Hengste sind dagegen als Familienpferde völlig ungeeignet – wohlgemerkt: als Familienpferde.

Welcher Charakter und Ausbildungsstand ist erforderlich?

● Charakterlich einwandfrei, ohne jede Untugend: gutmütig, stall-, schmiede- und verladefromm, scheufrei und verkehrssicher. Es sollte nicht roh oder lediglich angeritten sein, sondern im Gelände ausgebildet und erfahren sein.

Bei einem Familienpferd mit den vorstehenden Eigenschaften können kleinere Gebäude- und Schönheitsfehler dann akzeptiert werden, wenn ansonsten der Gesamteindruck stimmt.

Es beeinträchtigen z. B. ein gröberer Kopf oder seitliche Überbeine der Vorderröhre (ohne Lahmheitserscheinungen) den Gebrauchszweck eines Familienpferdes nicht. Entscheidend ist letztlich auch, ob das Pferd zum Käufer paßt, ob es ihm sympathisch ist.

Zu warnen ist vor Temperaments- und Charakterfehlern (kleben, schlagen, beißen, durchgehen, steigen) und Erkrankungen, die den Gebrauchszweck mindern. Bei Robustpferden ist besonders auch auf das sogenannte Sommerekzem zu achten, das sich bei anfälligen Pferden in der Zeit von Anfang Mai bis in den Oktober hinein zeigt. Ratsam ist, Robustpferde nicht während der Winterzeit zu kaufen, es sei denn, der Verkäufer sichert das Freisein von Ekzemen mit einer Gewährleistungsfrist von einem Jahr schriftlich zu. Hat das ausgewählte Pferd tatsächlich keine Anlage zum Sommerekzem, wird der Verkäufer die Garantiezusicherung geben.

Die sonstige Exterieurbeurteilung von Robustpferden ist im Winter ebenfalls erschwert. Dichtes Winterfell täuscht über manch wichtiges Merkmal hinweg; Futterzustand und Trockenheit der Beine sind z.B. erst durch genaue Untersuchung richtig festzustellen; nur auf

das Auge ist jedenfalls kein Verlaß. Dies gilt natürlich auch für die Sommerbeurteilung, wenn auch bei kurzem Fell die optische Beurteilung leichter fällt.

Im Kapitel »Zucht« werden im Zusammenhang mit der Auswahl von Zuchttieren noch weitere grundsätzliche Anforderungen der Beurteilung besprochen.

Abbildung 74 auf Seite 134 zeigt den Sitz der häufigsten Verletzungen und Krankheiten.

Wo kauft man Pferde?

Wer seine Vorstellungen über Aussehen, Eigenschaften und Gebrauchszweck des zukünftigen Freizeitpferdes klar abgegrenzt hat, kann alsdann auf Reisen gehen. Er kann – er muß nicht, denn die beste Möglichkeit ist, in der Umgebung des Wohnortes bei Freunden oder Bekannten ein geeignetes Pferd zu kaufen, das man bereits einige Zeit kennt, beobachten konnte, schon geritten hat und von dem man weiß, aus welchem Grund der Eigentümer es verkauft.

Vielleicht hat man »sein« Pferd auch im vergangenen Urlaub in einem Reitbetrieb kennengelernt und erfahren, daß dieser Betrieb gegen Ende der Saison einige Pferde verkaufen will, um so in der Winterzeit Futterkosten einzusparen. Da heißt es telefonieren, sich erkundigen und trotzdem nicht übereilt zupacken, sondern erst das Pferd erneut – jetzt mit einem Berater – mustern und ausprobieren.

Weniger gute Kaufgelegenheiten bieten sich auf Pferdemärkten. Man hat dort nicht die Möglichkeit, das ausgewählte Tier im Gelände auszuprobieren, zu sehen, ob es problemlos von der Weide geholt werden kann, seine Stallmanieren zu testen oder seine gewohnte Umgebung (Haltungsform!) in Augenschein zu nehmen. Hinzu kommt, daß der Leumund des Verkäufers auf Märkten nicht überprüfbar ist. Die Geschäfte werden aus dem Stegreif nach ortsüblichen Marktregeln und Gewohnheitsrecht (z. B. Handschlag) abgewickelt; die Regeln sind dem Käufer oft unbekannt. Aus dieser Unkenntnis heraus werden nichtssagende Lobpreisungen des Marktverkäufers für weitgehende Garantien gehalten, aber andererseits wird der negative Inhalt unauffälliger Äußerungen nicht erfaßt.

Der Verfasser hatte Gelegenheit, auf einigen Pferdemärkten derartige Studien betreiben zu können. Ein Beißer wurde mit den Worten »Er spielt halt gerne, er ist brav!« charakterisiert. Anpreisungen wie »Ein Prachtkerl, der bei mir nie krank war« oder »Verkauft wie besehen« beinhalten keinerlei rechtlich durchsetzbare Garantien.

Ein gutes Familienpferd beim Pferdehändler oder bei einer Pferdevermittlungsagentur zu bekommen, wird eine Ausnahme sein. Das Angebot an geeigneten Robustpferden (nicht Großpferden) ist dort begrenzt, da ein großer Teil der privaten Ponyverkäufer und Züchter aus Mentalitätsgründen lieber direkt an einen anderen Pferdeliebhaber verkauft, ohne Zwischenhandel. Allenfalls bei Händlern, die Direktimporteure (z. B. von Islandpferden) sind, kann man ein größeres Angebot von Robustpferden erwarten.

Empfehlenswert ist der Kauf direkt vom Züchter oder Aufzüchter – vorausgesetzt, er hat ausgebildete Pferde. Dies trifft nicht für jeden Züchter zu, denn einige verkaufen nur Absatzfohlen, Jähr-

linge oder leicht angerittene Pferde. Die Anschriften von Züchtern und Aufzüchtern mit verkäuflichen Pferden erfährt man durch die Zuchtverbände (siehe Anhang).

Größere Züchter sind meist Landwirte, die eine Zuchtherde halten. Das geschieht oft mit einer gehörigen Portion Idealismus und der notwendigen Fachkenntnis. Häufig sind es die Söhne oder Töchter der Züchter, die sich mit der Ausbildung der im elterlichen Betrieb aufgezogenen Pferde befassen. Ein Züchter wird seine Pferde sicherlich nicht unter Preis verkaufen, dazu sind die heutigen Aufzucht- und Ausbildungskosten sowie das gesamte Aufzuchtrisiko zu groß. Preisvorteile gegenüber anderen Geschäftspartnern kann man also kaum erwarten. Bei näherer Kenntnis werden städtische Pferdefreunde überrascht sein, wie geschickt mancher vielleicht etwas bieder wirkende Landwirt verhandelt.

Seit das Geschäft mit Freizeitpferden floriert, kann man leider auch bei Züchtern der Robustrassen unseriöse Praktiken feststellen. Althergebrachte Kriterien wie »Züchterehre« sind bei manchen dieser Zeitgenossen reine Worthülsen, die bei Verbandsehrungen gerne aus der Schublade geholt, aber in der Praxis der »schnellen Mark« untergeordnet werden. Generell gilt, daß derjenige, der Pferde bei jemandem kauft, der einen guten Ruf zu verlieren hat, wohl kaum übers Ohr gehauen wird.

Für den Erwerb beim reellen Züchter spricht weiter, daß man sich bei ihm zusätzlichen fachkundigen Rat über Fütterung und Haltung seines Pferdes holen kann. Nachteilig ist, daß der Käufer für eine oder mehrere Fahrten von Züchter zu Züchter Zeit und Geld investieren muß. Hinzu kommt die Verteuerung des Kaufpreises durch einen eventuell erforderlichen längeren Transportweg. Für einen Pferdetransport, den der Verkäufer z.B. über eine Strecke von 300 km (Hin- und Rückfahrt = 600 km) durchführt, rechnet man mit rd. 500 DM, denn es handelt sich schließlich um eine aufwendige Tagesreise.

Eine weitere Möglichkeit, ein Pferd zu suchen und zu finden, ist die Lektüre von Verkaufsinseraten in Lokal- und Fachzeitschriften (Fachzeitschriften und Adressen siehe Anhang).

Viele Anzeigen sind klar und sachlich richtig mit vollständigen Angaben aufgesetzt (Rasse, Geschlecht, Alter, Stockmaß, Farbe, Charakter, Ausbildungsstand, Preis sowie Name und Anschrift des Verkäufers, ggfls. Standort des Pferdes bei auswärtiger Pensionshaltung). Nur solche Anzeigen sind für den Käufer informativ. Sein Interesse wird zunächst dem Preis und dem Standort gelten. Hält er den Preis für zu hoch oder will er nicht so weit reisen, werden von Anfang an zeitraubende Schreibereien und Rückfragen – auch für den Verkäufer – vermieden.

Eine weitverbreitete Unsitte ist der nichtssagende Zusatz »umständehalber« in etlichen Anzeigen. Klar sollte jedem sein, der Verkaufsanzeigen liest, daß es sich immer um irgendwelche »Umstände« handelt, die zum Verkauf führen sollen.

Als Käufer versuche man immer, den Grund des Verkaufs genau zu erfahren und zu bewerten. Wird z. B. behauptet, der Opa sei erkrankt und deshalb müsse das bisher von der 18-jährigen Tochter gerittene, aber vom Opa versorgte Pferd verkauft werden, so prüfe man den Wahrheitsgehalt dieser »Umstände«. Haben

Tochter oder Eltern tatsächlich keine Zeit, um die Versorgung des Pferdes zu übernehmen – oder ist statt des Opas vielleicht das Pferd erkrankt? Ohne Menschenkenntnis und Spürnase hat man sich beim Pferdekauf nämlich auch schnell »verkauft«!

Anzeigen, die von Superlativen nur so wimmeln, versprechen viel und halten bei näherem Hinsehen wenig. Wirkliche Spitzentölter sind selten, nicht alle Islandpferde sind 100%-ige Fünfgänger usw. Andererseits geben Anzeigen, die den Verkauf eines »8-jährigen Pferdes, kräftig und gesund« fördern sollen, ebensowenig für mögliche Interessenten her.

Textzusätze wie »nur in gute Hände abzugeben« sind zwar durchweg ehrlich gemeint, jedoch lassen sie nicht zwangsläufig auch den Schluß zu, daß das angebotene Pferd auch aus ebensolchen kommt. Nur in den seltensten Fällen hat zudem der Verkäufer die Gelegenheit, nachzuprüfen, ob das Pferd beim Käufer wirklich in gute Hände kommt. Solche Zusätze sagen darum wenig aus.

Nicht nur über Verkaufsinserate, sondern auch über ein eigenes Inserat kann man ein passendes Pferd finden. Erfolgversprechend sind die Spalten »Kaufgesuche« in Fachzeitschriften. Voraussetzung für den Erfolg der eigenen Anzeige ist, daß die Wünsche (mit etwas Spielraum bezüglich Farbe und Alter) klar zum Ausdruck kommen. Irreführende Formulierungen führen leicht zu falschen Angeboten. Auch eine Preisobergrenze kann im Inserat enthalten sein. Man studiere vorher aber die Marktsituation, um nicht preislich Unmögliches zu suchen, z. B. »Haflinger-Hauptstammbuchstute (Tiroler Abstammung) mit weißem Behang, moderner Reittyp, 6 Jahre alt, kerngesund und fehlerfrei, gesucht: Preis: bis 2 000 DM«. Für diesen Preis wird der Inserent allenfalls eine Jährlingsstute finden!

Pferdemusterung und Kaufvertrag

Nach einer kurzen oder längeren Reise wird der Kaufinteressent beim Verkäufer angelangt sein, mit dem er vorher einen Termin vereinbart hat. Unangemeldet aufzukreuzen hat zwar den Vorteil, daß man vielleicht Dinge sieht, die einem sonst verborgen bleiben, doch ist dies letztlich eine Höflichkeitsfrage. Am besten verfährt man so, daß man frühzeitig vor dem vereinbarten Termin am Zielort eintrifft und sich erst einmal als Spaziergänger umschaut. Detektivmanieren und unerlaubtes Betreten von Weiden oder Stallungen gehören nicht dazu.

Möglicherweise beobachtet der Kauflustige just, wie man mit vereinten Kräften gerade sein zukünftiges Pony einzufangen versucht. Macht das Pony Schwierigkeiten, wird er seine Schlüsse daraus ziehen.

Die eigentliche Musterung des Pferdes geschieht zunächst im Stand. Von der Seite, von vorne und von hinten werden Gebäude und Beinstellung des Pferdes begutachtet. Der Ausdruck der Augen und das Ohrenspiel geben Aufschluß über die Art des Temperaments. Um die Gangmanier, das Vorwärtsstreben und

Abb. 60: Pferdetransportanhänger für Robustpferde mit Polyesterhaube, Trennwand, rutschsicherem Gummibodenbelag und Kokosmatte auf der Ladeklappe. Mindestinnenmaße: Breite 135–145 cm.

Abb. 61: Anhänger-Inneneinrichtung mit vergitterten Ausstellfenstern, herausnehmbaren Kraftfutterkrippen und gepolsterten Bruststützen, Heunetz.

fehlerhafte Abweichungen (z. B. fuchteln) feststellen zu können, wird das Pferd an der Hand im Schritt und im Trab vorgeführt. Peitschengeknalle und massive Anfeuerungen verbitte man sich dabei höflich, denn das Pferd soll ja seine natürlichen Bewegungen demonstrieren. Kommt das Pferd nicht direkt von der Weide, sondern aus dem Stall, so rechne man zu Anfang auch mit Stallsteifheit und Übermut. Nach der Vorführung an der Hand untersuche man den Gesamtzustand. Ist ein Tierarzt anwesend – um so besser!

Man greife dem Pferd an die Ohren, dabei darf es keinen widersetzlichen Eindruck machen, da es sonst schwierig aufzutrensen sein wird. Hals, Widerrist, Bauch und Kruppe werden abgeklopft und die Reaktion des Pferdes beobachtet. Schläger, Beißer und kitzlige Pferde werden sich entsprechend verhalten.

Verletzungen und Scheuerstellen (Ekzemverdacht!), Sattel- und Gurtdruck sowie Narben lassen sich durch genaues Hinsehen und Abtasten feststellen.

Äußerst wichtig ist das Heben und Untersuchen der Hufe. Gibt das Pferd die Hufe nur widerwillig her, wird es mit der Schmiedefrömmigkeit nicht weit her sein. Mit einem Hufkratzer säubert man den Strahl, die Sohle und die Eckstreben des Hufes, um diese untersuchen zu können. Die Untersuchung der Beine folgt. Gelenke, Sehnen, Fesseln und Hufkronen werden abgefühlt, ob sie Anschwellungen, Wärme oder Druckempfindlichkeit aufweisen. Da Robustpferde rassebedingt starken Fesselbehang haben, sollte auf trockene und nässende Mauke untersucht werden.

Neben der Ganzheitsbeurteilung und der Gesundheitsuntersuchung sollten die Angaben der Abstammungspapiere genau mit dem betreffenden Pferd verglichen werden, um festzustellen, ob diese Papiere tatsächlich zu ihm gehören. Bei Fjordpferden ist dieser Vergleich natürlich wegen der sehr einheitlichen Falbfärbung ohne weitere Abzeichen erschwert. Lediglich in Holland oder der Schweiz eingetragene Fjordpferde haben unverwechselbare, eingebrannte Registrierkennzeichen. Bei Pferden ohne Abstammungspapiere kann der Fachmann anhand der Schneidezähne das Alter des Pferdes bestimmen.

Die Überschreitung des Ponyhöchstmaßes (147,3 cm Stockmaß) kann die Teilnahme an offiziellen Schauen und Turnieren ausschließen, deshalb messe man die Größe des Pferdes nach.

Im allgemeinen wird der Interessent bereits in diesem Stadium wissen, ob das Pferd für eine engere Wahl ausscheidet. Ist er nach wie vor am Kauf interessiert, dann muß das Pferd noch auf seine Verwendungsart geprüft werden. Als Familienreitpferd muß es sich willig satteln und auftrensen lassen, ruhig stehen und ohne zu kleben vom Hof und von anderen Pferden wegzubewegen sein. Es darf weder vor Autos noch vor Traktoren oder knickenden Zweigen in panischer Angst flüchten wollen, sondern muß in puncto Scheufreiheit eine »Lebensversicherung« sein!

Ein Geländeritt, eventuell mit zwei oder drei anderen in die engere Wahl gezogenen Pferden, die vom Berater, vom Eigentümer oder von Hilfskräften geritten werden, schließt die Musterung ab. Unterwegs kann man selbst jedes Pferd ausprobieren und dabei auch kleinere Naturhindernisse (Baumstämme z. B.) springen. Ponys zum Fahren läßt man einspannen und im Schritt und Trab im Gelände und auf der Straße gehen.

Islandpferde, die Tölt und/oder Paß gehen sollen, probiert man auf diese Gangarten entweder selbst aus oder läßt sich die Pferde in dieser Gangart vorreiten. Gerade hier erlebt man einige Überraschungen!

Bei der Musterung und bei der anschließenden Verhandlung über den Kaufpreis und über zu vereinbarende Garantien vermeide man es, die vorgestellten Pferde schlechtzumachen oder bei Interesse allzu große Begeisterung zu zeigen. Man tut gut daran, dem Verkäufer eine Menge ganz konkreter Fragen zu stellen und auf korrekte Antworten zu bestehen. Die Bewertung sollte man für sich vornehmen und nicht großartig erörtern.

Überschwengliche Bewirtung und daraus resultierende falsch verstandene moralische Verpflichtung oder auch ungebetene »Experten« haben schon manchen Interessenten zum übereilten Kauf ermuntert. Selbst wenn ein Pferd den Käufer noch so treu anblickt, aber mit einer Krankheit behaftet ist, sollte man den Kauf nicht in der Absicht tätigen, die Krankheit schon auskurieren zu können und dafür vorab den Kaufpreis kräftig herunterzuhandeln. Die Folgekosten werden die guten Absichten und die Einsparung beim Kaufpreis schnell zunichte machen!

Im folgenden sollen noch die wichtigsten rechtlichen Konsequenzen geschildert werden, ohne deren Kenntnis und Berücksichtigung das Abenteuer Pferdekauf schwerlich zu bestehen ist.

Für den Kauf von Pferden gelten die Vorschriften der §§ 459 bis 492 des Bürgerlichen Gesetzbuches (BGB) vom 18. 8. 1896, aber nur dann, wenn zwischen den Vertragspartnern nichts anderes angestellte dieser Bestimmungen vereinbart worden ist. Die Vorschriften sind »abdingbar«, wie der Jurist sagt, d. h., es besteht völlige Vertragsfreiheit. Darüberhinaus ist der Abschluß des Kaufvertrages an keine vorgeschriebene Form gebunden. Er kann mündlich oder schriftlich abgeschlossen werden; auch der Handschlag (als Zeichen der Einigung nach der Kaufverhandlung) ist rechtsgültig. Kommt es allerdings zum Rechtsstreit (Klage vor dem Amtsgericht), trägt der Kläger (Käufer oder Verkäufer) die Beweislast. Vereinbarungen auf Grund eines mündlich abgeschlossenen Vertrages sind recht schwer zu beweisen, zumal der Beklagte zu jeder Behauptung des Klägers mit einer Gegenbehauptung aufwarten wird; auf Zeugen des Klägers treten Gegenzeugen auf usw. Hinweise auf den Rechtsgrundsatz von »Treu und Glauben« verfehlen im Prozeß ihre Wirkung, nur handfeste Beweise zählen.

Nun muß nicht zwangsläufig der Pferdekauf vor dem Amtsrichter enden. Um notfalls den eigenen Rechtsstandpunkt auch vor Gericht wirksam untermauern zu können, ist ein schriftlicher Kaufvertrag erforderlich. Dieser muß klar formuliert sein und eindeutig die Rechte und Pflichten beider Vertragspartner enthalten. Ein Muster für einen solchen Vertrag findet der Leser am Ende dieses Kapitels. Darin sind weitreichende Garantien aufgeführt, die der Verkäufer übernehmen kann – ob er dies in der Praxis tut, hängt vom »Verkaufsobjekt« Pferd ab, vom Verhandlungsgeschick und auch vom Preis, den der Käufer zu zahlen bereit ist. Übernimmt ein Verkäufer solche weitreichenden Garantien nicht, brauchen dem Pferd die im Mustervertrag aufgeführten Eigenschaften nicht zu fehlen. Das Sträuben des Verkäufers kann daran liegen, daß er spätere Beanstandungen vermeiden will, die durch falsche oder ungewohnte Behandlung des Pferdes nach dem Verkauf entstanden sein können. Hat der Verkäufer nämlich das Vorhandensein bestimmter guter Eigenschaften zugesichert, so haftet er sechs Wochen dafür.

Nach den gesetzlichen Bestimmungen muß der Verkäufer (wenn keine ausdrücklichen Garantien abgegeben werden) lediglich für die sogenannten Hauptmängel nach der »Kaiserlichen Verordnung betreffend die Hauptmängel und Gewährfristen beim Viehhandel« haften. Auf einen Ausschluß dieser gesetzlichen Mängel, der wegen bestehender Vertragsfreiheit zulässig wäre, darf sich der Käufer nie einlassen! Hauptmängel sind Krankheiten, die durch eine veterinärmedizinische Behandlung nicht beseitigt werden können. Bei Pferden gelten im einzelnen folgende Hauptmängel: Rotz, Dummkoller, Dämpfigkeit, Kehlkopfpfeifen, periodische Augenentzündung und Koppen, jeweils mit einer Gewährfrist von 14 Tagen, gerechnet vom Ende des Tages der Übergabe (§ 483 BGB).

Innerhalb dieser Gewährfrist empfiehlt sich sehr sorgfältige Beobachtung des gekauften Pferdes, da Hauptmängel, die nach Ablauf der Gewährfrist auftreten, zu keinerlei Gewährleistungsansprüchen berechtigen. Zeigt sich innerhalb der Gewährfrist ein solcher Mangel, muß der Käufer spätestens zwei Tage nach Ablauf der Frist dem Verkäufer den Mangel anzeigen oder gerichtlich gegen ihn vorgehen, da er sonst ebenfalls seine Ansprüche verliert. Für die Mängelanzeige besteht Formfreiheit; aus Beweisgründen sollte sie schriftlich mit eingeschriebenem Brief erfolgen (Einschreiben mit Rückschein). Auch die Hinzuziehung eines Tierarztes ist dringend anzuraten.

Damit der Gewährleistungsanspruch nicht verjährt, muß auf jeden Fall – nachdem zunächst die Mängelanzeige verschickt worden ist – innerhalb von sechs Wochen nach Ablauf der Gewährfrist Klage gegen den Verkäufer erhoben werden. Die Klage entfällt selbstverständlich, wenn es innerhalb dieser sechs Wochen zur Rückabwicklung des Kaufes gekommen ist und der Verkäufer tatsächlich keine Schwierigkeiten macht.

Aus der Gerichtspraxis ist bekannt, daß die Durchsetzung von Gewährleistungsansprüchen häufig scheitert, weil jene kurzen Fristen nicht beachtet werden. Lediglich wenn der Verkäufer beim Abschluß des Kaufvertrages einen bereits vorhandenen Hauptmangel arglistig verschwiegen hat, damit der Käufer nicht von dem Kauf Abstand nehme, gelten diese kurzen Fristen nicht.

Ist die Mängelanzeige begründet, so hat der Käufer gemäß § 487 BGB i.V. mit § 488 BGB das Recht, vom Verkäufer die Rückgängigmachung des Kaufvertrages (Wandlung) zu verlangen. In diesem Fall muß der Verkäufer unter anderem auch die Kosten der Fütterung und der tierärztlichen Untersuchung ersetzen.

Außer der auf 16 Tage befristeten Hauptmängelanfechtung gibt es noch Mängelansprüche, die unterschiedlich verjähren. Hat der Verkäufer etwa ausdrücklich zugesichert, daß ein ganz bestimmter Mangel nicht vorliege, verjähren die Ansprüche des Käufers sechs Wochen nach Ablauf der Gewährfrist. Der Käufer hat in diesem Fall – gerechnet vom Zeitpunkt der Übergabe – innerhalb von acht Wochen den Mängelanspruch geltend zu machen.

Kaufvertrag
zwischen

a) Vertragspartner
Käufer:.. und
Verkäufer: ....

b) Kaufobjekt
Der Käufer kauft vom Verkäufer das nachfolgend beschriebene Pferd (mit/ohne) Abstammungsnachweis des Verbandes: ....

Name des Pferdes:
Geburtsdatum:
Rasse:
Geschlecht: (bei Wallachen: Kastrationsdatum:......)
Farbe und Abzeichen:
Brand:
Stockmaß:
Gangarten: (z. B. bei Islandpferden)

Geeignet für den Verwendungszweck:
Bisherige Verwendung und Ausbildungsstand:
Bisherige Haltungsform:
Vorbesitzer:

c) Kaufpreis:
Der Kaufpreis beträgt .... DM (in Worten: ....);
zu zahlen in bar bei Übergabe des Pferdes.
Der Verkäufer versichert, daß das Pferd sich in seinem Eigentum befindet und frei von Rechten Dritter ist. Bis zur vollständigen Bezahlung des Kaufpreises bleibt der Verkäufer Eigentümer des Pferdes.

Vereinbart wird als Zeitpunkt und Ort für die Übergabe:......................,
als Zeitpunkt des Gefahrübergangs auf den Käufer:..........................

Die Transportkosten und das Transportrisiko trägt der (Käufer/Verkäufer). Die Kosten einer tierärztlichen Untersuchung werden vom (Käufer/Verkäufer) übernommen.

d) Garantien
Der Käufer garantiert das Freisein von Krankheiten, Ekzemen, gesetzlichen Fehlern (Hauptmängeln) und sonstigen Mängeln, die den Wert und/oder den Gebrauch des Pferdes beeinträchtigen. Er versichert, daß das Pferd frei von Untugenden sowie fromm und einwandfrei im Temperament ist, insbesondere stall-, weide-, schmiede- und verladefromm sowie straßen- und geländesicher.

e) Gerichtsstand
Gerichtsstand für Streitigkeiten aus diesem Vertrag ist das für den Wohnsitz des Käufers/Verkäufers zuständige Gericht.

f) Sonstige Vereinbarungen
Der Verkäufer veranlaßt die Eintragung des Besitzwechsels in die Abstammungspapiere und deren Übersendung an den Käufer bis.............. ; entstehende Kosten trägt der Verkäufer.

.... , den........................

Unterschrift des Verkäufers   Unterschrift des Käufers

Durch Vertrag können die Verjährungsfristen verlängert werden; die gesetzlichen Regelungen gelten dann nicht. Die vorstehenden Erläuterungen können nur einen groben Überblick über die allgemeine Rechtslage geben. Im konkreten Einzelfall muß man die Rechtslage durch einen in Pferdesachen erfahrenen Rechtsanwalt beurteilen lassen, der rechtzeitig die weiteren Schritte einleitet. Wenn der eigene Anspruch berechtigt ist, muß der Gegner auch die Kosten des Anwalts erstatten. Damit der Anspruch erhalten bleibt, muß im Einzelfall unverzüglich gehandelt werden!

Bei aller Vorsicht und Fachkenntnis ist beim Pferdekauf immer eine Portion Glück notwendig, um einen geeigneten vierbeinigen Partner zu finden. Man bedenke auch, daß absolut fehlerfreie Exemplare – selbst bei der Spezies Mensch! – nicht anzutreffen sind.

Welches Zubehör wird benötigt?

Neben der Anschaffung des Pferdes, dem Bau des Stalles und der Weideanlage benötigt der Robustpferdehalter noch diverses Zubehör. Der Zubehörmarkt bietet eine Menge zweckmäßiges und taugliches Zubehör, aber mindestens ebensoviel unnötige oder unbrauchbare, dafür aber um so kostspieligere Dinge. Wie soll sich der angehende Pferdehalter hier auskennen? In jedem Fall kaufe man praxisgerecht. Die untenstehende Zubehörliste sowie die Erläuterungen zum Kauf der größeren Ausrüstungs-ge-genstände dienen der Orientierung. Als Grundsatz für die Beschaffenheit des Zubehörs mag gelten: einfach und zweckmäßig! Qualität hat selbstverständlich ihren Preis; auf »Schnörkel« kann verzichtet werden, auf Preisvergleiche nicht.

Man benötigt (bei Haltung in eigener Regie) zur *Weidepflege, Stallunterhaltung, Zaununterhaltung:*
Werkzeug (vgl. Stallbau), Mistgabel/Kartoffelgabel (modifiziert!), Schaufel, Schubkarre, Besen, Eimer, Wasserschlauch, Frontbalkenmäher, Sense, Ersatzmaterial (Bretter, Pfähle, Isolatoren usw.), Holzschutzmittel, Pinsel, Desinfektionsmittel.

Zur *Pferdeversorgung (-pflege)* und zur *Sattel- und Geschirrpflege* ist folgendes Zubehör erforderlich:
Pferdeversorgung: Heunetz, Heugabel, Tränkeimer, Zugwaage, Kraftfuttermaß.
Sattel- und Geschirrpflege: Lederöl, Sattelseife, Putzlappen, Schwamm, Ahle, Bindfaden.
Pferdepflege: Gummistriegel, Kardätsche, Hufkratzer, Schwämme, Putzeimer, Wurzelbürste, Schere, Pinsel, Huffett, Hufteer, Hufraspel, Pferdeshampoo, Fliegenlotion, Mähnenkamm.
Stallapotheke: Desinfektionsmittel (-salbe), Thermometer, Watte und Mullbinden, Ballistolöl, Handbuch über Pferdekrankheiten.

Die *Ausrüstung des Reiters* wird neben praktischen Gesichtspunkten von den persönlichen Vorstellungen bestimmt. Als praktisch haben sich erwiesen:
Reitstiefel aus Gummi: Können als »Allroundstiefel« verwendet werden, sind einfach zu säubern; bei täglichem Gebrauch nach einem Jahr schadhaft und schlecht zu reparieren; schlechtes »Fußklima«.
Reitstiefel aus Leder: Zum Reiten optimal, gutes »Fußklima«; als »Allround-

*Abb. 62: Sicherheitsreitkappe mit Dreipunktbe-
festigung*

geeignet, da Dehnbarkeit des Materials
fehlt und die Nähte arg drücken.

Reithose: Für längere Ritte zweckmäßig.

Parka: Bewährt haben sich Parkas mit
Kapuze und ausknöpfbarem Fell (Bun-
deswehrparka, im Textilhandel erhältlich) oder Reit-Steppjacken.

Sturzkappe: Empfehlenswert, wenn
auch bei vielen Robustpferdereitern ver-
pönt; wirksamer Kopfschutz nur bei Anlegen des Kinnriemens (Sturzkappen
mit Gütesiegel »GS« sind TÜV-geprüft).

Der Reiter/Pferdehalter sollte daneben noch über Arbeitskittel, Regenpon-
cho und feste Gummistiefel verfügen
(diese sind zum Reiten wegen der breiten
Sohle nicht geeignet).

stiefel« nur geeignet, wenn sie mit Gummi besohlt sind und stets eingefettet werden.

Jeans: Ideale Hosen für den Robustpferdehalter; für längere Ritte schlecht

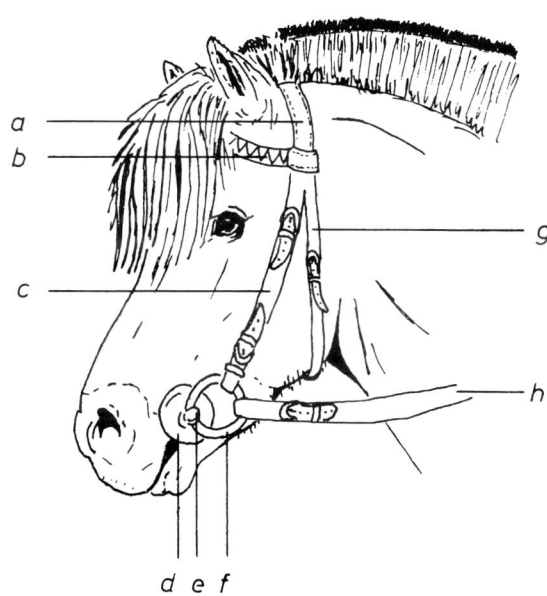

Abb. 63: Zäumung auf Trense.

a) *Genickstück*   e) *Trensengebiß*
b) *Stirnriemen*   f) *Trensenring*
c) *Backenstück*   g) *Kehlriemen*
d) *Gummischeibe*   h) *Zügel*

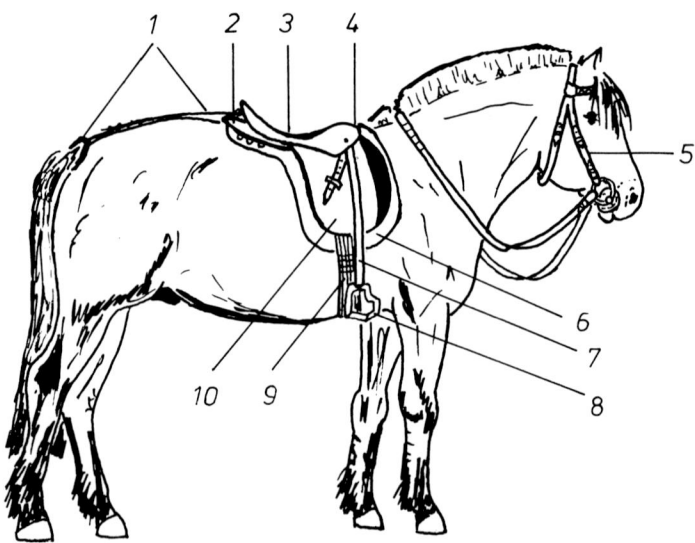

Abb. 64: Sattel- und Zaumzeug

1) Schweifriemen	*7) Steigbügelriemen*
2) Hintertrachten	*8) Steigbügel mit Sicher-*
3) Tiefpunkt	*heitseinbuchtung*
4) Sattelkammer	*9) Sattelschnurgurt*
5) Trensenraum	*10) Sattelblatt*
6) Satteldecke	

Der *Ausrüstung des Pferdes* (Abbildungen 63 bis 72) widme man sein besonderes Augenmerk. Gerade beim Kauf dieser Ausrüstung werden die häufigsten Fehler gemacht.

Zur Ausrüstung des Pferdes gehören:
Halfter mit
● Führseil und
● Panikhaken.
Zusätzlich beim Verwendungszweck »*Reiten*«:
Trensenzaum mit
● Zügeln,
● Olivenkopftrense,
● Gummischeiben,
oder

Hackamore;
Vielseitigkeitssattel mit
● Hintertrachten,
● Schweifriemen,
● Sattelgurt,
● Steigbügelriemen,
● Sicherheitssteigbügel,
● Satteldecke
oder
Westernsattel.
Zusätzlich beim Verwendungszweck »*Fahren*«:
Kummet- oder Sielengeschirr mit Fahrtrense.

Für die Robustpferdereiterei ist nicht jeder Sattel geeignet. Dies liegt zum einen daran, daß Kleinpferde anatomisch/haltungsbedingt anders proportioniert sind als Großpferde (wenig muskulöse Schulter, Rundrippigkeit und Weidebauch), zum anderen spielt auch der Verwendungszweck (Gelände-/Wanderreiten) eine Rolle. Der Robustpferdereiter

Abb. 65: Gebisse und Hackamores

a) *Springkandare*
b) *S-Stange*
c) *Grazing-Bit*
d) *Roy-Hackamore*
e) *Olivenkopftrense*
f) *Gummigebiss*

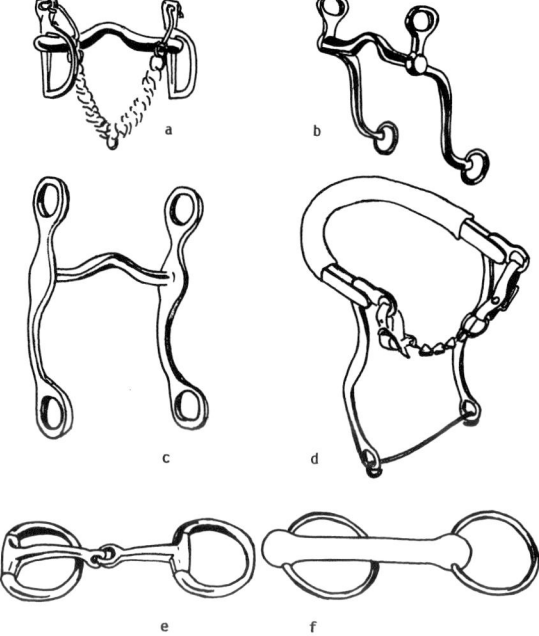

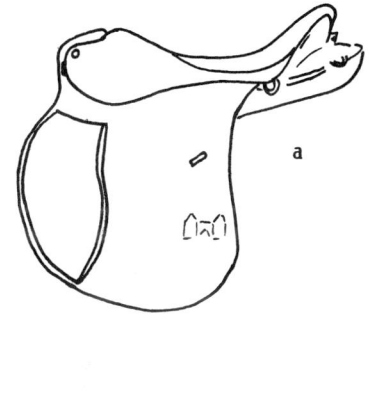

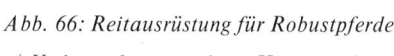

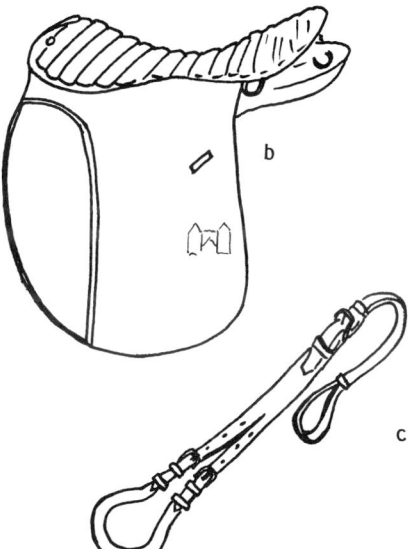

Abb. 66: Reitausrüstung für Robustpferde

a) *Vielseitigkeitssattel mit Hintertrachten*
b) *Töltsattel mit Rippsitz und Hintertrachten*
c) *Schweifriemen*

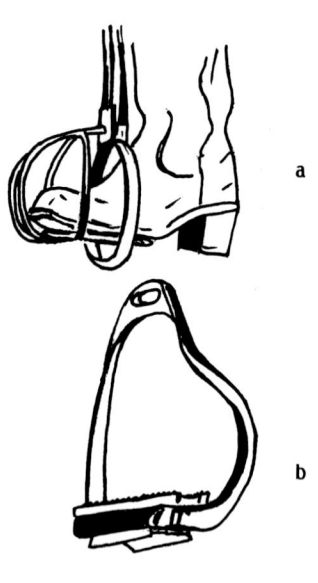

Abb. 67: (links) Sicherheitssteigbügel

a) Camarque-Bügel
b) Steigbügel mit Gummieinlage und Ausbuchtung
c) Steigbügel mit Gummieinlage und offener Außenseite

Abb. 68: (unten) Ausrüstungszubehör

a) Schnalle (Rahmen und Mittelstück aus einem Stück).
b) Schiffchen (hiermit kann man, ohne zu nähen, durch doppeltes Durchlegen eines Riemens eine Schlaufe herstellen, oder es können zwei Riemen miteinander verbunden werden).
c) Snap (besonders kurzer, selbstschließender Haken, etwa für Zügel in Verbindung mit einem Schiffchen).
d) Starkes Anbindehalfter mit zusätzlichem Kehlriemen.

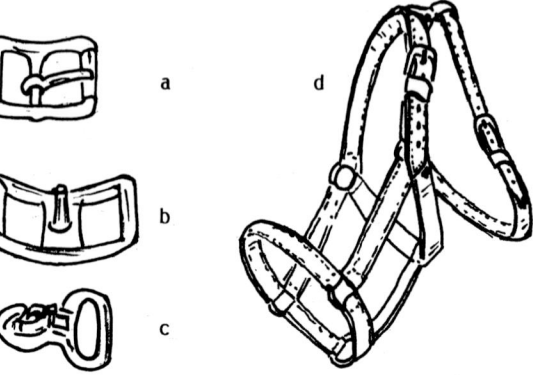

Abb. 69: (oben) Holzpacksattel und Packsattel-   Abb. 70: (unten) Westernsattel mit Zubehör
unterlage

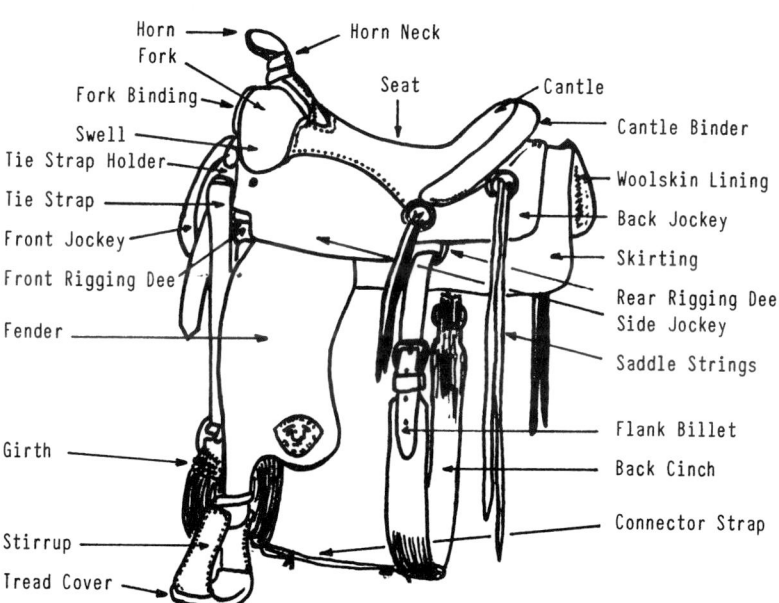

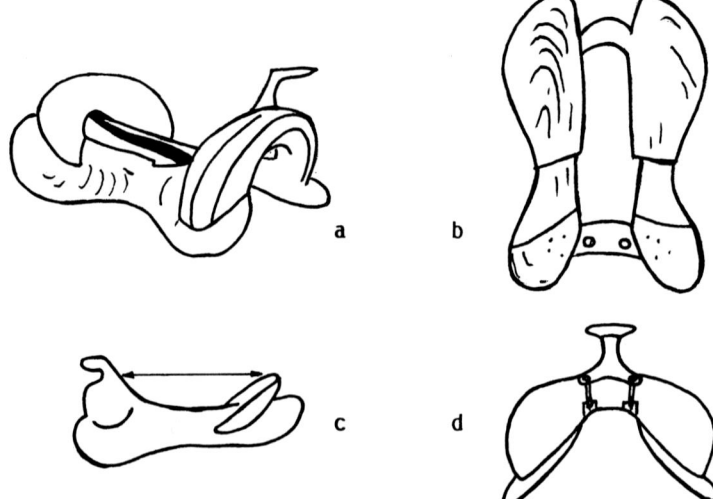

Abb. 71: Aufbau des Westernsattels

a) Roher Holzsattelbaum
b) Sattelbaum von unten
c) Messen der Sitzlänge (1 Inch = 2,54 cm)
d) Eisenhornbefestigung durch die Fork

Abb. 72: Richtige Lagerung des Westernsattels, um Bügelriemen und Fender in die richtige Position zu bringen.

braucht keinen Dressur- oder Springsattel, sondern einen speziellen Vielseitigkeitssattel oder einen Westernsattel (s. Abb. 70). Inzwischen ist die Robustpferdreiterei den Kinderschuhen entwachsen. Verschiedene Hersteller haben durch Beratung namhafter Robustpferdreiter gute Sättel auf den Markt gebracht. Trotzdem sieht man immer wieder, wie Einfältigkeit und Unkenntnis ihren Preis fordern:

Da werden teure Großpferdesättel oder angebliche »Auch-Spezialsättel« marktschreierisch angeboten und auch gekauft. Diese Sättel werden häufig durch den Käufer nach kurzer Zeit mit notdürftigen Schweifriemenhalterungen versehen, weil man eingesehen hat, daß der Sattel ohne Schweifriemen ständig nach vorne rutscht. Läßt der Sattel zudem noch nicht gut sitzen, weil die Sattelfläche zu flach, ohne richtig nach hinten verlegten Tiefpunkt oder überhaupt zu klein ist, artet Reiten in Rutschen, Balancieren und Unbequemlichkeit aus. Übermäßige Vorhandbelastung, Widerristschäden, Scheuerstellen am Ellenbogen des Pferdes und schlechte Verteilung des Reitergewichtes auf dem Pferderükken (wegen fehlender Hintertrachten) sind weitere Begleiterscheinungen bei Benutzung falscher Sättel. Moderne Robustpferdesättel haben vieles gemeinsam mit den alten Kavalleriesätteln, die ähnlich konstruiert waren.

Ein funktionsfähiger Vielseitigkeitssattel für Robustpferde
● ist aus unempfindlichem, strapazierfähigem Leder gearbeitet und ordentlich genäht,
● hat einen unverwüstlichen Sattelbaum (Kunststoff, kein starrer, schwerer »Klotz«) mit stabiler Schweifriemenhalterung,

● bietet Befestigungsmöglichkeiten für Taschen, Gepäck (Ringe etc.),
● liegt beim Pferd gut auf,
● besitzt eine genügend große Widerristkammer, die bei belastetem Sattel etwa 4 cm »Luft« zwischen Widerrist und Innenwölbung der Kammer läßt,
● hat Hintertrachten, die das Reitergewicht auf den Pferderücken verteilen,
● ist mit gepolsterten Pauschen, die leicht vorgezogen sind, ausgestattet,
● sollte in verschiedenen Sitzgrößen lieferbar sein, damit der Reiter einen seinem Gewicht und seiner Körpergröße entsprechenden Sattel auswählen kann (z. B. Sitzgröße 18 Zoll für normalgewichtige Reiter, etwa 1,70 m bis 1,80 m groß),
● hat einen exakt hinter der Sattelmitte eingemuldeten Tiefpunkt und einen hochgezogenen hinteren Sattelrand sowie
● nicht zu kurze Sattelstrupfen und verläßlich funktionierende Steigbügelschlösser.

Produktbezogene Kaufempfehlungen zu geben, ist schwierig. Dazu ist das Angebot zu groß und nur schwer testbar.

Die Sattelhersteller bieten dem Käufer durchweg die Möglichkeit des Kaufs auf Probe mit Rückgaberecht. Paßt der erstandene Sattel nicht, sollte man sich nicht scheuen, ihn zurückzugeben (Vorsicht beim Proberitt, Beschädigungen vermeiden!).

Beim Kauf von gebrauchten Sätteln, deren Erhaltungszustand noch befriedigend ist, können bis zu 50 % der Anschaffungskosten gespart werden (Angebote in Fachzeitschriften). Bei älteren Sätteln, die viel gebraucht worden sind, muß ein Sattler die Sattelstrupfen (Bauchgurtbefestigung), einen Teil der Nähte und die Polsterung erneuern.

Fütterung

Wie, mit welchen Futtermitteln und in welcher Zusammensetzung soll der Pferdehalter seine robusten Vierbeiner füttern? Gibt es zuverlässige Fütterungsnormen, an die er sich halten kann?

Solche Fragen stellen sich nicht nur angehende Pferdehalter, auch der langjährige Praktiker ist stets auf der Suche nach neuen Erkenntnissen. Was dem Stallmeister auf der Trabrennbahn recht ist, ist inzwischen auch dem Distanzreiter mit seinem Robusten billig – sie haben ihre »Geheimrezepte«, die Sonderleistungen versprechen! Auch die Futtermittelindustrie ist fleißig bemüht, mit Unterstützung fähiger Ernährungsphysiologen die Angebotspalette stetig zu erweitern, bis hin zum sogenannten »Alleinfutter« in Pelletform, das aber nicht hält, was der Name verspricht, sondern nur in Verbindung mit Heu oder Stroh pferdegerecht ist.

Die Dinge sind komplizierter, als der alte Landwirt es dem jungen Ponybesitzer weismachen will, wenn er von den »drei großen H's« der Pferdefütterung spricht, nämlich »Hafer, Heu und Häcksel«.

Um die mit der Bedarfsdeckung verbundenen Zusammenhänge in der täglichen Praxis verstehen zu können, kommt man nicht umhin, sich auch theoretisches Rüstzeug zuzulegen.

Wir sind in unserem weitgehend durch Technik beherrschten Zeitalter gewohnt, für alles eine möglichst perfekte Betriebsanleitung mit entsprechender Funktionsgewähr zu verlangen. Auf dem Gebiet der Pferdefütterung ist es anders: Perfekte Normen mit Gewähr lassen sich nicht aufstellen, da es sich schließlich um Lebewesen handelt, die individuell unterschiedlich veranlagt sind.

Die Schwierigkeiten in der Pferdefütterung beginnen bereits bei der Nährwertmittlung der Futtermittel: Heu ist nicht gleich Heu usw. Auch sind die Bedarfsmengen für Pferde gleicher Rasse, gleichen Gewichts und gleichen Alters zum Teil unterschiedlich. Nicht zuletzt ist die Beanspruchung der Pferde unter dem Sattel oder im Gespann subjektiv verschieden. Die in der Literatur gelegentlich zu findende Klassifizierung in Leistungsgruppen, die nur auf zeitliche Abgrenzung abstellt, ist völlig ungeeignet als Maßstab. Eine Stunde Arbeit täglich kann für das Pferd leichte Beanspruchung sein, wenn darunter ein Spazierritt im Flachland verstanden wird; anders zu bewerten ist die Beanspruchung bereits bei einem Ausritt im Mittelgebirge oder überhaupt in schärferem Tempo.

Bei der Einteilung in Leistungsgruppen kommt es demnach nicht allein auf die Zeitdauer, sondern entscheidend auf die Stärke der Beanspruchung an. Wissenschaftliche Studien haben ergeben, daß z. B. der Energiebedarf für die Trabarbeit rund dreimal so hoch ist, wie für Schrittarbeit. Distanzreiter wissen: »Nicht die Zeit, sondern das Tempo tötet!«

Die in diesem Kapitel enthaltenen Tabellen wurden sorgfältig unter Auswertung der Spezialliteratur aufgestellt und anhand eigener langjähriger Vergleiche aus der Fütterungspraxis sowie empirischer Untersuchungen in zahlreichen Robustpferdebeständen modifiziert. Die Tabellen und Beispielfutterrationen geben Anhaltspunkte, entbinden aber den Pferdehalter nicht, durch eigene Beobachtungen und Bewertungen seine Pferde individuell zu versorgen! Dies um so mehr, als in den letzten Jahren die Reiterei auf robusten Freizeitpferden und auch der Fahrsport deutlich leistungsorientierter geworden sind. Die Folge davon ist ein erheblich größerer Haltungsaufwand im Vergleich zu dem typischer Wochenendpferde. Neben den wichtigen Konditionierungsfragen kommt der leistungsangepaßten Fütterung und Fütterungstechnik deshalb größere Bedeutung zu. Unentbehrlich für den Pferdehalter sind hierzu Grundlagenkenntnisse der Ernährungslehre und ihre Auswirkungen auf die praktische Fütterung. Ein Auszug dieser Grundlagen soll in bewußt allgemeinverständlicher Form in diesem Kapitel dargestellt werden.

Futterverwertung und Fütterungstechnik

Robustpferdehaltung zielt auf eine möglichst naturnahe Fütterung des Pferdes hin. Berücksichtigt werden müssen dabei die artspezifischen Futteraufnahme- und Verdauungsvorgänge:

Das wildlebende Pferd existierte von der jahreszeitlich unterschiedlichen Vegetation. Es zog langsam seines Weges und nahm dabei Futter über etliche Stunden verteilt auf; sein relativ kleiner Magen (rd. 10 Liter Inhalt) wurde dabei nie überlastet. Das Wildpferd hatte genügend Zeit, jegliches Futter gut zu zerkauen, einzuspeicheln und ohne Störungen zu verdauen. Sättigungs- und Hungergefühl bestimmten individuell Dauer der Futteraufnahme und Ruhezeit. Vor Beginn der kalten Jahreszeit legte es sich ein Fettpolster als Energiereservoir zu. Kraftfutter (Körnerfutter) kannte es nicht, sein Verdauungstrakt war ausschließlich auf die Verwertung von Gräsern, Kräutern, Heidekraut, Flechten, Laub und Zweigen eingestellt. Um von solchem, zum Teil wenig gehaltvollem, aber voluminösem Futter leben zu können, verbrachte es gut ein Drittel des Tages mit der Futteraufnahme.

Unsere wenig verkreuzten Ponyrassen haben noch vieles gemeinsam mit ihren Ahnen, den Urponys:
● kräftiges Gebiß mit guter Kaufähigkeit auch für hartes Futter,
● gut funktionierender Verdauungstrakt, der auf voluminöses Rauhfutter eingestellt ist und auch kärgliches Futter gut aufschließt,
● natürlicher Versorgungs-(»Freß-«)instinkt, der bei zu fetten Weiden und unbegrenzter Futteraufnahme leicht Ursache für die Verfettung unserer Ponys werden kann.

Aus der Sicht der Futterverwertung unterteilt man deshalb die Rassen auch in »Ansatztypen« und »Atmungstypen«. Gute Wärmeisolation durch ausgeprägte Körperbehaarung und verhältnismäßig wenig Eigenbewegungsdrang ergeben deshalb bei den Robustpferden im engeren Sinne, insbesondere bei den nordischen Rassen, unter vergleichbaren Bedingungen mehr Fettansatz als bei höherblütigen Rassen. Die Unterschiede erfordern deshalb für höherblütige Rassen und auch für Kreuzungen eine relativ höhere Nährstoffzufuhr.

Für die Vertreter der Robustrassen sind im Normalfall Weidegang im Sommer und Heufütterung im Winter ausreichend. Ausgewachsene Robustpferde, die nur leicht arbeiten müssen, benötigen im Normalfall kein zusätzliches Kraftfutter (= Leistungsfutter). Unsinnig ist die hier und da zu beobachtende regelmäßige Zufütterung von Hafer an weder zur Zucht noch zu stärkerer Arbeit herangezogene Familienponys. Diese Art der Fütterung ist nicht nur verschwenderisch, sondern für das Pony auch gesundheitsschädlich, wenn es sich um täglich einige Pfund Hafer handelt.

Ausschließliche Großpferdehalter sind zwar häufig – mangels sachlicher Information über Robustpferde – anderer Auffassung, doch lasse man sich nicht von klugen Sprüchen wie »Jedes Pferd braucht täglich seine Haferration« beeindrucken. Stärkere Arbeitsleistungen können allerdings wiederum nur bei Zufütterung von Kraftfutter verlangt werden. Voraussetzung für stärkere Arbeitsleistungen von Robustpferden ist eine allmähliche Gewöhnung (»Konditionierung«) bei leistungsangepaßten Kraftfutterzulagen. Plötzliche, starke Kraftfuttergaben führen unweigerlich zu Koliken, Kreuzverschlag und Hufrehe. Dies gilt ebenfalls für eine zu gehaltvolle Fütterung an Ruhetagen.

Tabelle 12 zeigt schematisch, welche Fütterungstechnik im einzelnen angebracht sein kann.

Bei der Fütterung seines Ponys beherzige man folgende Regeln:
● Jedes Pferd genau beobachten und nach individueller Futterverwertung und Leistung füttern.
● Abwechslungsreiches, sauberes Futter vorlegen (Ponys sind keine Abfall-

eimer oder Aasfresser); abwechslungsreich heißt: Nicht jedes Jahr Heu von der gleichen Wiese füttern, im Winter Saftfutter (Rüben, Möhren) beifüttern.
● Stets regelmäßig und pünktlich füttern, da der Verdauungsrhythmus des Pferdes sich darauf einstellt. Zwischen Abend- und Morgenfütterung sollte der Zeitabstand nicht mehr als 11–12 Stunden betragen.
● Immer für genügend Rauhfutter (Heu, Stroh, Weidegras) sorgen. Rauhfutter dient neben der Deckung des Nährstoffbedarfs auch als Ballast zur Sättigung und Beschäftigung des Pferdes sowie zur Förderung der Verdauung von Kraftfuttergaben. Zum Kauen von 1 kg Heu braucht ein Robustpferd ca. 40–50 Minuten (rund 8 000 Kauschläge).
● Umstellungen im Futter nur langsam vornehmen. Beim Übergang von der Heufütterung zum Weidegang etwa 14 Tage lang täglich die Weidezeit etwas erhöhen (mit 1/2 Stunde beginnen) und die Heuration dabei einschränken, beim Übergang zur Winterfütterung umgekehrt verfahren. Je nach Qualität der Weide reichen 6 Stunden Weidegang zur Aufnahme des Erhaltungsfutters aus; 1 kg Gras wird in ca. 15–20 Minuten gefressen. Das Futterwertverhältnis von Gras : Heu beträgt rund 1:3,5 (vgl. hierzu Tab. 14). Bei ausschließlicher Weideernährung muß das Pferd also gut dreimal soviel Gras fressen, als es im Winter an Heu benötigt (Beispiel: Winterbedarf 7 kg Heu x 40–50 min/kg = rd. 5 1/2 Stunden Freßzeit; Sommerbedarf 7 x 3,5 = 24,5 kg Gras : 4 kg/Std = rd. 6 Stunden Freßzeit). Diese Zahlen können lediglich als Anhaltspunkt dienen, sie zeigen, daß im Sommer das Futtervolumen drastisch höher liegt und damit eine stärkere Belastung und Erweiterung der Ver-

Tabelle 12: Fütterungstechnik

Pferdegruppe	*Jahreszeit*	
	Sommer (Mai–Oktober)	*Winter (November–April)*
Fohlen sowie säugende oder tragende Stuten	zeitlich unbegrenzter Weidegang	Heuselbstversorgung + individuelle Kraftfuttergaben
Ausgewachsene Robustpferde, die leicht beansprucht werden	zeitlich unbegrenzter Weidegang (bei zu üppigen Weiden Begrenzung auf ca. 6 Std.)	Heuselbstversorgung (bei sehr gehaltvollem Heu sollte Haferstroh beigemischt werden)
Ausgewachsene Robustpferde, die stärker beansprucht werden	3–6 Stunden Weidegang, dazu in der übrigen Zeit etwas Haferstroh/Heu + Kraftfutter nach Leistung	dreimalige (mindestens zweimalige) Fütterung täglich; Hauptration am Abend (50–60 % der gesamten Tagesration); Kraftfutter nach Leistung; Rauhfutteranteil an der gesamten Tagesration etwa 2/3

Zusätzlich
für alle Pferdegruppen
● stets sauberes Tränkwasser
● stets Salzleckstein
● je nach Futterzusammensetzung und Qualität 1/2 Vitamin-/Mineralbrikett pro Pferd und Tag

dauungsorgane verbunden ist, die bei stärker beanspruchten Robustpferden reduziert werden muß. Als Konsequenz daraus sollte man Leistungspferde nur begrenzt weiden lassen.

● Gemähtes Grünfutter (nie reiner Klee) muß täglich frisch sein und soll nach dem Schnitt sofort verfüttert oder an einem schattigen Platz in dünner Schicht ausgebreitet werden. Es darf wegen der Kolikgefahr weder naß noch erhitzt oder verwelkt gefüttert werden. Junges Grünfutter wird mit Stroh gemischt verfüttert.

● Um Verdauungsstörungen, Koliken oder gar einen Magenriß zu verhindern, sollten Weidepferde vor dem Ausritt oder vor anderer Arbeit 1 1/2 bis 2 Stunden in den Auslauf geholt werden, damit sie dort ohne weitere Nahrungsaufnahme in Ruhe verdauen können. Pferden, die von Hand gefüttert werden, gibt man 2 Stunden vor dem Ausritt eine nicht zu große Futterration. Bei längeren Ritten oder Kutschfahrten muß nach 2 – 3 Stunden eine Zwischenfütterung mit anschließender Pause eingeplant werden.

Ihre Hauptration erhalten Pferde immer erst nach der Arbeit, also meist abends, damit sie während der anschließenden längeren Ruhezeit ihr Futter gut verdauen können. Man füttere zuerst das Kraftfutter (falls die verlangte Arbeitsleistung dieses zusätzlich erfordert) und anschließend das Rauhfutter (Heu, Stroh, Weidegang).

● Größere Kraftfuttergaben verteile man auf zwei bis drei Rationen pro Tag. Sehr stark beanspruchte Pferde müssen viermal täglich gefüttert werden, weil nur bei mehrfacher Fütterung die erforderlichen Futtermengen überhaupt bewältigt werden können und auch nur so die rein gewichtsmäßige Belastung des Pferdes bei der Arbeit in Grenzen gehalten werden kann.

Nährstoffe und Nährstoffbedarf

Die wissenschaftliche Erforschung des ernährungsphysiologischen Bedarfs der Robustrassen ist noch wenig fortgeschritten. Zwar sind in den letzten Jahren von deutschen, englischen und amerikanischen Wissenschaftlern auf dem Gebiet der Pferdefütterung hochinteressante Arbeiten veröffentlicht worden, doch beziehen sie sich in der überwiegenden Mehrzahl auf die Ernährung der Großpferderassen. Einzelne Arbeiten aus den fünfziger Jahren befassen sich auch mit der Robustpferdefütterung. Man findet dort Hinweise für die Fütterung der im Wirtschaftstyp stehenden Kleinpferde unter Berücksichtigung der damaligen landwirtschaftlichen Praxis. Grundlegende Forschungsergebnisse, die auch heute noch auf das im Reittyp stehende Robustpferd mit differenzierter Verwendung zutreffen, sind in Ansätzen vorhanden, reichen aber für eine abschließende Betrachtung nicht aus. Eine – vor allem für Züchter – wertvolle Forschungsarbeit über die »Beeinflussung der Körperentwicklung von Fjordpferden bis zum dritten Lebensjahr durch unterschiedliche Winterfütterung« wurde 1964 von M. WITT und B. LOHSE veröffentlicht. Aus den Ergebnissen dieser Arbeit können einige Anhaltspunkte für die Fütterung erwachsener Robustpferde abgeleitet werden.

Um Futterrationen, die den Nahrungsbedarf des Robustpferdes zu decken vermögen, zusammenstellen zu können, muß man wissen, welche Nähr- und Wirkstoffe das Pferd benötigt und welche Futtermittel einen entsprechenden Nährwert haben. Welche Stoffmengen in welchem genauen Verhältnis zueinander erforderlich sind, ist für die Robustrassen bisher nicht umfassend untersucht worden. Aussagen müssen daher vielfach von der Großpferdeernährung abgeleitet werden, auf Schätzungen basieren oder fehlen.

Die Ernährungslehre unterscheidet zwischen essentiellen und nichtessentiellen Nähr- und Wirkstoffen. Als essentielle Stoffe werden solche chemische Verbindungen und Elemente bezeichnet, die der Körper durch Eigensynthese nicht bilden und auf die das Tier ohne Gesundheitsschäden nicht oder nur bedingt verzichten kann. Hierauf beruht auch die Aussage, daß der Nährwert der Futtermittel durch ihren Gehalt an essentiellen Nähr- und Wirkstoffen bestimmt wird. Der gesamte Nahrungsbedarf ist sowohl ein Bedarf an Nährstoffen mit sogenannter spezifisch stofflicher Wirkung (Baustoffe, Wirkstoffe) als auch ein Bedarf an Energienährstoffen (Betriebsstoffe). Besonders für den Energiehaushalt besteht eine genaue Beziehung zwischen Bedarf und Zufuhr. Unterversorgung führt zum Ausbleiben der erwarteten Leistung und zur Abmagerung, entweder sofort oder nach dem Aufzehren vorhandener Körperreserven; zu reichliche Fütterung führt zu Fettansatz.

Jedes Tier hat einen unerläßlichen Grundbedarf an Energie, den man in der Praxis aber nie antreffen wird, da er nur unter den Bedingungen der Bewegungslosigkeit und des Fastens sowie in wärmeneutraler Umgebung auftritt. Der unter diesen Bedingungen erforderliche Energiebedarf wird als *Grundumsatz* bezeichnet und dient lediglich als Bezugsbasis für jeden weitergehenden Bedarf. Der *Erhaltungsumsatz* setzt sich aus dem Grundumsatz und dem Energieaufwand für Bewegungen des Tieres, Verdauung des Futters usw. zusammen. Der *Leistungsumsatz* schließlich enthält über den Erhaltungsumsatz hinaus die Stoff- bzw. Energiemengen, die für den Aufbau der Körpersubstanz (z.B. Muskulatur) und für Nutzarbeit (z.B. Reiten) erforderlich sind.

Bis vor einigen Jahren wurde generell als Maßeinheit für den Energiebedarf der meisten Haustiere sowie für den Energieinhalt des Futters die *Stärkeeinheit* (St.E.) herangezogen. Diese Maßeinheit liefert zwar für Wiederkäuer korrekte Futterbewertungen, war aber immer schon für den Bereich der Pferdefütterung als nicht exakt anwendbar eingestuft. Eine Stärkeeinheit entspricht dem Nettoenergiewert (die Energie, die dem Körper effektiv zur Verfügung steht) eines Gramms verdaulicher Stärke. Rechnet man für ein Kilo Heu mit 300 St.E., so besagt dies, daß 1000 Gramm Heu den gleichen Nettoenergiewert haben wie 300 Gramm verdauliche Stärke. Diese Erläuterung soll dem Verständnis alter Tabellen dienen. Da die Verdaulichkeit der Futtermittel und damit auch der Futterwert bei Pferden und Wiederkäuern verschieden sind, wird seit einigen Jahren der Bedarf des Pferdes bzw. der Gehalt der Futtermittel als »Verdauliche

Energie« (v.E. oder englisch: DE = digestible energy) in der Größenbezeichnung »Megakalorie (Mcal)« oder »Megajoule (MJ)« angegeben. Eine direkte Umrechnung alter St.E.-Tabellen auf entsprechende Größenordnungen in »v.E.« ist nicht möglich.

Über das Futter muß das Pferd mit folgenden Nährstoffen versorgt werden:
Strukturstoffe (Baustoffe, Wirkstoffe)
● Eiweiß (Proteine, essentielle Aminosäuren),
● Vitamine,
● Mineralstoffe,
Energieträger (Betriebsstoffe)
● Kohlenhydrate (z.B. Stärke, Zucker),
● Fette.

Eiweiß ist der wichtigste Strukturstoff. Neubildung und Ersatz der Körpersubstanz (Zelle, Gewebe, Körperflüssigkeit, Muskelbildung) sind ohne Eiweißzufuhr nicht möglich.

Über den täglichen Eiweißbedarf der Robustrassen gibt es unterschiedliche Aussagen. Durchweg wird ein Bedarf von 60 g verdaulichem Rohprotein (v. Rp.) je 100 kg Lebendgewicht für Robustpferde im Erhaltungsstoffwechsel völlig ausreichend sein. Tragende oder säugende Stuten, Fohlen, hochbeanspruchte Deckhengste und Pferde im Aufbautraining haben einen höheren Eiweißbedarf, der bei der Zusammenstellung der Futterrationen zu berücksichtigen ist.

Zu hohe Eiweißgaben sind bei Robustpferden stets dann gesundheitsschädlich, wenn zuviel biologisch einseitiges Eiweiß über das Futter zugeführt wird (z.B. starke Kleefütterung, abrupte Umstellung auf Weidegang). Im Gegensatz zum Bedarf an Energienährstoffen, der mit zunehmender Leistung stark steigt, bleibt der Eiweißbedarf des ausgewachsenen Pferdes relativ konstant. Aus Tabelle 14 ist ersichtlich, wie unterschiedlich der Eiweißgehalt verschiedener Futtermittel ist.

Vitamine sind für den Stoffwechsel des Organismus nicht zu entbehren. Vitaminmangel führt zu schwerwiegenden Störungen und Erkrankungen. Da Robustpferde sich einen großen Teil ihrer Lebenszeit im Freien auf der Weide aufhalten und im Winter größere Mengen Heu gefüttert werden, wird eine zusätzliche Vitaminversorgung im Normalfall entbehrlich sein. Durch richtige Robusthaltung dürfte die Versorgung mit den wichtigen Vitaminen A und D ausreichend sein. Bei einseitiger Fütterung, z. B. mit schlechtem Heu, können Vitaminmängel auftreten, die u. a. Huferkrankungen (Vitamin-A-Mangel) nach sich ziehen. Durch Fütterung von Vitaminkonzentraten oder durch Injektionen kann entsprechendem Mangel vorgebeugt werden. Bei bröckeligem Hufhorn kann zusätzlich zu einer ausgewogenen Fütterung die Verabreichung von Biotin nachhaltig wirken. Ob eine solche Vorsorge notwendig ist, wird von der Qualität des eingesetzten Futters bestimmt.

Mineralstoffe sind als Strukturelemente und Stoffwechselregulatoren für die Gesundheit des Pferdes von Bedeutung. Sie kommen in unterschiedlichen Mengenanteilen im Boden vor und werden über Weidegras, Heu, Stroh, Kraftfutter usw. vom Pferd aufgenommen.

Üblicherweise unterscheidet man in der Pferdefütterung folgende Mineralstoffgruppen:

Mengenelemente	*Spurenelemente*
Natrium (Na)	Eisen (Fe)
Chlor (Cl)	Kupfer (Cu)
Kalium (K)	Mangan (Mn)
Calcium (Ca)	Zink (Zn)
Magnesium (Mg)	Jod (Jd)
Phosphor (P)	

Bei Robustpferden sind Mangelerscheinungen infolge ungenügender Versorgung mit Mineralstoffen kaum bekannt; normalerweise dürften die in den Futterrationen bzw. bei Weidegang im Gras enthaltenen Mengen zur Bedarfsdeckung ausreichen (bei richtiger Düngung!). Zwischen verschiedenen Mineralstoffen besteht eine Wechselwirkung. Inbesondere wird in der neueren Literatur eine Einstellung des Ca:P-Verhältnisses in der Gesamtfutterration auf etwa 1,5 – 2:1 empfohlen. Pferde, die stärker mit Hafer oder Weizenkleie versorgt werden, können möglicherweise wegen des ungünstigen Ca:P-Verhältnisses dieser Futtermittel an einer Kalk-Unterversorgung leiden. Hier sind evtl. zusätzliche Kalkgaben erforderlich.

Der Bedarf an Kochsalz (NaCl) ist von Pferd zu Pferd unterschiedlich. Er hängt unter anderem ab von der Arbeitsleistung, der Temperatur und der Luftfeuchtigkeit. Arbeitende Pferde haben mehr Bedarf an Kochsalz, als sie mit dem Futter aufnehmen können. Durch Salzlecksteine oder Mineralblöcke mit ausreichendem Kochsalzgehalt kann der Bedarf ausgeglichen werden. Vorsorglich sollte man allen Pferden einen Salzleckstein zur Verfügung stellen. Für die Winterversorgung mit Mineralstoffen ist die Qualität und Herkunft (Bodenart, Düngung) des Heus entscheidend. Nach den Erfahrungen des Verfassers empfiehlt es sich, im Winter je Pferd täglich ein Mineralstoffbrikett vorsorglich zuzufüttern (evtl. in der Weidezeit ebenfalls 1/2 Brikett).

Die für Kleinpferde in der Literatur genannten Mengen für die Versorgung mit Strukturstoffen differieren derart stark, daß auf eine tabellarische Darstellung hier verzichtet werden soll.

Kohlenhydrate liefern dem Pferd Energie zur Wärmeerzeugung und Muskelarbeit. *Fette* dienen ebenfalls in beschränktem Maße der Förderung des Energiestoffwechsels. Letzteres gilt auch für einen Teil überschüssigen Proteins.

Heu und Weidegras liefern die nötigen Energienährstoffe für eine leichte Beanspruchung des Robustpferdes. Bei stärkerer Beanspruchung muß ein Teil der Energienährstoffe in konzentrierter Form gefüttert werden (Hafer oder Pelletfutter), wobei die Kohlenhydrat-/Stärkeversorgung der Leistung angepaßt werden muß.

Der aufgrund einer bestimmten Leistung des Pferdes erforderliche *Energiebedarf* kann durch Fütterungsversuche ermittelt werden. Dabei versucht man, Menge, Zusammensetzung und Wertigkeit des Futters zu bestimmen, das notwendig ist, ein Pferd bei Ausführung dieser Arbeit in guter Kondition und bei konstantem Gewicht zu halten. Die Schwierigkeit liegt darin, Qualität und Quantität der Arbeit genau zu bestimmen. Die Zugleistung eines Pferdes zu messen ist weniger schwierig, als etwa die Leistung unter dem Reiter genau zu ermitteln. Viele Faktoren können sich störend auswirken, so z. B. Tagesschwankungen der Kondition, Klimaunterschiede, Bodenbeschaffenheit, Qualität des Hufbeschlags und das Verhalten des Reiters.

Dem Wissenschaftler stehen zur Messung des Energieumsatzes analytische Methoden zur Verfügung (Futter-, Harn- und Kotanalysen). So läßt sich aus der Differenz des Energieinhalts des aufgenommenen Futters gegenüber dem sämtlicher Ausscheidungen bestimmen, welche Energiemengen der Nahrung entnommen worden sind. Der Praktiker muß sich auf Beispielfütterungen beschränken und mit guter Beobachtungsgabe Ermittlungen anstellen. Zusätzliches Mittel zur Beurteilung der Futterwirkung ist die ständige Gewichtsüberwachung.

Zur Überprüfung und Modifizierung bekannter Fütterungsratschläge wurden durch den Verfasser langjährige Beispielfütterungen durchgeführt sowie die Fütterung und Leistung in zahlreichen unterschiedlichen Pferdehaltungen miteinander verglichen und ausgewertet. Den Extrakt dieser Studie geben die Tabellen 13 bis 17 wieder. Bei der Interpretation ist zu berücksichtigen, daß es sich um Mittelwerte handelt, die als grobe Faustzahlen lediglich Hinweise geben sollen. Zwar ist die Ernährungsphysiologie eine komplexe Wissenschaft, doch sind die folgenden Tabellen so aufbereitet worden, daß auch der Laie zu eigenen Berechnungen finden kann. Als einfaches Beispiel für die Anwendung der Tabellen 14 und 15 möge folgende Berechnung dienen:

Shetlandpony, tatsächliches Lebendgewicht 200 kg, wie hoch ist der Winterbedarf an Heu im Erhaltungsstoffwechsel (also ohne größere Arbeitsleistung)? Man ermittelt aus der Tabelle 15 den Erhaltungsbedarf (evtl. wie im vorliegenden Beispiel nach dem Lösungsweg, der in der Fußnote zur Tabelle 15 dargestellt

Tabelle 13: Leistungsgruppen/Arbeitskapazität *)

Erhaltung	Leistung 1	Leistung 2	Leistung 3
Typische Wochenendpferde		Freizeitpferde, die konzentrierter gearbeitet werden	Distanzpferde, Turnierpferde
leichte Beanspruchung		mittlere Beanspruch.	starke Beanspruch.
1–2 Std. Ausritt/Tag, überwiegend Schrittarbeit, kleinere Galopp- und Trabstrecken	2–3 Std. Ausritt/Tag, stärkerer Trabanteil	3–4 Std. Ausritt/Tag, dressurmäßige Bahn- arbeit, ausgeprägte Trab- und Galopp- arbeit, Konditions- training	starke, mehr- stündige Bean- spruchung/Tag; nur nach stetiger Konditionierung möglich

*) Erfahrungswerte, die rassebedingt/individuell differieren

Tabelle 14: Nährstoffgehalte einiger Futtermittel für Pferde (bezogen auf 1 kg) *)

Futtermittel	Rohfaser	Trocken- substanz	Ca	P	Na	v. E. (DE)		v.Rp. (DP)
	g	%	g	g	g	Mcal	MJ **)	g
Grünfutter	54	21	1,7	0,7	0,2	0,53	2,2	28
Wiesenheu	268	87	5,1	2,3	0,3	1,80	7,5	52
Haferstroh	400	87	3,5	0,7	2,5	1,30	5,4	9
Mohrrüben	12	13	0,6	0,5	0,9	0,45	1,9	10
Futterrüben	11	18	0,4	0,3	0,7	0,52	2,2	8
Grassilage	90	30	1,5	1,0	0,1	0,74	3,0	26
Maissilage	60	21	0,9	0,3	0,1	0,58	2,4	13
Hafer	102	88	1,0	3,1	0,3	2,70	11,3	87
Mais	25	87	0,4	3,0	0,2	3,25	13,6	68
Weizenkleie	111	87	1,5	12,0	0,7	2,32	9,7	110
Fohlenstarter (Ergänzungs- futter)	50–100	90	12,0	8,0	2,0	3,30	13,8	150–180
Pelletfutter (sog. Allein- futter)	130–180	90	6,0	4,0	1,5	2,60	10,9	60– 90

*) Die Tabelle enthält Durchschnittswerte bezogen auf 1 kg des Originalfutters (es gibt an- dere Tabellen, die Werte auf die sog. „Trockenmasse" – TM – beziehen). Exakte Werte für das im Einzelfall verwendete Futter können durch Futteranalysen bei landwirtschaftlichen Untersuchungsanstalten ermittelt werden, z. B. bei LUFA Bonn, Weberstraße 59–61, 5300 Bonn.

**) 1000 Kcal = 1 Megakalorie (Mcal), 1 Kcal = 4,186 Kilojoule (KJ), 1000 KJ = 1 Megajou- le (MJ)

Tabelle 15: Durchschnittsgewichte ausgewachsener Robustpferde (Lebendmasse – LM – in kg) und Erhaltungsbedarf entsprechend der metabolischen Körpermasse (LM$^{3/4}$) *)

Rasse	LM	LM$^{3/4}$	v. E. (DE) – in MJ) –	v. Rp. (DP) – in g –
Shetlandpony	170	47,1	25,4	130
Welsh-Pony	250	62,9	34,0	170
Islandpferd	370	84,3	45,5	230
Haflinger	440	96,1	52,0	260
Fjordpferd	450	97,7	53,0	264
Connemarapony	430	94,5	51,0	255

*) Da der Bedarf nicht linear ansteigend berechnet werden kann, muß bei anderen als den angegebenen Gewichten (LM) zunächst die sog. metabolische Körpermasse als mathematisch-theoretischer Wert ermittelt werden. Dies geschieht wie folgt:

Mathematische Formel: $a^{m/n} = \sqrt[n]{a^m}$ Beispiel für 200 kg LM:

$$200^{3/4} = \sqrt[4]{200^3} = \sqrt[4]{8.000.000} = 53,2$$

Die so ermittelte Zahl multipliziert man mit 0,54, das ergibt dann für das Beispiel 28,7 MJ v. E.; zur Ermittlung des verdaubaren Rohproteins multipliziert man mit 2,7, ergibt 144 g v. Rp.
Die Multiplikatoren 0,54 und 2,7 sind feste Größen für MJ v. E. bzw. g v. Rp. je kg LM$^{3/4}$, die sich aus der wissenschaftlichen Forschung unter Berücksichtigung der Studien des Verfassers ergeben haben.

Tabelle 16: Energieumsatz ausgewachsener Robustpferde *)

Rasse	LM in kg	Leistungsgruppen (vgl. Tab. 13)		
		Leistungsumsatz 1 – in MJ –	Leistungsumsatz 2 – in MJ –	Leistungsumsatz 3 – in MJ –
Shetlandpony	170	30,5	35,5	45,7
Welsh-Pony	250	41,0	47,6	61,2
Islandpferd	370	54,6	63,7	81,9
Haflinger	440	62,4	72,8	93,6
Fjordpferde	450	63,6	74,2	95,4
Connemarapony	430	61,2	71,4	91,8

*) Der über den Erhaltungsbedarf hinausgehende Mehrbedarf an verdaulicher Energie beträgt auf der Basis der in der Tabelle 15 angegebenen Normen für den Erhaltungsumsatz bei Leistung 1: + 20 %; bei Leistung 2: + 40 %; bei Leistung 3: + 80 %

Tabelle 17: Beispielfutterrationen für ein rd. 400 kg schweres Robustpferd *)											
	Erhaltungs-bedarf			*Leistungs-bedarf 1*			*Leistungs-bedarf 2*			*Leistungs-bedarf 3*		
Futterration (o. Weide)	Masse kg	v.E. MJ	v.Rp. g	Masse kg	v.E. MJ	v.Rp. g	Masse kg	v.E. MJ	v.Rp. g	Masse kg	v.E. MJ	v.Rp. g
Heu	5,0	37,5	260	5,0	37,5	260	4,0	30	208	4,0	30	208
Haferstroh	2,0	10,8	18	1,0	5,4	9	1,0	5,4	9	1,0	5,4	9
Hafer	–	–	–	0,5	5,6	43	1,2	13,6	104	2,0	22,6	174
Pelletfutter (Alleinfutter)	–	–	–	0,9	9,8	63	1,7	18,6	119	2,7	29,4	189
Summe	7,0	48,3	278	7,4	58,3	375	7,9	67,6	440	9,7	87,4	580

*) Die Rationen gelten bei Stallfütterung (also ohne Weidegang); zusätzlich täglich beliebig viel Wasser; Mineralstoffe über Brikett, mindestens NaCl über Salzleckstein, evtl. Vitamine beim Aufbautraining.

ist). Den Bedarf dividiert man durch die sich aus Tabelle 14 ergebenden Nährstoffgehalte.

Demnach Bedarf an v.E.: 28,7 MJ : 7,5 MJ (1 kg Heu) = rd. 3,8 kg/Tag;

Bedarf an v. Rp.: 144 g. 3,8 kg x 52 g v.Rp. (aus Tab. 14) = 197 g,

also würde man rd. 50 g zuviel Eiweiß füttern, was aber bei der Heufütterung nicht schädlich ist. Wollte man sparen, so könnte man in diesem Fall ohne weiteres 1 kg Heu abziehen und dafür rd. 1,4 kg Haferstroh füttern. Dadurch würde die Eiweißversorgung um 40 g vermindert, die v.E. bliebe gleich, und das Pferdchen hätte – was sehr nützlich ist – eine längere Freßzeit und damit artgemäße Kaubeschäftigung.

Einzelne Futtermittel

Zur Deckung des Nähr- und Ballaststoffbedarfs sind zahlreiche Futtermittel geeignet. Die Bandbreite reicht vom Wiesenheu bis zu Brauereirückständen (z. B. Treber). Da viele Futtermittel für die Praxis der Robustpferdehaltung bedeutungslos sind, soll nur auf die gebräuchlichsten Futtermittel eingegangen werden. Tabelle 18 enthält stichwortartige Erläuterungen hierzu.

Neben Weidegras zählt *Heu* zum wichtigsten Grund- und Erhaltungsfutter des Pferdes, es ist durch kein anderes Futter voll zu ersetzen. Heu entsteht durch die Trocknung von Grünfutter, wobei die Zusammensetzung des Grünfutters, das Trocknungsverfahren und die Art der Lagerung ausschlaggebend sind für die Futterqualität. Für Pferde eignet sich primär Wiesenheu, welches Anfang Juni geerntet wird (1. Schnitt). Feldheu, etwa Kleeheu und Luzerneheu, ist nicht geeignet.

Jegliches Heu macht nach dem Einfahren noch eine Schwitzphase durch, die nach etwa 12 Wochen beendet ist. Erst danach darf das Heu verfüttert werden. (Frisches Heu führt zu schweren Verdauungsstörungen.) Heu vom 2. Schnitt (sog. Grummet) wird erst Ende

Tabelle 18: Die gebräuchlichsten Futtermittel	
Rauhfutter	
Weidegras	Grund- und Erhaltungsfutter im Sommer, deckt den Nähr- und Ballaststoffbedarf
Heu	Grund- und Erhaltungsfutter im Winter, deckt den Nähr- und Ballaststoffbedarf
Haferstroh	Nährstoffarmes Ballastfutter; in Verbindung mit Kraftfutter kann Haferstroh in »Notzeiten« als Grund- und Erhaltungsfutter dienen (Mineralstoff- und Vitaminversorgung zusätzlich durch Ergänzungsfutter)
Kraftfutter	
Hafer	Leistungsfutter, liefert im Bedarfsfall zusätzlich zum Grundfutter (= Rauhfutter) Energie- und Baustoffe; enges Ca:P-Verhältnis (einseitige Fütterung vermeiden)
Pelletfutter (Mischfutter)	Leistungsfutter (Haferersatz) mit ausgeglichenerem Nährstoffangebot als bei reiner Haferfütterung (Anteil des Hafers am Mischfutter rd. 25–35 %)
Beifutter	
Rübenschnitzel (pelletiert)	In begrenzten Mengen gut verträgliches Beifutter mit hohem Energiewert; stets rd. 24 Stunden vor dem Verfüttern in Wasser einweichen, da bei Trockenfütterung Schlundverstopfung droht
Weizenkleie	Eiweißreiches Beifutter zum Grundfutter; gemischt mit Hafer auch als Leistungsfutter verwendbar, liefert etwas mehr Ballast als Hafer, enges Ca:P-Verhältnis (einseitige Fütterung vermeiden)
Leinsamen	Beifutter mit hohem Fett- und Eiweißgehalt; Leinsamen und Weizenkleie ergeben aufgebrüht ein gut verdauliches Aufbaufutter (sog. Mashfutter), empfehlenswert für Robustpferde während der Zeit des Haarwechsels und nach starker Beanspruchung
Möhren	Schmackhaftes Beifutter mit hohem Zucker- und Karotingehalt (Vit. A), eiweißarm
Rüben	Gesundes Beifutter, kohlenhydrat- und wasserhaltig, eiweißarm
Ergänzungsfutter	
Vitaminvormischungen	Spezialgemische unterschiedlicher Vitamine (Bedarf und Dosierung mit dem Tierarzt besprechen)
Mineralstoffmischungen	Gemische von Mineralstoffen, z. T. durch Vitaminzusätze ergänzt, häufig in Brikettform
Futterkalk	Wird häufig den Futtermitteln mit engem Ca:P-Verhältnis beigemischt, um das Kalziumdefizit auszugleichen
Salz	Dient der Regulierung des Salzbedarfs, beste Form der Versorgung durch Lecksteine

August/Anfang September eingefahren und sollte nicht vor Mitte Dezember den Pferden vorgelegt werden. Grummet fühlt sich feiner, weicher an als Heu vom 1. Schnitt und wird etwas weniger gern gefressen, am besten mischt man Grummet mit Heu vom 1. Schnitt. Überjähriges Heu hat nur noch einen geringen Nährstoffgehalt, es kann deshalb lediglich als Ballaststoff gefüttert werden und reicht als Erhaltungsfutter alleine nicht aus.

Robustpferde, die im Winter fast ausschließlich mit Heu und geringen Mengen Beifutter ernährt werden, benötigen qualitativ gutes Heu, das hinsichtlich seiner botanischen Zusammensetzung zwar weniger Kleearten enthalten kann als sehr gutes oder vorzügliches Heu, das aber in seiner allgemeinen Beschaffenheit einwandfrei sein muß. Schimmeliges, muffiges, mit Milben befallenes oder mit Giftpflanzen durchsetztes Heu darf niemals verfüttert oder als Einstreu benutzt werden. Solch minderwertiges Heu gehört auf den Misthaufen. Übrigens sollte Heu – egal welcher Qualität – nie als Einstreumaterial dienen.

Vor der Verfütterung ist jegliches Heu, besonders das übliche Preßballenheu, auf Verunreinigungen und Schimmelpilznester zu untersuchen. Hierzu schüttelt man das Heu locker auf, um die Qualität zu überprüfen und auch den Staubanteil zu vermindern. Das Aufschütteln geschieht selbstverständlich nicht im Stall, da sonst die Luft u. U. zu stark verunreinigt würde. Viele Robustpferdehalter kaufen ihr Heu bei einem Landwirt, der auch den Transport besorgen kann (natürlich nur gegen zusätzliche Bezahlung). Preisgünstiger ist der Kauf direkt ab Wiese; Aufladen und Transport

Gutes Heu	*Geringwertiges Heu*
● sieht grünlich aus	● ist bleich bis braun (geringer Karotingehalt)
● riecht aromatisch, angenehm frisch	● riecht muffig, brandig oder faulig (geringer Nährstoffgehalt, Schimmelpilzbefall)
● ist trocken (bei gelagertem Heu)	● ist klamm (Trocknung ist nicht abgeschlossen)
● fühlt sich weich oder leicht rauh an	● fühlt sich holzig oder sperrig an (geringere Verdaulichkeit)
● ist sauber	● weist hohen Schmutzanteil auf (Staub, Milben, Steine)
● setzt sich nicht nur aus Gräsern, sondern auch aus Kräutern und Klee zusammen	● enthält überwiegend Gräser (geringer Blattanteil, Ca-, Na- und Mg-arm, P- und eiweißreich)
● enthält nur vereinzelt Unkräuter, aber keine Giftpflanzen	● enthält Unkräuter und Giftpflanzen (u. a. Sumpfschachtelhalm, Adlerfarn, Adonisröschen, Herbstzeitlose, Zypressenwolfsmilch, scharfer Hahnenfuß)

kann man dann selbst organisieren. Beim Kauf ab Wiese ist zu berücksichtigen, daß die Preßballen noch an Gewicht verlieren und sowohl Farbe als auch Feuchtigkeitsgehalt des frischen Heus im Vergleich zum ausgeschwitzten Heu etwas differieren.

Die Beurteilung der Heuqualität kann umfassend nur durch eine chemische Analyse vorgenommen werden. Der Normal-Pferdehalter hat hierzu aber weder Geräte noch die Zeit, auf ein Analysenergebnis zu warten und dann erst zu entscheiden, ob er das Heu kauft oder nicht. Legt man die nebenstehenden Beurteilungsmaßstäbe für die Heubewertung an, wird auch der weniger erfahrene Laie ohne Analyse geringwertiges Heu erkennen und einen Fehlkauf vermeiden können.

Wasserversorgung

Wasser ist ein unentbehrlicher Bestandteil der Nahrung des Pferdes. Der Körper benötigt es stets in ausreichender Menge. Im Sommer können je Robustpferd und Tag bis zu 40 Liter erforderlich sein, im Winter geht der Verbrauch auf 20–30 Liter zurück.

Das Tränkwasser soll geruchlos und sauber sein; Wasserkübel, Tränkebecken und Eimer müssen regelmäßig gereinigt werden. Am besten ist es, wenn Pferde freien Zugang zum Wasser haben, so können sie ihren Durst nach eigenem Belieben löschen. Erhitzten Pferden gibt man direkt nach der Arbeit nur wenig Wasser. Erst nachdem sich die Atemfrequenz beruhigt hat, kann satt getränkt werden.

Tränkt man im Winter aus Eimern, sollte dies mindestens 3 mal täglich vor und nach der Fütterung geschehen. Bei zweimaliger Fütterung (morgens und abends) muß in der Mittagszeit zusätzlich getränkt werden.

Die Möglichkeiten zur Wasserversorgung sind in Tabelle 19 aufgeführt.

Die Verwendung von Membran- und Kolbenweidepumpen ist nur mit Einschränkungen zu empfehlen. Diese Pumpen werden von Landwirten hauptsächlich zur Wasserversorgung der Jungrinder und Kühe aufgestellt. Die Funktion ist einfach: mit dem Nasenrücken schieben die Tiere einen Ansaughebel zurück, Wasser wird angesaugt und fließt in eine Schale. Nicht jedes Robustpferd wird allerdings aufgrund des – im Vergleich zu Kühen – recht empfindlichen Nasenrückens diese Pumpen »bedienen«. Eine mehrtägige »Schulung« der Pferde ist jedenfalls immer erforderlich. Wesentlich besser geeignet zur Selbstversorgung mit Wasser sind Windkraftpumpen, die sich im Nachbarland Holland gut bewährt haben. Der frei schwenkende Propeller paßt sich der Windrichtung an und betreibt die Wasserpumpe. Die Anlagen arbeiten bereits bei Windstärke 2; die durchschnittliche Windstärke in Europa liegt an rd. 300 Tagen des Jahres bei 4. Verbindet man die Pumpe mit einem größeren Wasserbehälter, dann sind auch windarme Tage zu überbrücken. Kleinere Windkraftanlagen pumpen 1,5 bis 5 m^3 Wasser pro Tag. Mit größeren Anlagen kann man nicht nur Wasser pumpen, sondern auch Gleichstrom erzeugen, den man in Batterien speichern und für die Beleuchtung im Stall verwenden kann.

Tabelle 19: Möglichkeiten der Wasserversorgung

*Versorgung durch *)*	*Eignung*				
	Weide	*Auslauf*	*Stall*	*Nur Sommer*	*Sommer und Winter*
Bachlauf **)	●	●	–	–	Im Sommer gut, im Winter beschränkt auf frostfreie Zeit
Öffentliches Wassernetz oder Brunnen mit elektr. Pumpe (Rohrleitungssystem mit Tränkebecken)	●	●	●	–	Sehr gut, wenn Leitungen frostsicher verlegt sind und Tränkebecken im Winter beheizbar sind (Trafo)
Wasserkübel	●	●	●	●	–
Wasserkübel	–	–	●	–	Im Winter geeignet, wenn der Behälter mit Styropor und Stroh isoliert wird (Boden und Seiten)
Wasserwagen mit Tränkebecken	●	●	–	●	–
Handpumpe mit Auffangbehälter	●	●	–	●	–
Windkraftpumpe mit Auffangbehälter	●	●	–	●	–
Membran- oder Kolbenpumpe (Selbstversorgung)	●	●	–	●	–

*) Pumpen, Tränken usw. müssen täglich kontrolliert werden
**) Bei Verdacht auf Verunreinigungen sollte eine Wasseranalyse durchgeführt werden

Umgang mit dem Pferd und Pferdepflege

Der Umgang mit dem Pferd

Jeder, der mit Pferden umgeht, sollte sich zunächst mit den Verhaltensmerkmalen des Pferdes beschäftigen. Diese Kenntnisse sind die Basis für eine zufriedenstellende Partnerschaft zwischen Mensch und Tier. Dabei muß der Pferdehalter in die Rolle des Artgenossen schlüpfen und sich seinem Vierbeiner gegenüber als ranghöheres Pferd (mit »Pferdeverstand«) präsentieren. Die Übertragung menschlicher Denkschemata auf das Verhältnis Mensch/Pferd ist völlig falsch, da das Pferd keine menschlichen Überlegungen anstellt. Beim Vergleich mit der menschlichen Intelligenz oder der Intelligenz des Hundes schneidet das Pferd schlecht ab. Seine artspezifischen Fähigkeiten (z. B. guter Geruchssinn, Reaktionsschnelligkeit), die sich aus seiner Rolle als pflanzenfressendes, ängstliches Fluchttier ergeben, sind andererseits den unsrigen weit überlegen.

Der Mensch muß sich das Denk-(= Trieb- und Reaktions-)schema des Pferdes zu eigen machen und bei der Ausbildung, Erziehung und der gesamten Beschäftigung mit dem Pferd nutzen – umgekehrt geht es nicht! Hierbei ist unerläßlich, daß zwischen Mensch und Pferd ein Vertrauensverhältnis besteht. Nur durch Geduld und Ruhe, nicht aber durch Willkür und rohe Gewalt, kann man das Vertrauen des Pferdes gewinnen. Um als ranghöherer Artgenosse akzeptiert zu werden, handle man stets konsequent. Ängstlichkeit und Nachgiebigkeit sind falsch, klare Anordnungen sind notwendig. Merke: Pferde sind gute Diener, aber schlechte Herren!

Das Gedächtnis des Pferdes ist – im Gegensatz zur Intelligenz (Scharfsinn/Logik) – sehr gut ausgeprägt. Sowohl Lob als auch Tadel müssen der »Tat« sofort folgen. Nur dann ist beim Pferd eine Gedankenverbindung möglich, die es sich nachhaltig einprägen kann. Die menschliche Stimme ist ein besonders nützliches Hilfsmittel, um das Pferd zu loben, zu tadeln, zu beruhigen oder anzuspornen. Tonfall und Lautstärke sind entscheidend – selbstverständlich nicht der Sinn der Worte. Klopft man dem Pferd den Hals oder gibt ihm einen Leckerbissen und wiederholt dabei einige Male die Worte »s-o-o ist br-a-a-v«, wird es sich diese Worte als Lob merken. Für den Tadel gilt, daß man ihn mit kurzen, scharfklingenden Worten ausdrückt und mit einem Gertenhieb unterstützt. Genau wie das Pferd die lobenden Worte mit dem Leckerbissen verbindet, wird es nach einiger Zeit die strafenden Worte mit der Gerte in Verbindung bringen; es reichen dann zukünftig statt der Gerte einige »scharfe Töne«.

Nicht jede Widersetzlichkeit ist strafwürdig. Widersetzt sich das Pferd, weil es Angst vor irgendetwas hat, beruhige man es; widersetzt es sich aus Böswilligkeit, dann setze man sich energisch durch. Nur wer sein Pferd bestens kennt, merkt sofort, welche Ursache die Widersetzlichkeit hat und welche Reaktion angebracht ist. Häufig ist es so, daß das Pferd den menschlichen Willen lediglich falsch interpretiert. Wer z. B. einem korrekt eingerittenen Pferd beim Reiten falsche Hilfen gibt, darf sich nicht wundern, wenn es nicht reagiert oder anders reagiert, als es der Reiter sich vorgestellt hat. Aus der subjektiven Sicht des Reiters mag das Pferd sich in einem solchen Fall widersetzlich verhalten, es hierfür aber zu bestrafen, wäre unsinnig und der beste Weg, das Vertrauen des Pferdes zu verlieren.

Gut ausgeprägt sind beim Pferd das Sehvermögen, das Hörvermögen und der Geruchssinn. Beim Ausritt kann man immer wieder feststellen, daß Spaziergänger oder Wild, flatternde Planen oder eine Rebhuhnkette viel eher vom Pferd als vom Reiter bemerkt werden. Die Stellung der Ohren, die Kopf- und Halshaltung sowie der Schweif signalisieren Aufmerksamkeit, Unmut, Erregung und bevorstehende Flucht! Durch eingehende Beobachtung seiner Pferde kann jeder nach einiger Zeit anhand dieser Merkmale wichtige Rückschlüsse auf die psychischen Vorgänge ziehen. Fast waagerecht nach hinten angelegte Ohren verraten Unmut, Futterneid, Angriffsbereitschaft und Bösartigkeit, starr nach vorn gerichtete Ohren erhöhte Aufmerksamkeit. Das lebhafte Ohrenspiel eines Pferdes deutet auf Wachsamkeit und Temperament hin. Auch bei dösenden Pferden sind die Ohren immer leicht in Bewegung, um alle Geräusche der Umgebung aufzunehmen. Fremdartige Geräusche, Gerüche oder Gegenstände können beim Pferd blitzschnell die Fluchtreaktion auslösen. Wer als Reiter oder Gespannlenker »döst«, kann darum höchst unfreiwillig aufgeweckt werden! Auch

sonst recht ruhige Ponys können in der kalten Jahreszeit bei Frosttemperaturen oder in Ausnahmesituationen explodieren und mit der Schnelligkeit eines Vollblüters das Weite suchen.

Nicht Aufgeregtheit, sondern Aufmerksamkeit ist bei der Beschäftigung mit Pferden angebracht. Scheut ein Pferd, so versuche man es zu beruhigen, ohne selbst in Panik zu geraten, denn diese würde sich unweigerlich auf das Pferd übertragen. Fühlt man sich der Situation vom Sattel oder Kutschbock aus nicht gewachsen, dann ist es empfehlenswert, abzusteigen, das Pferd zu führen und z. B. den fremden Gegenstand vom Pferd beschnuppern zu lassen. Heroisches Antreiben des Pferdes in Richtung Scheuobjekt führt zwar oft auch zum Ziel – nämlich dem Pferd die Angst zu nehmen –, ist aber nicht jedermanns Sache und kann zu einem ungleichen Zweikampf zwischen Reiter und Pferd ausarten. Wer als Wochenendreiter Erholung sucht, sollte immer die Sicherheit in den Vordergrund stellen, ohne jedoch beim Anblick eines Hasen gleich vom Pferd zu springen! Wer sein Familienpferd kennt, wird auch in solchen Situationen richtig mit seinem Vierbeiner umgehen.

Wie viele Mißverständnisse entstehen dadurch, daß sich der Mensch nicht die Mühe gibt, die Psyche des Pferdes zu verstehen, seine Reaktionen richtig zu deuten und danach konsequent zu handeln. Das Geschehen auf manchen Turnierplätzen, wo Pferde sehr oft vor den Augen der Zuschauer für ein Verhalten bestraft werden, das eben nicht strafwürdig, sondern natürlich ist, gibt zu denken. Man fragt sich, wie solche Menschen erst mit ihren Pferden umgehen, wenn keine Zuschauer anwesend sind.

Physischen Schmerz und Überforderung sowie mangelhafte Ausbildung durch Schläge oder Reißen im Maul beseitigen oder ahnden zu wollen, ist nicht nur nutzlos, sondern tierquälerisch.

Unreiterliches Benehmen sollte durch Turnierrichter und Publikum nicht toleriert werden. Verwarnung, Punktabzug und Disqualifikation sind geeignete Mittel, um solchen Erscheinungen Einhalt zu gebieten. Gute Harmonie zwischen Reiter und Pferd müßte entsprechend positiv bewertet werden. Auf Jugendturnieren sind leider die auf falschen Ehrgeiz und mangelnde Ausbildung zurückzuführenden unreiterlichen Szenen besonders kraß zu beobachten. Unter dem Beifall der Eltern »prügelt« der Sohn oder die Tochter das »ach so teuer erstandene Pferd« (den Umstehenden wird dies gesprächsweise übermittelt) über den Parcours. Beim Erhalt der Schleife wird dann der Pferdehals großzügig geklopft, man ist ja begeisterter Pferdeliebhaber und versteht schon was davon!

Doch nicht nur das Verhalten diverser Sportreiter gegenüber ihren vierbeinigen Turniergefährten, sondern auch der Umgang mancher Hobbypferdehalter mit ihrem Freizeitpony läßt zu wünschen übrig. Hierzu gehört ein gelegentlich zu beobachtender »Freistil« im Reiten, der nur zu Lasten des Pferdes geht, wenn weder Gleichgewichtssitz, noch ruhige Hände vorhanden sind.

Ist ein Pferd durch falsche Behandlung erst einmal verdorben worden, bedarf es langwieriger Korrekturbemühungen, um seine Brauchbarkeit, sein Vertrauen in den Menschen und seine Umgänglichkeit wiederherzustellen. Schnell sind solche Pferdehalter mit vordergründigen Entschuldigungen zur Hand, die nur allzuoft dem verdorbenen Pferd allein die Schuld zuschieben.

Inzwischen gibt es genügend Fachleute, die den Markt »Pferdekorrektur« erkannt haben. Gegen Entgelt kann man bei ihnen Pferde korrigieren lassen. Dieses Geld kann man dann sparen, wenn man rechtzeitig richtig mit Pferden umgeht. Darüber hinaus sollte bedacht werden, daß das personenbezogene Vertrauen des Pferdes, ist es erst einmal grundlegend zerstört, sehr schwer zu korrigieren ist.

Hier soll nicht bestritten werden, daß es auch Pferde gibt, die aufgrund ererbter Charakterfehler schwierig sind und deshalb ausschließlich in die Hand von einfühlsamen, erfahrenen Fachleuten gehören. Solche Fälle sind allerdings selten, bei den urwüchsigen Ponyrassen zum Glück besonders rar. Die Ursache für auftretende Mißverständnisse liegen zu 95 % beim Menschen. Zu nennen sind: Unwissenheit, Nachlässigkeit, Brutalität und Dummheit, aber auch Unbelehrbarkeit!

Unwissenheit und Dummheit sind auch die Ursachen für – inzwischen z. T. revidierte – abqualifizierende Pauschalurteile über verschiedene Rassen. Häufig unwidersprochen wurde und wird noch immer von einigen »Pferdekennern«(!) behauptet, Shetlandponys oder Fjordponys seien »dickköpfig, hartmäulig und überhaupt widersetzlich«! Wie kommt es zu solchen Vorurteilen?

Über Jahre hinweg gab es bei verschiedenen Rassen eine »Überproduktion«; preiswert konnte man Fjordpferde (oft im Wirtschaftstyp) und Shetlands erwerben. Vielfach wurden diese Ponys im »Do-it-yourself-Verfahren« von absoluten Laien angelernt oder als Verleihpferde in unseriösen Betrieben verwendet. Kein Wunder also, daß dadurch Unarten anerzogen wurden. Berücksichtigt man das sehr gute Gedächtnis des Pferdes, so wird klar, daß es leicht Gewohnheiten annimmt (auch schlechte!) und daran festhält. Erhält z. B. ein Reitlehrer wiederholt solche verdorbenen Pferde zur Korrektur, dann kann es leider schnell zum Pauschalurteil über die jeweilige Rasse kommen – so geschehen in der Vergangenheit.

Wie steht es mit den anderen Ponyrassen? Bei den nicht gerade billigen Isländern wird der Käufer schon wegen des Anschaffungspreises auf eine fachmännische Ausbildung achten. Eine exakte Ausbildung – entsprechend dem Gebrauchszweck – benötigt aber jedes Familienpony und auch jedes Kinderpony!

Ausschlaggebend für die spätere Entwicklung des Pferdes ist bereits der Kontakt mit dem Menschen im Fohlenalter. Wer züchtet, hat deshalb eine besondere Verantwortung, Fohlen in jeder Hinsicht einwandfrei aufzuziehen. Ohne Fachkenntnisse, die jeder Interessierte beim Zuchtverband, bei Praktikern und durch zusätzliches Studium der einschlägigen Literatur erwerben kann, sollte keine Zucht betrieben werden. Dies gilt auch für den Kauf von Fohlen (grundlegende Ausführungen hierzu siehe Kapitel »Zucht«).

Die Putz- und Pflegetechnik

Die Pflege des Robustpferdes, speziell die Fellpflege, wird durch die Haltungsform bestimmt. Pferde, die überwiegend im Freien gehalten werden, sind nur vor dem Satteln oder Anschirren zu putzen, damit Schmutz und Schweißrückstände aus dem Fell entfernt und dadurch Druck- und Scheuerstellen vermieden werden. Die übrige Fellpflege und - massage wird bei robust gehaltenen Pferden auf natürliche Weise durch Wind, Regen, Wälzen, Scheuern und Fellknabbern ohne menschliches Zutun besorgt. Zu intensives Putzen ist gesundheitsschädlich, da der Fettanteil der Unterwolle dadurch entfernt wird und somit der natürliche Schutzeffekt verlorengeht. »Drillmäßiges« Putzen ist also keinesfalls angebracht.

Etwas anders verhält es sich bei überwiegend im Stall gehaltenen Robustpferden, die nur begrenzte Möglichkeiten zur natürlichen Fellpflege habe. Bei ihnen ist eine tägliche Fellmassage erforderlich.

Im Frühjahr, wenn der Haarwechsel einsetzt, sollte man auch die robust gehaltenen Pferde stärker putzen, um dem verstärkten Scheuerdrang zuvorzukommen und – je nach Witterung und Gebrauchszweck – den Haarwechsel zu beschleunigen. Scheuern sich einzelne Pferde besonders intensiv, sollte nach Anweisung des Tierarztes der gesamte Pferdebestand zunächst mit einem Parasitenbekämpfungsmittel behandelt werden (z. B. Waschungen mit Alugan). Möglicherweise zeigen sich auch Symptome des Sommerekzems, so daß hiergegen gezielt behandelt werden muß. Übertriebenes Scheuern der Schweifrübe kann auch auf Darmparasiten zurückzuführen sein.

Nicht erforderlich und in jedem Fall zu vermeiden ist das Beschneiden der Fesselbeharrung, der Schweifglocke und des Stirnschopfes. Diese Haare sind keinesfalls überflüssig, sondern eine Schutzeinrichtung der Natur, um Nässeeinwirkung vorzubeugen. Der Stirn-

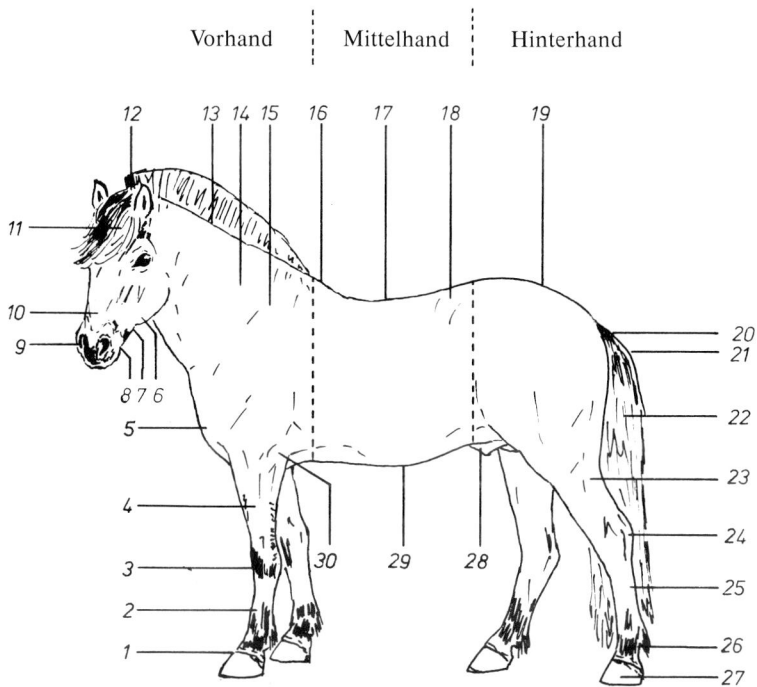

Vorhand | Mittelhand | Hinterhand

Abb. 73: Die wichtigsten Körperteile des Pferdes

1) Kronrand	9) Nüstern	17) Rücken	25) Hinterröhre
2) Vorderröhre	10) Nasenrücken	18) Nierengegend	26) Fessel
3) Vorderfußwurzel	11) Stirn	19) Kruppe	27) Huf
4) Unterarm	12) Genick	20) Schweifrübe	28) Euter/Schlauch
5) Brust	13) Mähnenkamm	21) Schweifglocke	29) Bauch
6) Ganaschen	14) Hals	22) Schweif	30) Ellenbogen
7) Backe	15) Schulter	23) Unterschenkel	
8) Kinngrube	16) Widerrist	24) Sprunggelenk	

schopf hat zudem die Aufgabe, im Sommer die Augen vor Fliegen zu schützen. Nur in wirklichen Ausnahmefällen kann ein Stirnschopf das Gesichtsfeld des Pferdes beeinträchtigen.

Schweif- und Mähnenhaare werden nicht zu kräftig mit dem Mähnenkamm oder der Kardätsche (Bürste) gesäubert und, falls notwendig, mit einem speziellen Pferdeshampoo gewaschen und mit der Hand verlesen.

Fjordpferde erhalten üblicherweise einen Mähnenschnitt, der ihnen ein wildpferdartiges Aussehen verleiht. Unbedingt notwendig ist dieser Schnitt nicht, da auch die Mähne des Fjordpferdes nach längerer Wachstumszeit »kippt« und lang getragen werden kann.

Im Sommer sind Pferde auch für eine »Ganzwäsche« mit klarem Wasser dankbar. Die Nierenpartie wird dabei aber niemals mit kaltem Wasser abgespritzt, sondern nur kurzzeitig abgeschwammt und anschließend abgetrocknet. Die meisten Robusten quittieren die so erlangte Reinlichkeit anschließend mit ausgeprägtem Wälzen, möglichst im dicksten Staub!

Zusammengefaßt sind folgende Punkte für die Putz- und Pflegetechnik wichtig:

● Mit dem Gummi- oder Plastikstriegel den groben Schmutz entfernen, ansonsten mit der Kardätsche von Kopf bis Schweif bürsten.

● Empfindliche Körperpartien, die durch Weichteile nicht geschützt sind (Kopf, Beine), nur mit der Kardätsche bzw. einem nassen Schwamm säubern.

● Augenpartie, Nüstern und Schamgegend mit dem Schwamm reinigen.

● Vor dem Reiten oder Fahren: Hufe reinigen, Beschlag kontrollieren, putzen – dabei das Pferd auf Verletzungen untersuchen.

● Im Gelände: Hufe und Beschlag ab und zu kontrollieren (eingeklemmte Fremdkörper).

● Nach dem Reiten oder Fahren: Hufe reinigen, Beschlag kontrollieren, auf Verletzungen untersuchen; im Sommer: Beine, Sattel- bzw. Geschirrlage abschwammen und abtrocknen, wälzen lassen; im Winter: kurzes Abbürsten der Sattel- bzw. Geschirrlage, Pferd trocken werden lassen, wälzen lassen.

Robustpferde genießen das Putzen als willkommene Massage. Auch der Pferdehalter hat hierbei die Möglichkeit, sein Pferd in Ruhe kennenzulernen, sein Vertrauen zu erwerben und mit ihm Kontakt zu pflegen.

Die Hufpflege

Der Huf des Pferdes »lebt«, er ist kein toter Hornklumpen. Er besteht nur zu einem geringen Teil aus unempfindlichem Horn, der äußeren Hornwand. Nur in diese schmale Hornwand treibt der Schmied die Hufnägel zur Befestigung des Hufeisens. Die übrigen Teile des Hufes sind sehr empfindlich. Krone, Ballen, Hufsohle und Strahl müssen deshalb vor Verletzungen bewahrt und stets kontrolliert werden. Der Strahl erfüllt die Funktion eines Schutzkissens für das Hufgelenk. Die inneren Teile des Hufes sind: Strahlkissen, Huflederhaut, Hufbein, Kronbein.

Häufig hört man von Erkrankungen der Bewegungsorgane bei Pferden. Insbesondere Sehnenschäden, Gelenkschäden, Lahmheiten und Strahlfäule treten dann auf, wenn die Hufpflege vernachlässigt wird. Die regelmäßig und sachkundig durchgeführte Hufpflege ist deshalb Voraussetzung sowohl für die Gesunderhaltung als auch für die Verwendungsfähigkeit des Pferdes.

Unterschieden werden muß zwischen der Hufpflege durch den Pferdehalter selbst und der Hufpflege durch den Hufschmied. Der Pferdehalter selbst sollte

● so oft wie möglich die Hufe mit dem Hufkratzer auskratzen, nach dem Hufeheben das Pferd belohnen;

● einmal wöchentlich die Hufe gründlich reinigen, Hufsohle und Strahl mit Holzkohlenteer bestreichen, den Kronrand mit Huffett einfetten;

● spröde, leicht bröckelnde Hufe mit Wasser anfeuchten sowie evtl. Biotin zufüttern und

● weiche Hufe möglichst trocken halten.

Der Hufschmied besorgt das Beraspeln und Ausschneiden der Hufe sowie den Beschlag. Selbst wenn in Einzelfällen ein Hufbeschlag nicht erforderlich sein sollte, wird man ohne die Hilfe des Fachmannes nicht zurechtkommen, denn auch das Hufausschneiden kann ebensowenig ohne jahrelange Übung und Anleitung ausgeführt werden wie das Aufnageln der Eisen.

Das Beraspeln und Ausschneiden der Hufe ist notwendig, weil die äußere Hornwand des Hufes von der Krone abwärts in einigen Wochen ein gehöriges Stück wächst; Strahl und Sohle bilden ebenfalls neues Horn. Alte Hornteile werden durch das Ausschneiden entfernt. Eine häufig zu beobachtende Unart ist das zu starke Beschneiden des Strahls aus Gründen der Optik. Es sollen lediglich lose Hornteile abgeschnitten werden. Gleiches gilt auch für die Hufsohle; sie ist so dick wie eben möglich zu belassen, da Hufgeschwüre durch Steinchen usw. sonst vorprogrammiert sind.

Da Pferde, die wenig gearbeitet werden und sich überwiegend auf der Weide aufhalten, bei weitem nicht die täglichen Wegstrecken des Wildpferdes zurückzulegen haben, nutzt das Hufhorn auf natürliche Weise nicht genügend oder nur unregelmäßig ab. Zu lange Hufe verändern aber die Gliedmaßenstellung und überlasten die Sehnen. Hier muß der Schmied alle 7–10 Wochen die Hufe beraspeln sowie Sohle und Strahl von abgestorbenem Horn freimachen.

Robustpferde, die regelmäßig geritten oder gefahren werden, sollten beschlagen werden, da bei ihnen die Hufe ohne Beschlag zu stark abnutzen würden. Unter den Hufeisen kann das Hufhorn ungestört wachsen, weshalb bei beschlagenen Pferden nach 6–8 Wochen die Eisen abgenommen werden sollten. Die Hufe werden danach beraspelt und ausge-

schnitten wie bei unbeschlagenen Pferden. Je nach Abnutzungsgrad verwendet man die Hufeisen zweimal.

In den weitaus meisten Fällen kommt der Hufschmied heute mit einer transportablen Feldschmiede zum Pferd, früher war es umgekehrt. An Kosten entstehen je Rundbeschlag etwa 100 DM. Das kann örtlich verschieden sein und hängt mit der Nachfrage und der Leistung im Einzelfall zusammen. Ein guter Hufbeschlag ist harte und präzise Handwerksarbeit, die man dem geprüften Fachmann überlassen sollte.

Gibt ein Pferd normalerweise die Hufe willig her, dann wird es auch beim Beschlagen kaum Schwierigkeiten machen, es sei denn, daß es schlechte Erfahrungen gemacht hat. In einem solchen Fall sollte nicht gleich zu Zwangsmitteln gegriffen, sondern mit viel Ruhe und einem guten Aufhalter der Beschlag versucht werden. Wichtig ist, daß jeglicher Beschlag – auch bei an sich schmiedefrommen Pferden – nur durch einen ruhigen Schmied ausgeführt wird und der Pferdebesitzer bzw. die Bezugsperson des Pferdes anwesend ist. Zur Ausübung des Hufschmiedehandwerks gehört neben der Fachkunde sicher auch eine Portion Beherztheit. Der Hufschmied muß zupacken können, muß gegenüber dem Pferd Sicherheit ausstrahlen. Hektik oder Rohheit haben nichts mit Beherztheit gemeinsam, weshalb man Hufschmieden, die sich so gebährden, seine Pferde besser nicht anvertraut.

Die Gesundheitsvorsorge

Mit dem Begriff »Robustpferd« sind die Eigenschaften Härte, Ausdauer, Naturnähe und nicht zuletzt gute gesundheitli-

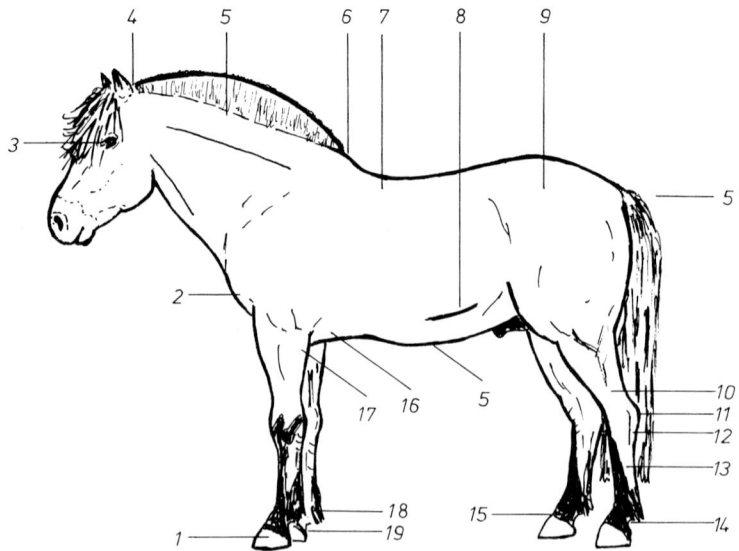

Abb. 74: Die häufigsten Verletzungen und Krankheiten

1) Hufrehe	6) Widerristfistel	10) Gallen	15) Kronentritt
2) Geschirrdruck	7) Sattel- oder	11) Piephacke	16) Gurtdruck
3) Grauer Star	Geschirrdruck	12) Hasenhacke	17) Stollbeule
4) Genickbeule	8) Dampfrinne	13) Sehnenzerrungen	18) Fesselgallen
5) Sommerekzem	9) Kreuzschwäche	14) Mauke	19) Ballentritt

che Konstitution verbunden. In der Tat sind die naturnah gehaltenen Ponyrassen gegen Krankheiten viel weniger anfällig als traditionell gehaltene Stallpferde. Naturnahe Haltung ist demnach bereits die wichtigste Vorsorgemaßnahme zur Verhütung der verschiedensten Erkrankungen, insbesondere solcher der Atmungsorgane (wenn nicht verdrecktes Heu gefüttert wird, das chronische Allergien auslösen kann). Verletzungen und Krankheiten lassen sich allerdings, auch bei optimaler Robusthaltung, nie ganz ausschließen. Der Pferdehalter sollte deshalb seine Pferde stets genau beobachten, ihr Normalverhalten kennen und Verhaltensänderungen einzuordnen wissen, um so die ersten Anzeichen einer beginnenden Erkrankung erkennen zu können. Es reicht, wenn er den Eindruck hat, daß mit seinem Pferd etwas nicht in Ordnung ist – etwas Erfahrung gehört selbstverständlich dazu. Für die genaue Diagnose und die Behandlung ist dann der Tierarzt zuständig. Von ihm erhält er auch die erforderlichen Medikamente.

Das Studium der einschlägigen Literatur über Pferdekrankheiten ist empfehlenswert, damit man einen Überblick über mögliche Symptome der unterschiedlichsten Gesundheitsstörungen und ein Grundwissen über Erste-Hilfe-Maßnahmen erhält.

Allgemeine Merkmale für das Verhalten und den Gesundheitszustand des gesunden bzw. erkrankten Pferdes sind:

Gesundes Pferd	*Krankes Pferd*
● ist aufmerksam	● ist apathisch
● zeigt lebhaftes Ohrenspiel	● zeigt wenig Reaktion
● hat ein klares, offenes Auge	● hat einen getrübten Blick
● zeigt gewohntes Temperament	● ist unruhig, scharrt übermäßig viel mit den Vorderhufen, schwitzt und stöhnt
● hat trockene Nüstern, blaßrote Schleimhäute	● hat Ausfluß, gerötete Schleimhäute
● belastet alle vier Beine gleichmäßig, hat kühle Beine	● schont häufig ein Bein, lahmt, legt sich ungewöhnlich oft und lange nieder
● hat glattes Haar	● hat rauhes, struppiges Haar
● frißt normal, kaut gut	● verweigert das Futter, kaut vorsichtig und läßt gekautes Futter teilweise aus dem Maul fallen
● setzt gut geballten Kot ab, stallt alle 2–3 Stunden, Urinfarbe gelblich-trüb	● setzt breiigen Kot ab, hat Schwierigkeiten zu stallen, Urinfarbe dunkel
● hat eine Körpertemperatur zwischen 37,5° und 38,2° Celsius (Normaltemperatur bei Fohlen bis 39° C)	● hat eine Körpertemperatur, die nach oben oder unten von den Normalwerten (Ruhewerten) abweicht
● macht 10 bis 16 Atemzüge je Minute, ohne Nebengeräusche	● zeigt beschleunigte Atmung, Nebengeräusche
● hat 30 bis 44 Pulsschläge/Herzschläge je Minute, regelmäßig und kräftig, Fohlen bis zu 60 Pulsschläge	● hat beschleunigten, schwachen Pulsschlag

Bei Vorliegen einer Gesundheitsstörung müssen selbstverständlich nicht alle aufgeführten Merkmale gleichzeitig auftreten. Lahmt ein Pferd z.B., dann wird es normalerweise nicht zwangsläufig auch das Futter verweigern usw.

Körpertemperatur, Atemfrequenz und Pulsschlag geben – genau wie beim Menschen – wichtige Hinweise auf den Gesundheitszustand. Die in der Gegenüberstellung angegebenen Werte für gesunde Pferde sind Ruhewerte. Während der Arbeit und auch nach der Arbeit ergeben sich höhere Werte, die sich jedoch beim gesunden Pferd spätestens nach einer Stunde Ruhe wieder auf den Normalstand einpendeln. Die Normalwerte seines Pferdes sollte man sich notieren, um Abweichungen dann später hiermit vergleichen zu können. Diese Untersuchungen kann der Pferdehalter selbst vornehmen. Er mißt die Körpertemperatur zwei bis drei Minuten lang mit einem Fieberthermometer im After des Pferdes (Thermometer abschlagen). Vorher fettet man das Fieberthermometer mit Vaseline ein (notfalls hilft auch Speichel) und befestigt am Ende eine Schnur. So kann es ohne Schwierigkeiten wieder herausgezogen werden. Die Schweifrübe hält man während der Messung zur Seite, damit das Pferd sie nicht einklemmt. Bei einem unruhigen Pferd sollte ein Helfer den Vorderhuf heben, so steht es dann ruhiger. Tierärzte benutzen ein Spezialthermometer, das in Sekundenschnelle die Temperatur anzeigt.

Die Anzahl der Atemzüge läßt sich an den Bewegungen der Nüstern und der Flanken abzählen. Um die Pulsschläge abzählen zu können, legt man Zeige-und Mittelfinger leicht auf die Kieferarterie des Pferdes. Die Kieferarterie spürt man an der Innenseite des knöchernen Unterkiefers unterhalb der Ganaschen. Auch unterhalb der Schweifrübe kann der Puls gefühlt werden.

Da Robustpferde überwiegend auf der Weide gehalten werden, ist die Infizierung mit Magen- und Darmparasiten besonders stark. Auch bei Aufstallung wird sich trotz aller Hygiene der Befall mit Parasiten nie ganz verhindern lassen. Nimmt die Verseuchung sehr stark zu, dann sind gravierende, bleibende Gesundheitsschäden zwangsläufig die Folge. Tödlich verlaufende Wurmkoliken sind leider nach Berichten verschiedener Tierärzte keine Seltenheit. Die Bekämpfung der Parasiten darf deshalb nicht erst dann beginnen, wenn das Pferd rein äußerlich durch Abmagerung, struppiges Fell oder Trägheit als verwurmt anzusehen ist, sondern muß vorbeugend durchgeführt werden. Mit Hilfe regelmäßiger Wurmkuren kann der Parasitenbefall verhältnismäßig niedrig gehalten werden. Unterstützende Maßnahmen sind gute Weide- und Stallhygiene (regelmäßiges Entfernen des Kotes).

Sicherheitshalber sollten alle Pferde eines Bestandes zur selben Zeit entwurmt werden. Der Tierarzt verordnet die Medikamente hierzu und wird auch im Einzelfall anhand einer Kotprobe Art und Grad der Verwurmung feststellen.

Fohlen sollten erstmals mit 10 Tagen einer Wurmbehandlung unterzogen werden; anschließend sind im ersten Lebensjahr noch weitere 4-5 Behandlungen – jeweils im Abstand von zwei Monaten – erforderlich. Jährlinge und alle anderen Robustpferde müssen mindestens dreimal jährlich entwurmt werden, und zwar

● im April/Mai – vor dem Weideauftrieb – gegen Spulwürmer (Ascariden), Blutwürmer (Strongyliden) und Pfriemenschwänze (Oxyuren),

● im Oktober – nach dem Weidegang – gegen Spulwürmer, Blutwürmer, Pfriemenschwänze und

● im Dezember, evtl. schon Ende Oktober, zusätzlich gegen Magenbremsen (Gastrophiluslarven).

Bei stark verseuchten Weiden und zur Sanierung bei Blutwurmbefall sollten regelmäßig Kotuntersuchungen durch den Tierarzt und bis zu sechs Behandlungen jährlich durchgeführt werden.

Die Wurmmittel werden, wenn sie pelletiert sind, im Gemisch mit Kraftfutter verabreicht. Die sicherste Methode, das Medikament in den Pferdemagen zu bekommen, ist die Verabreichung durch den Tierarzt mit der Magenschlundsonde. Diese Methode ist aber umständlich und für das Pferd unangenehm, deshalb sollte sie nur bei Pferden angewendet werden, die das Futter-/Medikamentgemisch absolut nicht fressen wollen. Einfacher und ebenfalls ziemlich sicher ist die Verabreichung mit einer Pastenpistole. Die meisten Hersteller sind dazu übergegangen, Wurmmittel in einem Einwegdosierer aus Kunststoff anzubieten. Damit wird das Wurmmittel dem Patienten bei hochgedrücktem Kopf durch die Maulspalte auf den Zungenhals gespritzt, so daß es abgeschluckt werden kann.

Bei der Entwurmung der Fohlen muß ein Medikament verwendet werden, dessen Wirkungsbereich sich auch auf Zwergfadenwürmer (Strongyloiden) erstreckt, denn Zwergfadenwürmer treten vorwiegend bei Fohlen auf. Je Wurmkur entstehen an Kosten etwa 30 DM. Genau wie bei der Hufpflege darf bei der Parasitenbekämpfung nicht gespart werden.

Weitere vorbeugende Gesundheitsmaßnahmen sind die jährliche Zahnkontrolle und verschiedene Schutzimpfungen. Stellt der Tierarzt bei der Untersuchung der Zähne Haken fest, werden diese abgeraspelt. Zahnhaken entstehen durch mangelnde Kauarbeit. Sie führen – läßt man sie unbehandelt – zu Schleimhautverletzungen und Verdauungsstörungen.

Aktiv geimpft werden sollten alle Robustpferde gegen Wundstarrkrampf (Tetanus) und Virushusten (Pferdeinfluenza). Im ersten Jahr ist eine zweimalige Impfung im Abstand von sechs Wochen notwendig, davon die erste im Februar. Die dann folgenden jährlichen Nachimpfungen werden im März vorgenommen. Bewährt hat sich hierfür der Kombinationsimpfstoff Prevacun-T, mit dem gleichzeitig gegen Tetanus und Influenza immunisiert wird. Bei akuten Verletzungen sollte erneut gegen Tetanus geimpft werden. Zur Zucht eingesetzte Stuten erhalten eine Impfung gegen Virus-Abort, Fohlen werden gegen Fohlenlähme geimpft. In gefährdeten Gegenden ist zusätzlich für alle Pferde eine Schutzimpfung gegen Tollwut erforderlich.

Bereits im Kapitel Pferdekauf wurde kurz auf das sogenannte Sommerekzem hingewiesen. Besonders die robusten Ponyrassen werden von dieser Hautkrankheit befallen. Nach den Feststellungen und Schätzungen des Verfassers sind etwa 20 % der Islandpferde, 6 % der Fjordpferde und 2% der Haflinger von dieser jährlich wiederkehrenden Hautkrankheit betroffen.

Fälschlicherweise wird das Sommerekzem gelegentlich als Räude bezeichnet. Räude aber wird durch Milben hervorgerufen – die Ursachen für das Auftreten des Sommerekzems und eine erfolgreiche Therapie sind noch nicht umfassend erforscht. Bisher gilt als gesichert, daß Umweltfaktoren (Fütterung, Klima, Mangelerscheinungen, Kriebelmücken u. ä.) zusammen mit einer individuellen Disposition des Robustpferdes die allergische Reaktion in Form des Sommerekzems hervorrufen. Importierte Pferde aus nördlichen Gegenden (Island, Norwegen) scheinen besonders anfällig zu sein. Da die Anlage zum Sommerekzem vererbt wird, muß vor der Zucht mit entsprechenden Pferden gewarnt werden. Fest steht, daß diese Krankheit keinesfalls ansteckend ist.

Das Ekzem tritt nur in der warmen Jahreszeit auf und verschwindet im Winter. Von Ende April bis in den Spätherbst hinein zeigen sich hauptsächlich am Mähnenkamm, auf der Kruppe, an der

Schweifrübe, auf der Stirn, unter dem Bauch und, weniger häufig, in der Sattellage stark juckende Knötchen oder Bläschen. Die Tiere scheuern sich sehr stark und verlieren dadurch oft sämtliches Mähnen- und Schweifhaar. Durch das ständige Scheuern entstehen Hautwunden, die schlecht heilen. Nimmt man den Tieren jegliche Scheuermöglichkeit, so beginnen sie, sich ständig zu wälzen.

Für die Behandlung des Sommerekzems gibt es kein Patentrezept. Erfolgreich ist allenfalls die antiallergische Behandlung durch den Tierarzt mit Volon-A-40-Einspritzungen. Auch Therapien aus dem Bereich der Naturheilkunde, Eigenblutinjektionen u. ä., können im Einzelfall zumindest vorübergehend erfolgreich sein. Man spreche mit den Fachleuten. Die Volon-Behandlung ist nicht unproblematisch, da unerwünschte Nebenwirkungen, z. B. Nebennierenrindenschäden und Störungen der Trächtigkeit bei Stuten, nicht auszuschließen sind.

In den letzten Jahren ist viel experimentiert worden. Mit den bisher ausprobierten Mitteln konnten allerdings nur lindernde Wirkungen (bei erheblichem Pflegeaufwand) erzielt werden. Der Aufwand für einen Ekzemler kann für das Sommerhalbjahr mit 500–600 DM veranschlagt werden (Einreibmittel, Fliegenlotion, Zusatzkosten für die Aufstallung etc.), wenn das Pferd einigermaßen ohne Qualen gehalten werden soll. Nach dem augenblicklichen Stand kann nur empfohlen werden, die individuelle Behandlung mit dem Tierarzt abzusprechen. Scheiden Injektionen aus, kann eine Linderung z. B. so erreicht werden:

● zunächst im April/Mai den gesamten Pferdekörper zweimal mit Alugan oder Hexagal waschen, um Läuse, Milben und sonstiges Ungeziefer auszumerzen;

● dann – evtl. mehrmals täglich – den gesamten Pferdekörper mit Fliegenlotion kräftig einreiben (hauptsächlich in der insektenreichen Zeit);

● akute Scheuerstellen mit Penochron, Killitch, Triplexan, Neguvon, Dermakulin, Stulln 701, Pixaterra, Aegidienberger Emulsion o. ä. einreiben; Mittel in die Haut einreiben, da sonst zwecklos (hieran darf nie gespart werden!);

● möglichst nur nachts weiden lassen und tagsüber aufstallen; niemals nachts auf Niederungsweiden unterbringen, die an Bachläufe oder Tümpel grenzen, da dort in den Abendstunden die Mückenplage extrem zunimmt und für einen Ekzemler zur Qual wird!

Weidebewirtschaftung

Nutzung, Pflege und Düngung von Weiden

Die Erfahrung lehrt, daß Robustpferdehalter nur selten über größere Weideflächen (also pro Pferd mehr als 2 Morgen Weideland) verfügen. Je kleiner aber die Weidefläche ist, desto intensiver muß sie bewirtschaftet und gepflegt werden. Die Ursachen hierfür liegen im Weideverhalten des Pferdes: Mit seinen Zangen beißt das Pferd die Pflanzen ziemlich tief ab und schädigt, da es beim Fressen ständig in Bewegung ist, durch seine Huftritte die Grasnarbe. Kleine Flächen werden dadurch sehr schnell als Weide wertlos, sofern keine Umtriebsmöglichkeit besteht. Hinzu kommt noch, daß durch ständiges Kot- und Urinabsetzen (einschließlich Ausscheidung von Wurmeiern und -larven) auf der Weide sogenannte Geilstellen entstehen, an denen zwar Gras und Unkraut üppig wuchern, die das Pferd allerdings meidet.

Hält man nun Pferde ständig auf einer kleinen Fläche, die gar nicht oder falsch gepflegt wird, so sind sie am Ende aus Futtermangel gezwungen, die Geilstellen abzuweiden und bei radikal abgeweideter Fläche auch die Pflanzenwurzeln anzuknabbern. Eine solche Weideführung ist nicht nur unhygienisch, weil sie die Verwurmung übermäßig fördert, sondern führt in der Folgezeit auch zu minderem Ertrag, der den Nährstoffbedarf nicht mehr zu decken vermag.

Für die Bewirtschaftung relativ kleiner Weideflächen, die einseitig durch Pferde beweidet werden, haben sich in der Praxis folgende Grundsätze bewährt:
Normalfläche (etwa 4 Morgen für zwei Pferde, deckt je nach Bewuchs auch den Winterbedarf an Heu):
● Einteilung der Weide in 10 Koppeln.
● Im jährlichen Wechsel nur 5 Koppeln beweiden lassen, Umtrieb stets spätestens nach 5 Tagen. Die restlichen 5 Koppeln werden im Schonungsjahr nur zur Heugewinnung gemäht. Je nach der Vegetation und dem Bedarf können nach dem 1. Heuschnitt zwei weitere Koppeln ab Juli zum Umtrieb mitbenutzt werden, so daß in diesem Fall nur 3 Koppeln absolut »pferdefrei« bleiben.
● Spätestens nach dem Umtrieb in die nächste Koppel (am 5. Tag) Kot absammeln, da dieser erst nach 12-monatiger Kompostierung als Dung für Pferdeweiden geeignet ist. Durch die Kompostierung werden die im Kot enthaltenen Wurmeier abgetötet.
● Nach dem Umtrieb ferner
– Geilstellen mit Sense oder besser noch die gesamte Koppel mit dem Balkenmäher abmähen und das abgemähte Gras entfernen (für Pferde auch als Heu ungeeignet),
– Unkräuter mähen oder ausstechen und entfernen,
– nachdüngen (Kompost, Algomin – kein Volldünger, da dieser Dünger zu stickstoffhaltig ist, Geilstellen evtl. mit Thomasphosphat bestreuen und wenn möglich von der übrigen Düngung aussparen).

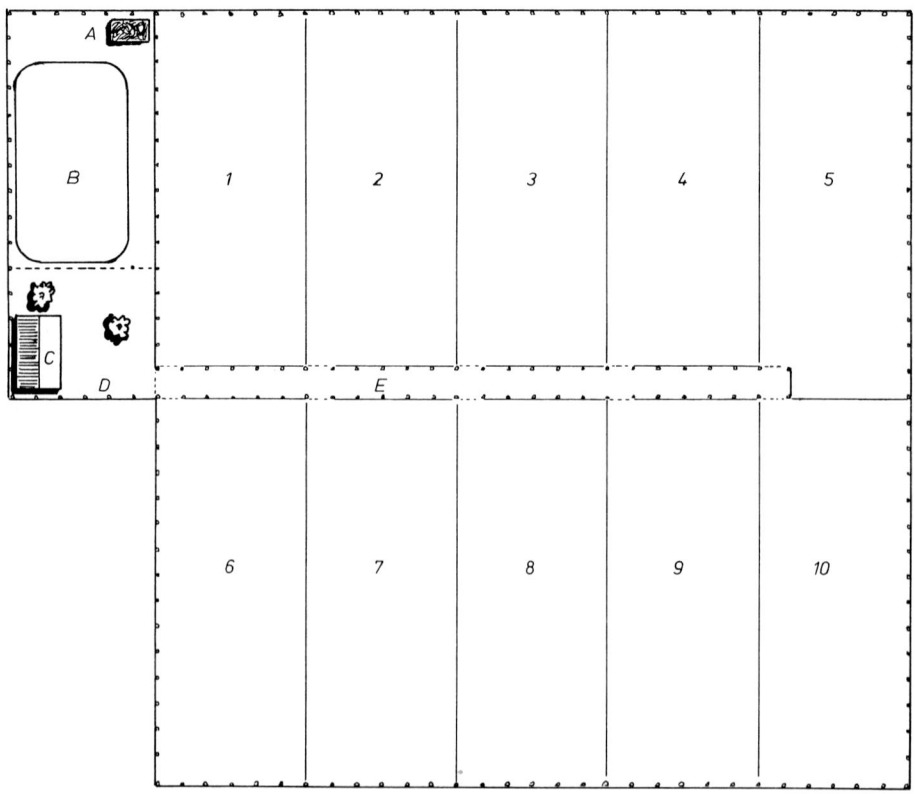

Abb. 75: Weideeinteilung (Modell)

1–10 Koppelweiden (je rd. 1.000 m² groß)   *C) Stall*
A) Mist-/Komposthaufen   *D) Sommerauslauf*
B) Reitbahn und Winterauslauf   *E) Verbindungs-/Wirtschaftsweg*

Tabelle 20: Jährlicher Nutzungswechsel der Koppelweiden (Beispiel zu Abb. 75)					
Nutzung	*Jahr X*	*Jahr X + 1*	*Jahr X + 2*	*Jahr X + 3*	*Jahr X + 4*
			Koppel		
Beweidung	1 – 5	6 – 10	1 – 5	6 – 10	1 – 5
Heuen + Beweiden	6, 7	1, 2	9, 10	4, 5	6, 7
Nur Heuen	8, 9, 10	3, 4, 5	6, 7, 8	1, 2, 3	8, 9, 10

Kleine Weidefläche (etwa 2 Morgen für 2 Pferde, deckt nur den Sommerbedarf):
● Einteilung der Weide in 5 Koppeln.
● Beweidung je Koppel 5 Tage, danach Umtrieb. Übrige Koppeln haben jeweils etwa 3 Wochen »Schonzeit«.
● Falls keine Einteilung in feste Koppeln vorgenommen werden kann, innerhalb der Gesamtweide mit Elektrozaun sogenannte Portionsweiden abstecken; Elektrozaun nach 5 Tagen versetzen, bei kleinen Portionsweiden entsprechend früher.
● Regelmäßig Kot absammeln, Geilstellen und Unkräuter ausmähen, nachdüngen.

Vor der Weideperiode wird es häufig erforderlich sein, die Weiden abzuschleppen, um Maulwurfshügel einzuebnen. Dies geschieht entweder mit Traktor und Walze oder bei eingefleischten Robustpferdehaltern mit dem eigenen Gespann und einer Wiesenegge.

Besondere Beachtung verdient – neben allen Pflegemaßnahmen – die *Düngung* der Pferdeweiden. Ähnlich wie bei der Fütterung gibt es auch hier keine generell empfehlenswerten Normen. Der Ertrag der Weiden hängt indes von einer optimalen Düngung ab, denn alle Nährstoffe, die beim Wachstum der Pflanzen dem Boden entzogen werden, müssen ersetzt werden, damit das Bodenleben nicht verarmt. Gravierende Düngefehler wirken sich zunächst auf die botanische Zusammensetzung des Bewuchses aus und führen letztlich zu Mangelerkrankungen der Pferde.

Wer sehr genau – und wirtschaftlich – düngen will, kommt nicht umhin, zu Beginn des Frühjahrs eine Landwirtschaftsschule in seiner Umgebung mit der Analyse verschiedener Bodenproben zu beauftragen. Anhand des Untersuchungsergebnisses kann dann gezielt gedüngt werden.

Von vielen Pferdehaltern wird seit einigen Jahren mit Erfolg die biologische Düngung praktiziert, bei deren Anwendung weitestgehend auf Mineraldünger verzichtet werden kann. Diese Düngung hat für Pferdeweiden den Vorteil, daß sie besonders die Untergräser im Wachstum und in der Verbreitung fördert, weniger das mengenmäßige Wachstum der Obergräser.

Neben Stalldungkompost wird zur biologischen Düngung meist Algenkalk mit 15 % Phosporsäure (Algenphosphat) verwendet. Die Bedarfsmengen sind unterschiedlich, für einen Hektar Weideland dürften im Durchschnitt 50–60 dz Kompost und 7–8 dz Algenphosphat jährlich ausreichen. Einen großen Teil des Stalldungkompostes verteilt man am bequemsten mit Traktor und Düngerstreuer im Frühjahr, gleiches gilt für den Algenphosphatdünger. Der restliche Teil wird entweder im Laufe des Sommers – jeweils nach dem Umtrieb – oder nach Beendigung der Weideperiode ausgestreut. Stalldungkompost (Kuhdung) erwirbt man von einem Landwirt, der vielleicht den Pferdemist dafür »in Zahlung« nimmt.

Nicht gedüngt werden darf die Pferdeweide mit Jauche, Exkrementen aus der Massentierhaltung (Hühner, Puten, Schweine), Hornmehl, Blutmehl, Klärschlamm oder Müllkompost. Verwendet man Mineraldünger, müssen Karenzzeiten für die Beweidung der gedüngten Flächen eingehalten werden (nach Stickstoffdünger 3 Wochen; je nach den Witterungsverhältnissen kann bei Trockenheit auch eine längere Wartezeit erforderlich sein). Eine stark strapazierte

Pferdeweide zeigt nach 2–3 Jahren häufig starken Weißkleebewuchs. Hier sollte nicht mit Spritzmitteln vorgegangen, sondern evtl. mit Kalkstickstoff gedüngt werden, der zu Lasten des Klees den Graswuchs fördert.

Abbildung 75 zeigt, wie eine Weideanlage im Idealfall aussehen könnte.

Die Heuernte

Aus Gründen der Weidepflege, zusätzlich wegen ständig steigender Heupreise und aus Freude an selbst geerntetem Winterfutter wird der Robustpferdehalter jährlich im Juni einen Teil seiner Koppeln heuen. Das Gras sollte am besten kurz vor der Blüte gemäht werden. Es bleibt zunächst für einige Tage am Boden liegen, wird täglich gewendet und von Sonne und Wind getrocknet. Bei günstiger Witterung mit hohen Verdunstungsraten und regelmäßigem Wenden kann es am 4. Tag eingefahren werden. Je nach Bewuchs erntet man von einem Morgen Weideland 10–15 dz Heu, bei starker Stickstoffdüngung mehr, in mageren, trockenen Jahren auch erheblich weniger. Kleinere Flächen mäht man mit Sense oder Balkenmäher und wendet das Heu mit dem Rechen. Auf mittleren oder auch größeren Flächen (ab 15 ar) verrichtet man die anfallenden Arbeiten entweder mit dem eigenen Gespann oder beauftragt einen Lohnunternehmer, der mit seinen Maschinen die Arbeiten weniger zeitraubend gegen Bezahlung verrichtet. Für die Arbeit mit dem eigenen Gespann benötigt man spezielle Geräte (z. B. Einspänner-Heuwender und Flachwagen). Soll das Heu in platzsparende Hochdruckballen gepreßt werden, wird in jedem Fall der Einsatz eines Traktors mit Ballenpresse erforderlich.

Neben der üblichen Bodentrocknung bietet sich für den Robustpferdehalter mit kleinen Heuflächen die Reutertrocknung an (Aufpacken des Grases auf Holzgerüste oder Spanndrähte). Die Reutertrocknung ist zwar sehr arbeitsintensiv, hat aber den Vorteil, stets bessere Heuqualitäten zu liefern als die Bodentrocknung. Durch mechanische Einwirkung (z. B. Heuwenden) entstehen bei der Bodentrocknung unter den eiweiß- und mineralstoffreichen Blattbestandteilen regelmäßig Bröckelverluste. Bei der Reutertrocknung halten sich die Bröckelverluste in Grenzen. Nach Niederschlägen wirken sich bei der Bodentrocknung Auswaschungen bei Proteinen, Mineralien und Vitaminen stark qualitätsmindernd aus. Bei der Reutertrocknung treten Auswaschungsverluste erst nach mehrmaligen, stärkeren Regenfällen ein. Diese Art der Trocknung ist deshalb im Hinblick auf wechselnde Wetterlagen risikoloser.

Zucht und Ausbildung

Die wesentlichen Zuchtgrundlagen

Im Rahmen dieses Kapitels können nicht alle Einzelheiten des erfolgreichen Züchtens dargestellt werden. Besprochen werden sollen vielmehr die grundsätzlichen Faktoren.

Erfolgreiches Züchten ist eine große Kunst. Kunst kommt bekanntlich von Können und setzt Wissen, Erfahrung und Geschick voraus, wobei auch der Zufall, in diesem Zusammenhang das »Züchterglück«, nicht ganz ohne Bedeutung ist.

Die starke Ausbreitung der Ponyhaltung hat in den achziger Jahren auch die Zahl der Züchter von Ponys und Kleinpferden kräftig ansteigen lassen. Soweit es sich dabei um verantwortungsbewußte Menschen handelt, die hinsichtlich Sach- und Fachkenntnis, der Qualität des Zuchtmaterials und der räumlichen Verhältnisse gute Voraussetzungen mitbringen, sind solche Züchter ein Gewinn für die gesamte Ponyzucht und ihre Entwicklung. Beklagt werden muß allerdings, daß die Zahl der »Auch-Züchter«, besser »Vermehrer«, bei denen die wichtigsten Voraussetzungen fehlen, ebenfalls gestiegen ist, wenn auch in letzter Zeit eine gewisse Schrumpfung eingesetzt hat.

Ob die Basis für eine erfolgreiche Zucht gegeben ist, richtet sich danach, ob und wie ein Maximum der folgenden Grundvoraussetzungen erfüllt werden kann.

Persönliche Voraussetzungen:
● Umfassende Kenntnis
der Tierzuchtbestimmungen (Tierzuchtgesetz und Durchführungsverordnungen, Zuchtverbandwesen),
der Vererbungslehre,
der differenzierten Haltungserfordernisse für Zuchttiere und Fohlen (u. a. Fütterung, Gesundheitsvorsorge, Hygiene, Erste Hilfe),
der biologischen Abläufe (u. a. Rosse, Bedeckung, Geburt),
der Marktlage und
des Zuchtzieles der zu züchtenden Rasse.
● Gute Grundkenntnis
der Beurteilung von Zucht-, Gebrauchs- und Jungponys in Form und Bewegung,
der Verhaltenspsychologie und
der Zuchtziele anderer Ponyrassen.
● Häufige Teilnahme als Beobachter an regionalen und überregionalen Zuchtschauen (Vergleichsmöglichkeiten, Kontakt zur Zuchtleitung).
● Praktische Erfahrungen mit Ponys der zu züchtenden Rasse (Haltung, Umgang, Erziehung, Reiten und/oder Fahren).
● Konsequenter Charakter, ruhig, nicht cholerisch veranlagt; echter Tierfreund mit Einsatzfreude, genügend Zeit und Ausdauer; körperliche Fitness.
● Gesunde finanzielle Grundlage.

Räumliche Voraussetzungen:
● Ausreichendes Weideland (je Großponystute mit Fohlen rund 3 Morgen = 7500 m^2 zur Deckung des Sommer- und Winterbedarfs an Rauhfutter); Einzäu-

nung ausbruchsicher, aber ungefährlich (am besten geeignet sind Holzzäune kombiniert mit Elektroweidezaun; Stacheldraht ist lebensgefährlich und deshalb ungeeignet).

● Möglichkeit der getrennten Weidehaltung von Absatzfohlen (Fohlen brauchen Artgenossen und gedeihen am besten in Gemeinschaft).

● Ausreichender Stallraum (Offenstallungen sind für Zuchttiere besonders gut geeignet; Boxen müssen genügend groß sein bei viel Licht und Luft, Flächenbedarf z.B. für eine Großponystute mit Fohlen rund 14 m², breite, geteilte Türen).

● Trockene Ausläufe (rechteckig, also eher lang und schmal, damit genügend Bewegungsanreiz besteht; sichere Abtrennung/Unterteilung für mehrere Bestände – abgesetzte Fohlen/Stuten/Hengst).

Sonstiges:
● Transportmöglichkeit,
● Tierarzt und Schmied in erreichbarer Nähe und
● Nothelfer (Erkrankung des Züchters u.ä.).

Bei Vorliegen der genannten Voraussetzungen wird sich nun nicht automatisch das große Züchterglück einstellen. Bedacht werden muß z.B. auch, daß die Reinzucht, bei der nur Pferde gleicher Rassenzugehörigkeit miteinander gepaart werden, im allgemeinen sicherer und risikoärmer ist als die Kreuzungszucht, bei der die Zuchtprodukte sehr viel unsicherer vorherbestimmt werden können, weil mit Pferden unterschiedlicher Rassenzugehörigkeit gezüchtet wird. Die Zucht von Deutschen Reitponys oder Welsh-Partbred-Ponys ist aus diesem Grund besonders schwierig und deshalb erst recht kein Betätigungsfeld für Laien, sondern setzt besonders viel Erfahrung voraus.

Je nach Rasse, die man züchten will, wird die Marktlage unterschiedlich sein. Die Frage »Was wird aus meinen Fohlen?« muß vor jeder Zuchtplanung stehen. Konkret richtet sich die Beantwortung dieser Frage nach den räumlichen Verhältnissen, den Aufzucht- und Ausbildungsmöglichkeiten und nach der Qualität des zu erwartenden Zuchtproduktes.

Die Aussicht auf einen befriedigenden Lohn für das eingesetzte Kapital sowie die aufgewendete Zeit und Mühe wird jedenfalls nur dort gegeben sein, wo das Zuchtprodukt gut ist.

Ein sicheres Rezept, gar einen »Geheimtip«, gibt es nicht. Wohl kann man eines tun, nämlich beim Erwerb des Zuchtmaterials strengste Anforderungen gelten lassen. Mit Unterstützung der Zuchtverbände, dies ist in jedem Fall ratsam, wird man sicherlich geeignete Zuchtponys finden, die von überdurchschnittlicher oder mindestens durchschnittlicher Qualität sind. Ist beabsichtigt, mehrere Stuten zu kaufen, so empfiehlt es sich, lieber mit zwei sehr guten als mit vier durchschnittlichen Tieren zu züchten.

Die zu prüfenden Kriterien beim Kauf von Zuchttieren oder bei der Suche nach einem geeigneten Deckhengst für die eigene Stute sind:
● Form und Bewegung,
● Rassetypus,
● Abstammung (evtl. Nachzucht),
● Ausprägung des Geschlechtstyps (Stute: mütterlich in Ausdruck und Wesen; Hengst: kraftvoll mit viel Hengstausdruck),

● Charakter und Temperament (Umgänglichkeit),
● Konstitution (Gesundheit, Fruchtbarkeit, Futterverwertung, Robustheit),
● Rittigkeit (Ergebnisse einer Leistungsprüfung) und
● Prämierungsergebnisse/Wettbewerbsplazierungen.

Bei der Auswahl des geeigneten Deckhengstes wird man dazu die Paarungspartner individuell aufeinander abstimmen müssen. Ist die Stute z. B. im Fundament verhältnismäßig leicht und liegt an der Grenze des rassespezifisch Geforderten, so wird ein Hengst mit vergleichbar leichtem Fundament, der für kräftigere Stuten geeignet wäre, ausscheiden. Hier bedarf es des Fingerspitzengefühls, des Überblicks und der Erfahrung oder Beratung. Der bewußte Züchter wird deshalb auch nicht generell den entfernungsmäßig nächstliegenden Hengst zur Bedeckung wählen, sondern sich umsehen und auch einmal 100 km oder mehr mit dem Transporter zum besseren Hengst fahren.

Es ist im übrigen eine irrige Zwangsvorstellung mancher Ponyhalter, zu glauben, nur weil sie – mehr oder weniger zufällig – im Besitz einer Stute sind, müsse diese wenigstens einmal ein Fohlen bringen. Man gönne auch Stuten, vor allem unterdurchschnittlicher Zuchtqualität, ihren Platz als reinen Reitstuten.

Vielfach ist der vermeintliche Zwang zum Züchten ein Ausdruck mangelnder Kreativität in anderen Lebensbereichen. Das »Lieber-Gott-Spielen«, bei dem sich der Stutenbesitzer als »Schöpfer« versteht und nach 11 Monaten dann »sein« Produkt präsentiert, ist nichts weiter als unüberlegtes Vermehren. Die Produkte solcher Gelegenheitszüchter wachsen dann meist auch nicht in Fohlengemeinschaften auf. Sie werden entweder verpäppelt oder vernachlässigt, weil die Grundlagen natürlicher Aufzucht häufig fehlen. Ein Großteil solcher Fohlen landet per Anzeige (»Günstige Gelegenheit«) in welchen Händen auch immer. Hinzu kommt, daß durch Produkte von Gelegenheitszüchtern die Quantität des Ponymarktes zunimmt, in der Regel aber die Qualität abnimmt. Den ernsthaften Züchtern wird dadurch die Marktbasis teilweise entzogen, da sie zu »Schleuderpreisen« ihre qualitativ durchweg besseren Zuchtprodukte nicht anbieten können, der Käufer aber leider zu häufig lieber ein paar hundert Mark sparen will und Qualitätsvergleiche erst in zweiter Linie anstellt.

Erst in den Folgekosten zeigen sich vielfach schließlich die Unterschiede. So sind Ponys aus schlechter Aufzucht, billig eingekauft, letztlich teurer, weil die Folgekosten höher sein können. Aufzuchtmängel (Mangelerscheinungen, schlechte Knochensubstanz, Stellungsfehler, falsche Erziehung) mögen dann die Tierarzt- und Schmiedekosten sprunghaft erhöhen oder den Spaß und die Freude am Umgang mit dem Tier beeinträchtigen, möglicherweise die Gebrauchsfähigkeit einschränken. Bei normalen Folge-(Unterhaltungs-)kosten von gut 2000 DM jährlich für ein Großpony, an dem man etliche Jahre Freude haben will, sollte eine um 500 DM höhere Kaufsumme zu verschmerzen sein, wenn damit eine höhere Qualitätsgewähr verbunden ist.

Es mag der eine oder andere einwenden, daß er selbst oder ein Bekannter als Gelegenheitszüchter Erfolg hatte. Dem Verfasser fällt dazu aus der Ferne nur der alte Spruch ein: »Wer's Glück hat, dem

fohlt der Wallach!« oder Ausnahmen be-
stätigen auch hier die Regel.

Die Aufzucht von Fohlen

Haltung und Fütterung des Fohlens im
ersten Winter, also nach dem Absetzen
von der Mutter, entscheiden weitgehend
und nahezu unwiderruflich über seine
Entwicklung und Qualität als künftiges
Freizeitpferd. Was bei Absatzfohlen in
dieser Aufzuchtphase versäumt wird, ist
in den nachfolgenden Jahren nicht wiedergutzumachen!

Langjährige Züchter oder Aufzüchter
haben oft ihre eigenen »Rezepte«, die
sich auch bewährt haben mögen. Doch
ist nach Beobachtungen des Verfassers
die Zahl derjenigen nicht gering, die zu
starr an bestimmten einseitigen Fütte-
rungspraktiken oder Haltungsrelikten
festhalten.

Als _unverzichtbare_ Haltungsanforde-
rung (das ist leider nicht überall Praxis)
muß die _tägliche Bewegung an der frischen
Luft gelten,_ da nur dadurch Abhärtung,
Muskulatur- und Organentwicklung gefördert werden, möglichst in einem mit
Elektrozaun und Holz oder Gummibän-
dern eingezäunten, genügend großen
Auslauf, der von der Fläche her Bewegungsanreiz bietet und Verletzungen
weitgehend ausschließt. Hierbei ist Gemeinschaft mit gleichaltrigen Artgenossen zu fordern, da nur diese den wichtigen Gemeinschaftsspieltrieb besitzen.
Ältere Pferde sind als Spielgefährten nur
bedingt geeignet. Unterschieden werden
muß zwischen Jungpferden bis zu einem
Alter von vier Jahren und älteren Tieren.
Während Jungpferde durchaus noch zu
Laufspielen und spielerischen Rangeleien mit den jüngeren Fohlen aufgelegt

sein können, nimmt die Neigung hierzu mit zunehmendem Alter rapide ab.
Den älteren Semestern gehen die Auf-
forderungen der Fohlen zu Lauf- oder
Kampfspielen schnell »auf den Wek-
ker«, zumal wenn es sich um Exemplare der nordischen Robustrassen handelt, deren Eigenbewegungsdrang im
Vergleich zu hochblütigen Rassen ge-
dämpft ist. Lediglich bei ausgeprägtem
Frostwetter sind diese zu teils atembe-
raubenden »kollerartigen« Galoppaden bereit, um ihren Wärmehaushalt in
Ordnung zu bringen. Exemplare hoch-
blütiger Rassen, die nicht über einen so
ausgeprägten Winterpelz mit Speckan-
satz verfügen wie die nordischen Robustrassen, zeigen besonders im Winter wesentlich mehr Eigenbewegungsdrang als diese. Hieraus resultiert dann
auch der höhere Kraftfutterbedarf bei
solchen Rassen.

Bezogen auf die Entfaltung des Spieltriebs der Fohlen sind demnach ältere
Herdengenossen nur bedingt geeignet.
Dennoch ist auch die Gemeinschaft mit
den Älteren für die Entwicklung eines
artgemäßen Herdengemeinschaftssinns
wichtig. Die älteren Pferde lehren das
Fohlen Respekt und Einfügung in die
Rangordnung. So ist bereits durch die In-
tegration in eine Herdengemeinschaft
der Grundstein gelegt für eine erfolgver-
sprechende Erziehung des späteren
Jungpferdes. Es hat mit artgerechten
Mitteln in der Pferdeherde gelernt, sich
unterzuordnen, und wird deshalb den
einfühlsamen, aber konsequenten Menschen bei der Erziehung und späterer
Ausbildung als »Herdenchef« akzeptieren. Einzeln gehaltene Fohlen, die oft
auch noch verpäppelt und vermensch-
licht aufgezogen werden, sind als spätere
Freizeitpferde sowohl während der Aus-

bildung als auch in ihrem gesamten Verhalten meist problematisch.

An *Mindestpflege* und *Gesundheitsvorsorge* brauchen alle Fohlen regelmäßige Hufpflege durch den Profi (bei Bockhufen etwa kann laienhaftes Herumraspeln aus Sparsamkeitsgründen gravierende Folgen haben, die dann am Ende doch den Profi erfordern), Impfungen durch den Tierarzt (mindestens Tetanusimpfung) sowie regelmäßige Wurmkuren (auch bei ausgezeichneter Weide-, Auslauf- und Stallhygiene erforderlich).

Auf eine *einwandfreie, hochwertige und mengenmäßig ausreichende Fütterung* sollte aus den eingangs geschilderten Gründen großer Wert gelegt werden. Neben den allgemeinen Regeln, die im Kapitel »Fütterung« besprochen wurden, sind bei der Fohlenfütterung zusätzliche Anforderungen zu erfüllen:

Heu grundsätzlich ad libitum vorlegen, also zur unbegrenzten Aufnahme; gute Wiesenheuqualität bevorzugen (unbedingt vor der Verfütterung Preßballen außerhalb des Stalles aufschütteln, um die Staubanteile zu verringern). Wegen der Gefahr von Augenentzündungen und um Senkrückenbildung vorzubeugen, dürfen Fohlen nie aus Hochraufen gefüttert werden, sondern sind ausschließlich bodennah zu versorgen (auch bei Heunetzen besteht wegen des Spieltriebs Verletzungsgefahr).

Fohlen, die geringste Anzeichen des Symptomenkomplexes Stauballergie zeigen oder deren Eltern entsprechend disponiert sind, sind fütterungstechnisch besonders sorgfältig zu behandeln. Im Zweifel muß für solche Tiere das Heu angefeuchtet werden. Die Folge davon sind Auswaschungsverluste bei Vitaminen, die ersetzt werden müssen.

Neben dem Rauhfutter benötigen auch Fohlen der Robustrassen Kraftfutter, und zwar in Form des handelsüblichen pelletierten Fohlenstarters FS 16, da nur darin die fohlengerechte Mineralstoff- und Proteinzusammensetzung enthalten ist. Generell gilt, daß Fohlen, die mit FS 16 versorgt werden, keine zusätzlichen Präparate benötigen. Futtermittel, die für Wiederkäuer entwickelt wurden (z. B. zur Kälberaufzucht), sollten nicht eingesetzt werden, auch wenn sie preislich günstiger oder im landwirtschaftlichen Betrieb sowieso gerade vorhanden sind. Ebenso ist reine Haferfütterung oder Weizenkleiefütterung zu meiden, da die stoffliche Zusammensetzung - insbesondere ein zu einseitiges Ca:P-Verhältnis - dieser Futtermittel ungün-

Tabelle 21: Beispielwinterfutterration (gegen Ende des 1. Winters) für ein Fjordpferdfohlen (240 kg schwer, 12 Monate alt; Endgewicht ca. 440 kg, Endstockmaß 5jährig rd. 1,43 m)

Futtermittel	Menge	Eiweiß	verd. Energie	St.E. *)	Kosten – DM –	
	Tag/kg	v.Rp. – g –	v. E. – MJ –		je Tag	Preis 100 kg
Hafer (Walz-)	0,500	43	5,65	640	0,30	60,00
Fohlenstarter	0,500	75	6,90	640	0,60	120,00
Wiesenheu	5,000	260	37,50	1500	1,50	30,00
Mohrrüben	0,250	2	0,48	20	0,10	40,00
Summe:	6,250	380	50,53	2160	2,50	

*) Angabe in Stärkeeinheiten dient lediglich dem Vergleich mit älteren Daten

stig ist. Wer trotzdem als Kraftfutter ausschließlich Hafer füttern will, »weil man es immer schon so gemacht hat«, sollte diesen wenigstens mit Gaben kohlensauren Futterkalks anreichern.

Tabelle 21 enthält eine Beispielwinterfutterration, wie sie sich aus der Praxis des Verfassers entwickelt und bewährt hat. Sie kann als grober Maßstab dienen für die Fütterung eines 12monatigen Fohlens der nordischen Robustrassen (Fjordpferde und Islandpferde).

Warum der Absatzfohlenfütterung ganz besondere Beachtung zu schenken ist, wird klar, wenn man sich vor Augen hält, daß nach dem Absetzen das bisher mit der Muttermilch aufgenommene hochwertige Eiweiß nunmehr fehlt. Die Leistung der Darmmikroben des Fohlens reicht aber noch nicht aus, um aus dem gehaltsärmeren herbstlichen Grünfutter oder dem Winterheu alleine den Eiweiß- und Energiebedarf zufriedenstellend zu decken. (Bei freilebenden Herden, z. B. den Dülmenern, saugen die Fohlen noch bis weit in das nächste Jahr hinein.) Beim Fohlen herkömmlicher Aufzucht, das mit 6 Monaten abgesetzt wird, muß bereits vor dem Absetzen mit der Gewöhnung an spezielles Fohlenaufzuchtfutter begonnen werden, um dann - nach dem Absetzen - parallel zum Weidegang bzw. zur Heufütterung dieses zuzufüttern. Eine Unterversorgung mit Eiweiß, das in konzentrierter Form im Kraftfutter enthalten ist (vgl. Tabelle 14 auf S. 120), setzt das Wachstum herab; bei extremem Mangel leiden die gesamten Verdauungsvorgänge. Ein Eiweißüberschuß kann insbesondere Leber und Nieren sehr stark belasten; bei extremem einseitigem Eiweißüberschuß kommt es zur gefürchteten Hufrehe und zum sog. Verschlag.

Der Grad der *Aufzuchtintensität* ist abhängig von wirtschaftlichen Komponenten. So findet man sehr intensive Aufzuchtpraktiken in der Zucht von Vollblutrennpferden, Das gipfelt dann im Exzeß von Zweijährigen-Rennen (!). Extensive Aufzucht findet man heute noch hier und da in Island, im Westen Irlands, auf den Shetland-Inseln sowie bei sogenannten Wildpferdeherden, wobei extrem extensive Aufzucht unter sehr kargen Bedingungen Skelettmängel und Kleinwüchsigkeit nach sich ziehen.

Für Freizeitpferde wird allgemein eine einzig vernünftige mittlere Aufzuchtintensität für richtig gehalten. Hierbei kann für die nordischen Robustrassen als exemplarisches Beispiel gelten, daß sie bei einem Geburtsgewicht von ca. 32 kg (Islandpferde) und ca. 40 kg (Fjordpferde) bereits nach einem Jahr rund 55–60 % des späteren Endgewichts erreichen. Im zweiten Aufzuchtjahr nimmt die Wachstumsintensität ab (im Sommer reicht deshalb ausgedehnter Weidegang). Nach 3 Jahren sind ca. 85 % des Gewichts erreicht, und mit 5 Jahren ist die endgültige Wachstumsentwicklung abgeschlossen.

Bekannt ist, daß über die Fütterung das Größenwachstum im Rahmen der erblich bedingten Anlagen gesteuert werden kann. Zu warnen ist aber vor einem »Hochhafern«, denn die zu starke Förderung des Wachstums ist mit Risiken verbunden, wobei in erster Linie die Ausreifung des Skelettsystems nicht mit der Entwicklung des Körpergewichts Schritt hält. Gerade bei der Fohlenfütterung kommt der täglichen Beobachtung große Bedeutung zu. Je weniger Bewegung, desto zurückhaltender sollte mit dem Kraftfutter umgegangen werden; bei viel Bewegung und starkem Frost muß intensiver gefüttert werden.

Zum allgemeinen *Haltungsumfeld* noch ein paar wichtige Fakten, die ebenfalls nicht außer acht gelassen werden sollten. So ist die Schlafdauer der Absatzfohlen im Vergleich zu älteren Pferden ziemlich hoch, sie beträgt ca. 4,5 Stunden (Intensivphase). Aus diesem Ruhebedürfnis ergeben sich zwingende Forderungen im Hinblick auf Größe und Ausgestaltung der Haltungsanlage. In Lauf- und Offenställen muß genügend Platz sein, damit jedes Fohlen sein Ruhebedürfnis befriedigen kann und nicht durch ständige Störungen seitens der Herdengenossen, die eine Enge immer mit sich bringt, zu kurz kommt. Das hemmt die Entwicklung. In besonders lebhaften Beständen kann sich eine nächtliche Trennung empfehlen. Trennung (am besten durch beaufsichtigtes sicheres Anbinden) ist auch erforderlich zur Kraftfutteraufnahme.

Bereits im Fohlenalter wird auch das »Hygieneverhalten« des Pferdes geprägt. Zwar haben die arteigenen Exkremente für das Pferd informatorische Bedeutung (»Pferdeäpfel = Post der Pferde!«), doch darin erschöpft sich auch schon dessen Vorliebe (von gelegentlichem Kotfressen, das verschiedene Ursachen haben kann, einmal abgesehen) für solche Haufen. Im Kapitel »Einstreu« wurde bereits darauf hingewiesen, daß sich kein Pferd in der Natur im eigenen Kot niederlegt, wenn es eine andere Wahl hat. Es zahlt sich deshalb aus, wenn Offen- oder Laufstall großzügig angelegt und regelmäßig peinlich gesäubert werden, um den Fohlen von Beginn an ein Ruhen im Mist zu ersparen. Letztlich erleichtert dies wiederum die Reinhaltung des Stalles und spart enorm Einstreumaterial.

In räumlich engen Beständen mit unzureichender Einstreupflege zeigt sich, daß die angeborene Sauberkeit des Pferdes – durch allmähliche Gewöhnung an den ständig vorhandenen eigenen Mist als Liegefläche – verlorengeht. Menschlich formuliert ist es dem Pferd dann egal, wo Exkremente abgesetzt werden, es liegt ja überall schon was herum! Zusammenfassend wird also die Fohlenhaltung im wesentlichen bestimmt durch das Vorhandensein der Faktoren *Licht, Luft, Bewegung, Gemeinschaft, Sauberkeit und richtige Fütterung.*

Die Grundlagen der Ausbildung

Von ausschlaggebender Bedeutung für die spätere Brauchbarkeit des Freizeitpferdes sind – neben artgemäßer Aufzucht – richtiger Umgang und wohldosierte Erziehung im Fohlenalter. Das neugeborene Füllen, noch ungelenk und staksig, trägt schon alle Anlagen in sich, die in späteren Jahren durch eine entsprechende Ausbildung entwickelt werden sollen. Sein Inneres, ursprünglich und unberührt, entspricht noch weitgehend dem Trieb- und Instinktschema der wilden Vorfahren – trotz jahrtausendealter Domestikation.

Schon sehr bald tritt unserem flauschigen Fohlen der Mensch gegenüber, der es behutsam und stufenweise lehren wird, sein »Wildpferdwesen« mit unseren Vorstellungen von einem umgänglichen Fohlen in Einklang zu bringen. Gerade die ersten Lebensmonate sind als sog. Prägungsphase für das heranwachsende Pferd besonders wichtig. Fehler, die in der Behandlung und Vorstufe der Ausbildung begangen werden, sind selten wiedergutzumachen, das bezieht sich auf Fähigkeiten und Charakter. Klarmachen sollte man sich deshalb, daß ohne genügend Zeit, ohne ein Mindestmaß an Pferdeerfahrung und ein hohes Maß an Verantwortungsgefühl jede Fohlenerziehung, ja Zucht schlechthin, kläglich scheitern wird.

Die Zahl der ohne sachverständige Erziehung und Ausbildung aufgezogenen Ponys ist – verglichen mit dem Warmblutsektor – deprimierend hoch. Durch Einpendelung der Ponykonjunktur auf ein mittleres Nachfrageniveau wird sich im Zuchtbereich über kurz oder lang noch weitere Spreu vom Weizen trennen. Es werden aber immer noch ein paar Prozent neunmalkluge Pferdehalter übrigbleiben, die bei Schauen, Turnieren usw. meist durch wenig einfühlsame Behandlung ihrer Pferde auffallen. Sie brüsten sich häufig noch mit ihren »Do-it-yourself-Methoden« und wissen mit markigen Worten zu berichten, wie etwa einzig und allein mit deftigen Prügeln Jährlinge zur Räson zu bringen sind. Der wenig erfahrene Zuhörer staunt, vergißt fast seine Lektion Pferdepsychologie (»Theoriekram«!) und läßt den »Praktiker« die Story vom Einbrechen »à la Bonanza« als wahre Methode anpreisen.

Solche Methoden sind bei der Erziehung und Ausbildung unserer Freizeitpferde nicht angebracht. Wir wollen kein willenloses, nur der Angst gehorchendes, durch Prügel, Nasenbremse und sonstige Zwangsmittel gefügig gemachtes Pferd, sondern einen echten Freizeitkameraden, der den Menschen zwar als Ranghöheren anerkennt, letztlich aber seine Eigenart und Natur behält.

Man halte sich immer wieder vor Augen, daß Pferde zwar »wild«, aber in 99 % aller Fälle nicht boshaft geboren werden. Es sind Herdentiere, Tiere der Weite, aufmerksam, neugierig, gelegentlich scheu und schreckhaft bei schnellem Reaktionsvermögen und gutem Gedächtnis, im übrigen stets freßbereit. Verstand oder Vernunft im menschlichen Sinne haben Pferde nicht, ihr Verhalten wird bestimmt durch Instinkte, also Reaktionsmechanismen, die aufgrund sinnenfälliger Reize ablaufen; aus Erfahrungen lernen sie. Vermenschlichung in jeder Form ist abwegig, ja schädlich.

Hier und da hört oder liest man, Ponys der kleineren Rassen oder Fohlen seien ideale Spieltiere für Kinder. Unabhängig davon, daß Tiere ganz allgemein kein Spielzeug sind, sollte gerade die Fohlenerziehung niemals als eigenverantwortliche Aufgabe Kindern überlassen werden. Einerseits fehlt Kindern häufig die Kraft, um ein Fohlen zu halten, andererseits kann von ihnen nicht erwartet werden, daß sie die erforderlichen Einsichten in pferdespezifische Verhaltensmuster besitzen und mit Überlegtheit an die gestellte Erziehungsaufgabe herangehen. Als Helfer unter Anleitung von Erwachsenen können selbstverständlich auch Kinder bei der Erziehung und Ausbildung mitwirken. Im folgenden einige bewährte Grundsätze für die Erziehung:
● die eigene Rangstellung als »Herdenchef« aufbauen und nicht durch Nachgiebigkeit und Inkonsequenz in Frage stellen,
● stets genügend Zeit einplanen für einzelne Erziehungsphasen, nichts auf die Schnelle »beibiegen« wollen, Aufgeregtheit vermeiden.
● jede begonnene Übung mit Konsequenz zu Ende bringen und
● neue Übungen erst beginnen, wenn die vorhergehende »sitzt«.

Wichtige *Hilfsmittel* bei der Erziehung sind:

● die menschliche Stimme; sie kann beruhigen, loben, vorbereiten, anspornen, abschwächen und strafen. Das Fohlen nimmt sehr schnell Unterschiede im Tonfall (nicht den Sinn der Worte) wahr und reagiert entsprechend. So lernt es langsam, ohne »Kämpfe«, den Willen des Erziehers kennen, lernt Kommandos und gewinnt Vertrauen.

● Belohnungen (anfangs Zucker, später Möhren oder getrocknete Brotstückchen). Wie beim Schulkind, dem man den Anfang mit einer Zuckertüte versüßt, hält man für die »Schulstunden« des Fohlens stets einige Belohnungen bereit.

● eine Gerte, die nützlich sein kann, um u. a. – bei etwas älteren Fohlen – gelegentliche Widersetzlichkeiten einzudämmen (niemals mit der Hand strafen!).

● ein »Komm-mit-Seil«, das jüngere Fohlen zum willigen Mitgehen veranlaßt.

● ein gut sitzendes Halfter aus festem Material, evtl. Nasenriemen und Genickstück gepolstert.

● ein zweites Pferd.

Die *1. Phase* der Erziehung muß das Fohlen schon in der ersten Woche nach der Geburt durchlaufen: Es soll sich an den Umgang mit Menschen langsam gewöhnen, sich insbesondere anfassen lassen. Schwieriger gestaltet sich diese Phase, wenn die Mutterstute selbst nicht richtig erzogen ist und bereits in Zeiten ohne Fohlen allein beim Auftauchen des Besitzers davonstürmt. Im Normalfall wird aber die Stute nicht handscheu sein, so daß man mühelos auf der Weide an Stute und Fohlen herankommt. Füttert man die Stute mit einigen Brotstückchen, so wird das Fohlen bald neugierig. Ihm hält

man mit vorgestreckter, flacher Hand einen halben Zuckerwürfel (etwas anfeuchten) hin, den es nach anfänglichem Zögern bald aufnehmen wird. Natürlich dauert es einige Zeit, bis die Neugierde über die Scheu siegt und es von selbst feststellt, daß die ausgestreckte Hand nur Gutes bringt. Nach ein paar Tagen wird diese 1. Phase so weit gehen, daß man das Fohlen beim Kauen der Leckerei schon behutsam anfassen kann. Man krault es unter den Ganaschen, am Widerrist oder an der Schweifrübe. Hastige Bewegungen vermeide man unbedingt; auch ein Kraulen hinter den Ohren löst bei jüngeren Fohlen oft Abwehrreaktionen aus. Lobende Worte begleiten unsere »Annäherungsversuche«, mit Belohnungen wird nicht gespart. Dabei gewöhnt sich das Fohlen an die Hand, die lobende Stimme und den Geruch des Menschen.

In der *2. Phase* übt man das Halten des Fohlens und das Halfteranlegen. Hierzu werden Stute und Fohlen in einen geschlossenen Stall gebracht, der ein Entweichen verhindert. Hat das Fohlen die erste Phase erfolgreich durchlaufen, wird es sich ohne große Scheu auch anfassen lassen. Kommt z. B. der Tierarzt, um unser Fohlen zu impfen, so ist es unbedingt erforderlich, daß es sich halten läßt. Zunächst noch ohne Halfter hält man es, indem man (linksstehend) mit dem linken Arm um den Hals faßt und mit der rechten Hand die Schweifrübe festhält. Lobende Worte und einige Leckerbissen begleiten und beenden diese aus der Sicht des Fohlens »gewalttätige« Übung. Erstmals verlangt man hierbei vom Fohlen Gehorsam.

Wenn das Fohlen sich einigermaßen ruhig halten läßt, sollte ihm ein gut sitzendes Halfter angelegt werden (evtl. Helfer erforderlich). Damit es sich an das

Halfter gewöhnt, entläßt man es für die nächste Zeit mit Halfter auf die Weide. In Abständen beobachte man das Verhalten des Fohlens. Nicht geeignet sind Fohlenhalfter, die zu locker sitzen, da das Fohlen leicht mit seinem Hinterhuf darin hängenbleiben kann, wenn es sich am Kopf kratzt. Das Anlegen und Abnehmen des Halfters muß in der Folgezeit immer wieder geübt werden (evtl. kann man hierzu ein zweites Halfter benutzen).

Hat sich das Fohlen gut an sein Halfter gewöhnt, beginnt die *3. Erziehungsphase*, das Führen, Spazierengehen und Vertrautmachen mit der Umwelt. Zusammen mit der Mutterstute, die ein Helfer führt, wird unser Fohlen willig mit uns ins Gelände gehen. Abgelenkt durch neue Umwelteindrücke, lernt es fast spielerisch, an der Hand zu laufen. Regelmäßige Spaziergänge, auch bei Wind und Wetter, tragen dazu bei, unserem künftigen Freizeitpferd schon frühzeitig die Angst vor vielen Dingen zu nehmen. Verkehr, Wasserpfützen, umherliegende Baumstämme, flatternde Planen, auffliegende Rebhühner usw. wird es nach einiger Zeit kennen – und als harmlos einstufen.

Beim Führen/Spazierengehen präge man dem Fohlen langsam auch bestimmte Kommandos ein, die später für die Longier-/Einreitphase äußerst wichtig sind und diese Arbeit ungemein erleichtern.

Wenn das Fohlen zusammen mit der Mutter gut zu führen ist, sollte man es auch alleine führen können. Die erste Trennung wird ein Spektakel sein, die Stute wird aufgeregt umherlaufen, nach ihrem Fohlen rufen. Unser Fohlen wird sich als Rebell präsentieren, sich zunächst nur rückwärts bewegen. Ein »Komm-mit-Seil« oder ein Helfer können hierbei gute Dienste leisten, um das Fohlen zum Mitgehen zu veranlassen. Die erste Trennung sollte nur kurze Zeit dauern und erfolgreich mit Belohnung von Fohlen und Stute abgeschlossen werden. Auch hier hilft nur ständiges Üben bis zur Gewöhnung an gelegentliches Alleinsein.

Die *4. Phase* umfaßt die Übungen Anbinden, Putzen und Hufeheben. Beim Anbinden, das zunächst neben der Mutterstute geschieht, verwende man am besten ein Seil mit Panikhaken, der sich bekanntlich schnell lösen läßt. Keinesfalls darf sich das Fohlen losreißen, es soll erfahren, daß das Angebundensein nur vorübergehend ist und überdies mit Annehmlichkeiten verbunden wird. Man wird das Fohlen also nach dem Anbinden behutsam zu putzen beginnen, zunächst an den besonders bevorzugten Körperpartien (Widerrist, Kruppe, Unterhals). Hat es sich nach einiger Zeit an das Putzen gewöhnt, schließt sich die Übung »Hufeheben« an. Als erstes beginnt man mit einem Vorderhuf, den man mit dem Begleitkommando »Fuß« für kurze Zeit anhebt (nicht plötzlich hochreißen!). Gleichzeitig mit dem Wort »Ab«, wird der Huf wieder abgestellt. Nach dem Hochheben muß das Fohlen unbedingt gelobt werden, damit sich diese Prozedur als angenehm in seinem Hirn festsetzt.

Nützlich ist beim Hufeheben ein Helfer, der das Fohlen am Kopf festhält, vor allem beim Heben der Hinterhufe. Nach und nach kann man die Zeit des Hochhaltens der Hufe etwas ausdehnen und dabei mit dem Hufkratzer die Hufe reinigen. Wenn nach ein paar Wochen der Schmied erstmals die Fohlenhufe raspelt, sollte das Hufeheben schon »sitzen«. Beginnt man erst dann mit dieser Übung, wird sie meist »überfallartig« vonstatten gehen – ein denkbar schlechter Anfang für diese überaus wichtige Gehorsamsübung.

Die *eigentliche Ausbildung* und Vorbereitung des jungen Freizeitpferdes für den »Ernst des Lebens« beginnt in der Regel mit Vollendung des dritten Lebensjahres, wenn etwa 85 % des Wachstums abgeschlossen sind. Beginn der Ausbildung heißt »allmähliche Gewöhnung«, und zwar zunächst an die Longenarbeit (im ersten halben Jahr nie mehr als insgesamt 10–15 Minuten täglich, etwa zweimal wöchentlich) und an die Mitnahme als Handpferd (letzteres sollte nur der wirklich geübte Reiter mit einem erfahrenen Reit-(»Leit-«)pferd tun). Regelmäßige, mehrstündige Arbeit unter dem Sattel oder im Gespann verlange man erst von Robustpferden (die alle mehr oder weniger spätreif sind), wenn sie fünfjährig sind, um Wachstumshemmungen, Skelettverformungen und frühzeitigen Verschleiß zu vermeiden.

Das bereits als Fohlen richtig erzogene junge Pony wird dem einfühlsamen Ausbilder keine ernsthaften Schwierigkeiten bereiten, da es den Umgang mit Menschen gewohnt ist und ihn als »Herdenchef« akzeptiert. Begonnen werden sollte die Ausbildung mit der Longenarbeit, die eine gute Grundlage für jegliche Reit- und Fahrausbildung darstellt. Betont werden muß allerdings, daß das auf den ersten Blick simpel erscheinende Longieren gelernt sein will, da es sich – nicht fachmännisch durchgeführt – sonst eher zum Nachteil des Ponys und seiner Ausbildung auswirkt.

Bei korrekter Ausbildung der kleineren Ponyrassen, die als Kinderreitponys verwendet werden, kann auf die Longenarbeit gar nicht verzichtet werden. Für eine alternative longenunabhängige Reitausbildung unter dem Sattel fehlt es den größen- und gewichtsmäßig passenden Kindern im Normalfall an Erfahrung. Die Reitausbildung ist deshalb in diesen Fällen erst recht nur in Verbindung mit der Longenarbeit möglich.

Im folgenden soll ein Überblick über die Technik des Longierens mit der einfachen Leine gegeben werden. Ziel der Longenarbeit ist es, das junge Pony zu gewöhnen an
● Zaumzeug und Sattel oder Geschirr,
● Gehorsam,
● Ausbilder und Reiter,
● fleißiges Vorwärtsgehen bei lockeren, freien, taktmäßigen Bewegungen im Gleichgewicht.

Darüber hinaus eignet sich das Longieren auch für bereits fertig ausgebildete Ponys, etwa zur Gymnastizierung, zum Lösen vor dem Ausritt oder zur Korrektur verrittener Ponys, die unter dem Reiter aus den unterschiedlichsten Gründen Schwung und Gang verloren haben.

Erforderlich für das Longieren ist ein Zirkel, also eine kreisrunde – möglichst eingegrenzte – Fläche von etwa 14 bis 16 Metern Durchmesser. Im Mittelpunkt dieses Zirkels steht der Longenführer. Mit einer 7 bis 8 Meter langen Leine, der Longe, hält er Verbindung zum Pony, das auf der Zirkellinie läuft. Weiteres unentbehrliches Hilfsmittel für den Longenführer ist eine Longierpeitsche, deren Lederschnur so lang sein muß, daß er bei Bedarf das Pony damit auch erreichen kann.

Die Ausrüstung des Ponys besteht entweder aus einem Kappzaum, der aber wohl in den seltensten Fällen zur Verfügung steht, oder einem Trensenzaum mit Reithalfter. Als Gebiß kann eine Gummitrense oder eine dicke Wassertrense verwendet werden.

Dem so aufgezäumten Pony schnallt man einen Longiergurt um, gerade so fest, daß er nicht verrutschen kann. Später wird im fortgeschrittenen Longierstadium statt des Longiergurts der Sattel aufgelegt. Der Longiergurt hat seitliche Ösen, die zur Befestigung spezieller Ausbindezügel mit Gummizwischenstück dienen. Die Ausbindezügel werden so mit den Trensenringen verbunden, daß sie bei normaler Kopfhaltung des Ponys noch nicht gespannt sind.

Beginnt man mit dem Longieren auf der linken Hand (linksherum), wird die Longe in den linken Trensenring und gleichzeitig in den Kinnriemen des Reithalfters eingeschnallt. Hierzu ist das Reithalfter, das im übrigen nicht zu eng geschnallt sein darf, unbedingt notwendig. Das gleichzeitige Einschnallen der Longe in das Reithalfter verhindert ein seitliches Herausziehen der Trense und wirkt sich deshalb schonend auf das Pferdemaul aus. Später beim Reiten kann auf das Reithalfter im Normalfall getrost verzichtet werden.

Am ersten Tag arbeitet man das junge Pony an der Longe höchstens fünf Minuten lang. Man beginnt auf der linken Hand, longiert also linksherum, weil dies generell allen Pferden aufgrund einer angeborenen Schiefe nach links leichter fällt. Der Longenführer steht in der Mitte des Zirkels und hält die longenführende linke Faust etwa in Hüfthöhe. Die Leine darf nicht auf dem Boden schleifen oder stark durchhängen, sondern soll ständig eine möglichst gleichmäßige Verbindung zum Pferdemaul darstellen. Das Ende der Leine wird in rund 30 cm langen Schlaufen mit der führenden linken Faust gehalten. Die Peitsche gehört stets in die äußere Faust (zunächst rechts) und zeigt abwärts in Richtung Sprunggelenk.

Außer dem Longenführer wird in den ersten Tagen ein Helfer benötigt, der das Pony an der dem Longenführer zugekehrten linken Seite hinter der Longe begleitet und es so lange führt, bis es die Kommandos hinreichend kennt und begriffen hat, daß es stets auf der Zirkellinie laufen soll und nicht zur Mitte oder nach außen drängen darf.

Alle Hilfen werden ausschließlich vom Longenführer gegeben; der Helfer wirkt beruhigend auf das Pony ein. Zur Hilfengebung benutzt man:

1. die Stimme; sie ist das beste Hilfsmittel. Wird die Stimme gehoben oder spricht der Longenführer energisch und scharf, dann hat sie treibende Wirkung. Senkt man die Stimme, so wirkt sie beruhigend und vorwärtshemmend. Die üblichen Kommandos für die Grundgangarten werden energisch gesprochen (»Sche-ritt«, »Te-rab«, »Ga-lopp«). Zum Anhalten wird »Haa-lt« oder »Brrr« mit gesenkter Stimme gerufen. Beruhigend wirkt ein langgezogenes »Hoo-hooo«.

2. die Longe; mit ihr werden halbe oder ganze Paraden gegeben (durch leichtes oder stärkeres Annehmen und Nachgeben). Unterstützt werden die Paraden durch Kommandos.

3. die Peitsche; sie dient hauptsächlich als treibende Hilfe und sollte nur in Maßen eingesetzt werden und niemals in »Bierkutschermanier« traktierend auf den Pferdekörper einwirken. Durch Bewegung der Peitsche in Richtung auf die Schulter des Ponys wird es auf die Zirkellinie zurückgeführt, wenn es nach innen drängt. Vorwärtstreibend wird die Peitsche oberhalb des Sprunggelenks ange-

wendet. Allenfalls bei Ponys, die meist aufgrund laienhafter Longierbemühungen verdorben sind und beispielsweise nach innen drängen und durch Steigen den Longenführer ernsthaft gefährden, muß sofort energisch mit der Peitsche gestraft werden. Ansonsten soll das junge Pony zwar Respekt vor der Peitsche haben, aber keine Angst.

Von Beginn der Longierarbeit an muß das Pony lernen, die vorgeschriebene Zirkellinie einzuhalten. Voraussetzung dafür ist aber, daß der Longenführer nicht ständig seinen Standpunkt ändert, sondern sich in der Mitte des Zirkels auf kleinstem Raum dreht. Bei jungen Ponys, die das Laufen auf der Zirkellinie erst lernen müssen, muß weich und mit Gefühl – je nach Situation – die Longe auch einmal etwas nachgegeben werden, um ein zu starkes Zerren im Maul zu vermeiden.

Mit lobenden Worten soll der Longenführer nicht sparen. Bewährt hat sich insbesondere eine Belohnung durch Brotstückchen o. ä. nach dem Durchparieren, wenn das Pony also ruhig auf der Zirkellinie steht. Dabei tritt der Longenführer, die Longe in Schlaufen legend, auf das Pony zu. Sehr schnell setzt sich so die Ausführung des Kommandos »Halt« und die folgende Belohnung im Ponyhirn fest; das Durchparieren wird dadurch einfach.

Erst wenn das Pony sicher im Schritt und im Trab auf der linken Hand geht, kann mit der Rechtsarbeit begonnen werden; die Longe wird dann entsprechend umgeschnallt. Man sollte sich und dem Pony wirklich Zeit lassen und sich auch mit kleinsten Fortschritten begnügen. Vielleicht wird es nach zwei Wochen soweit sein, daß die tägliche Longierzeit auf 10 Minuten gesteigert werden kann, wobei dann je 5 Minuten auf jeder Seite (im Wechsel) angebracht sind.

Wenn Schritt und Trab »sitzen«, kann auch die Galopparbeit einsetzen. Zunächst wird aus dem Trab durch verstärktes Treiben mit der Peitsche von unten nach oben gegen die Schulter angaloppiert. Nach einiger Übungszeit kann dann schon auf Zuruf aus dem Schritt angaloppiert werden. Damit der innere Hinterfuß nicht übermäßig belastet wird, vermeide man anfangs, den Zirkel auf unter 14 Meter Durchmesser zu verkleinern. Erst später wird durch Verkleinerung des Zirkels eine stärkere Biegung des Ponys und ein schöner, gesetzter Galopp antrainiert.

Nach Abschluß der mehrere Wochen dauernden ersten Longenarbeit, wenn das Pony gehorsam in regelmäßigem Tempo auf beiden Seiten galoppiert, trabt und Schritt geht, sollte anstelle des Longiergurtes ein passender, nicht drückender Sattel mit weicher Satteldecke aufgelegt werden. Die Steigbügel werden hochgezogen und verschnallt, die Ausbinder nun am Sattelgurt befestigt.

An den Sattel, den Gurt und evtl. den Schweifriemen wird sich das junge Pony bereits nach einigen Longierübungen gewöhnt haben. Jetzt muß es in den nächsten Tagen und Wochen lernen, das Gewicht eines Reiters zu tragen und auf Zügel-, Schenkel- und Gewichtshilfen zu reagieren. Das Reitergewicht zu tragen, ist für das Pony nichts Selbstverständliches. Dies ist – betrachtet man die Lebensweise der wilden Einhufer – im Grunde sogar eine fluchtauslösende Gefahr. Durch fortgeschrittene Domestikation und Selektion auf Reiteignung sind bei den heutigen Pony- und Pferderassen allerdings nur selten echte Rodeoszenen nach der »Erstbesteigung« zu erwarten. Trotzdem sollten nur Reiter mit einer gewissen Praxis dafür vorgesehen werden, denn Ängstlichkeit überträgt sich unweigerlich auf das lernende Pony, und der Erfolg eines kräftigen Bocksprunges, der den Ungeübten aus dem Sattel wirft und dem Pony Erleichterung im Rücken verschafft, setzt sich erst einmal im Hirn des Tieres fest. Neben der reinen Gewichtsbelastung, dem Druck im Rücken, muß das Pony sich erst daran gewöhnen, das Gleichgewicht neu auszubalancieren.

Das erste Aufsitzen geschieht ohne großes Aufsehen im vertrauten Longierzirkel gegen Ende der üblichen Longenstunde. Gleich zu Anfang achte man darauf, daß das Pony beim Aufsitzen stehenbleibt. Ein Helfer hält es deshalb am Kopf fest und führt es auf Kommando des Longenführers, der nach wie vor das Pony longiert, einige Runden im Schritt. Der Reiter sitzt entspannt und verhält sich in den ersten Tagen noch passiv. Bald werden dann die Ausbinder entfernt und der Reiter nimmt die nun eingeschnallten Zügel auf. Ebenfalls bedient er sich einer langen Gerte; der Longenführer legt die Peitsche beiseite, hält aber das Pony noch mit der Longe. Die Longierzeit unter dem Reiter wird in der ersten Woche ziemlich kurz bemessen, die Hauptarbeitszeit wird noch auf das Longieren ohne Reiter verwendet.

Nach Kräftigung der Muskulatur und Gewöhnung an das Reitergewicht muß das Pony die reiterlichen Hilfen kennenlernen. Es wird weiter durch den Longenführer an der Longe begleitet, doch übernimmt nun der Reiter das Kommando. Unter Verwendung der bekannten Kommandos und der Gerte wird es gleichzeitig mit Zügel-, Schenkel- und Gewichtshilfen vertraut gemacht. Mit fortschreitender Übungszeit wird das Pony diese »Signale« zu verstehen beginnen, der Gebrauch der Stimme und der Gerte wird gleichzeitig eingeschränkt.

Während dieser Ausbildungsphase wird man sich bei der Arbeit unter dem Reiter nicht mehr nur auf den Longierzirkel beschränken, sondern in einer Reitbahn auch geradeaus reiten und Wendungen üben. Der Longenführer muß dann nebenher laufen, er verhält sich passiv. Sobald das Pony einigermaßen verläßlich die Hilfen annimmt, wird auf die Longe verzichtet, so daß Reiter und Pony alleine arbeiten können. Stets sollte in ruhigem Tempo vorwärtsgeritten werden bei gründlicher Aktivierung der Hinterhand. Gut geeignet ist auch ein verläßliches zweites Pferd, das zusammen mit unserem »Schüler« zunächst in der Bahn und später auch im Gelände geritten wird.

Welche Ausbildung und welches Ausbildungsniveau sich für ein Pony anbieten, wird durch den Verwendungszweck bestimmt. Bei Turnierponys, die z. B. in Dressurkonkurrenzen starten sollen, wird entsprechend der Leistungsprüfungsordnung eine gute Dressurgrundlage herkömmlichen Stils erforderlich sein. Auch alle übrigen Ponys benötigen ihrem Verwendungszweck entsprechend eine geordnete Ausbildung.

Wachsendes Interesse wird heute der sogenannten »leichten Reitweise« entgegengebracht, die sich für den Freizeitreiter als echte Alternative zur herkömmlichen Art des Reitens anbietet und methodisch von Bruns/Behr aufbereitet worden ist. Leider wird diese Art des Reitens und das dazugehörige Training des Pferdes in den üblichen deutschen Reitschulen noch nicht praktiziert. Nicht weniger schwierig und »klassisch« als die herkömmliche Reitweise, ist diese Art des Reitens vor allem für denjenigen, der im Gelände »zu Hause« ist, empfehlenswert. Erstrebt wird hierbei ein Höchstmaß an Pferdeschonung durch Reduzierung der Hilfen und Hilfsmittel auf ein notwendiges Minimum, die Förderung des zügelunabhängigen Sitzes und freudiges Vorwärtsgehen des Pferdes.

Die leichte Reitweise, vom Verfasser in modifizierter Form seit Jahren praktiziert, findet Parallelen in der klassischen andalusischen Reitweise mit leichtem Sitz bei langen Beinen, aufrechtem Oberkörper, das Pferd auf Stange gezäumt, die Zügel leicht durchhängend.

Durchweg wird in Deutschland auf Trense gezäumt. Die Gebrauchsreiterei in anderen Ländern ist weit weniger einseitig auf ein Gebiß festgelegt. So darf zum Abschluß dieses Kapitels empfohlen werden, bei der Ausbildung des jungen Ponys dessen individuelle Veranlagung und Neigung auch im Hinblick auf die Gebißwahl zu berücksichtigen. Nach den Erfahrungen des Verfassers haben sich für die Gebrauchsreiterei mit durchhängenden Zügeln bzw. leichter Zügelanlehnung die Stangengebisse gut bewährt, wobei die einfache Stange ohne Anzüge (fälschlicherweise »Springkandare« genannt), siehe Abbildung 65, von vielen Ponys gut angenommen wird. Bei der Zäumung mit diesem Gebiß muß aber darauf geachtet werden, daß die Kinnkette, die auch durch ein Lederriemchen ersetzt werden kann, nicht zu stramm sitzt, sondern gut drei Zentimeter Spielraum läßt.

Ausrüstung, Reitweise usw. wird man letztlich in jedem Einzelfall individuell abstimmen müssen. Im Zweifelsfall lasse man sich beraten, um so ein Optimum an Spaß und Freude zu erlangen. Daß dabei der Vierbeiner nicht zu kurz kommen darf, darauf sollte der faire Reiter und Robustpferdehalter bedacht sein.

Die Grundregeln der Pferdebeurteilung

Im folgenden sollen die wesentlichen Aspekte der Beurteilung von Robustpferden erläutert werden. Angesichts der umfangreichen und komplizierten Materie kann es sich lediglich um einen Wegweiser handeln. Zur Vertiefung der theoretischen Grundlagen sei deshalb auf die im Literaturverzeichnis angeführten Arbeiten verwiesen.

Fundierte Pferdebeurteilung setzt Wissen, Erfahrung und Sehen-können voraus. Vieles ist für den wirklich interessierten Pferdefreund, Reiter und Züchter durch fachkundige Anleitung und flexible Übung des Blicks erlernbar. Grob definiert bedeutet Pferdebeurteilung: Erkennen und Abwägen der Vorzüge und Fehler des Individuums anhand eines vorgegebenen Maßstabs für die jeweilige Rasse.

Bei der Beurteilung sollten folgende *Grundregeln* beachtet werden:

● Dem Beurteiler muß der *Maßstab* (Zuchtzielkriterien) bekannt sein; er muß sich speziell und intensiv mit der jeweiligen Rasse befaßt haben.

● Das zu beurteilende Pferd muß in seiner *Gesamtheit* beurteilt werden.

● Die rein anatomischen Merkmale sollten nicht ausschließlich für sich isoliert beurteilt werden, sondern miteinander in Beziehung gebracht werden.

● Es gilt, Vorzüge und Fehler des Exterieurs und Interieurs gegeneinander abzuwägen, um ein richtiges Urteil abgeben und begründen zu können.

● Dabei muß u. a. bedacht werden, daß Robustpferden mit leichten Gebäudefehlern, aber einwandfreiem Charakter, gegenüber anderen mit makelloserem Gebäude, aber erkennbaren Charaktermängeln, der Vorzug zu geben ist.

● Zu unterscheiden ist zwischen Robustpferden, die als *Zuchttiere* in möglichst vollkommener Weise dem Zuchtziel entsprechen sollen, und *Gebrauchstieren*, die primär im Hinblick auf den Gebrauchszweck zu beurteilen sind, bei denen es aber nützlich ist, wenn auch sie die Vorzüge des Zuchtmodells verkörpern.

● Nicht allzu gravierende Unkorrektheiten im Gebäude, geringgradige Stellungsfehler oder auch Typabweichungen werden bei Gebrauchstieren *eher* durch eine ansonsten durchaus harmonische Gesamterscheinung und einwandfreien Charakter kompensiert.

● Eine Beurteilungstechnik, die *ausschließlich* aus dem Suchen nach Fehlern besteht, ist einseitig und höchst unqualifiziert; sie offenbart allenfalls laienhaftes Beurteilungsverständnis und ein unzulängliches Kenntnisniveau.

Grundlage der Zuchtpferdebeurteilung und damit Maßstab ist das Idealbild einer Rasse, das in der Regel in einer Rassebeschreibung mit Definition des *Zuchtziels* zu finden ist. Dieses Zuchtziel wird in den Zuchtbuchordnungen der einzelnen Zuchtverbände für jede Rasse verankert.

Zu einer umfassenden Beurteilung von Robustpferden, die als Zuchttiere verwendet werden sollen, gehört die Bewertung folgender Kriterien:

● Merkmale der äußeren Erscheinung,
● Abstammung (Vorfahren; auch Geschwister),
● Ergebnisse von Leistungsprüfungen,
● Nachkommen.

Bei der Bewertung der äußeren Erscheinung werden berücksichtigt:

● Rassetyp, Geschlechtstyp,
● Körperbau (Rahmen, Bemuskelung, Skelettmechanik, Hufe, Zähne).
● Gang (Bewegungsmechanik).
● Gesamteindruck (unter Berücksichtigung der Umgänglichkeit und Entwicklung).

Die *Leistungsprüfungen* geben Hinweise auf das körperliche Leistungsvermögen (Rittigkeit, Schnelligkeit, Zugleistung oder Fahreignung) sowie das innere Leistungsvermögen (Leistungsbereitschaft, Charakter, Umgänglichkeit und Temperament).

Abstammung und *Nachkommen* sind nützlich, um ererbte und vererbte Anlagen erkennen zu können.

Die Beurteilung des *Rassetyps* ist bei Robustpferden nicht von minderer Bedeutung und kann keinesfalls zurückstehen hinter ebenso wichtigen Kriterien wie Skelett- und Bewegungsmechanik. Der rassetypische Ausdruck sagt vieles über die inneren Eigenschaften des zu beurteilenden Pferdes aus.

Beim hippologisch interessierten Publikum, aber auch bei Materialrichtern ist durch Fixierung auf das »Deutsche Reitpferd« bzw. das »Deutsche Reitpony« in bezug auf die Einschätzung und Beurteilung der Robustrassen zuweilen eine Blickrichtung festzustellen, die nicht genügend der Forderung nach Differenzierung gerecht wird. Es wird vielfach vergessen, daß die Robustrassen, vor allem die Vertreter der urwüchsigen nordischen Ponygruppe, nicht etwa verkleinerte Ausgaben der Großpferde sind, sondern innerhalb des vielgestaltigen Rassebildungsprozesses eine – sowohl exterieur- als auch interieurbezogen – eigenständige Entwicklung darstellen.

LÖWE unterstreicht den Einfluß der Natur: »Selbst wenn auch der züchtende Geist des Menschen weitgehend das Aussehen der Pferderassen in neuerer Zeit beeinflußt hat, so ist andererseits durch die Natur die Hauptvorarbeit für die Gestaltung des großen Rassenmosaiks geleistet. Die arabische Wüste und die asiatische Steppe haben eben ein anderes Pferd entstehen lassen als das schottische Hochland, und die rauhen Felseneilande Islands und Norwegens haben einen anderen Pferdetyp geformt als die fruchtbaren Niederungen mit ihrem maritimen Klima.«

Die Forderung nach Differenzierung wird auch von UPPENBORN unterstrichen, wenn er schreibt, daß es vermieden werden müsse, »zur Zucht Typen auszuwählen, die dem Geschmack des Großpferdezüchters als hübsche kleine Pferde entsprechen. Das Auge muß die Schönheit der für das primitive Urpferd zweckmäßigen Formen erkennen lassen.«

Die eindeutige, vollständige und harmonische Ausprägung des Rassetyps (und damit der Rassezugehörigkeit) läßt beim Zuchttier am ehesten auch eine sichere Vererbung des Rassetyps (und damit der rassetypischen Eigenschaften) erwarten. Die Kennzeichen des Rassetyps ergeben sich einerseits aus der Rassebeschreibung, soweit eine verbale Formulierung möglich und sinnvoll ist, andererseits aber auch aus dem Bild, das der Beurteiler von der zu beurteilenden Rasse im Laufe kurzer oder langer Erfahrungs- und Beobachtungszeit erhalten hat. Was für eine Rasse typisch ist, wird eigentlich erst klar, wenn der Beurteiler eine möglichst große Zahl von Rassevertretern (im besten Fall unter fachkundiger Anleitung) gesehen, kennengelernt und miteinander verglichen hat. Denn nur in Kenntnis einer größeren Zahl der Population kann im Beurteiler »ein eigenes Bild« über die *typischen* Rassevertreter entstehen. Ernstzunehmende Urteile, insbesondere bei Zuchtschauen, sind deshalb überhaupt nur dort zu erwarten, wo die eingesetzten Richter Fachleute für die Robustrassen sind.

Prägend für eine Rasse sind die Pferde mit durchschnittlicher Erbanlagenzusammensetzung. Sie sind die für die Rasse typischen Vertreter, denn die große Masse der Pferde einer Rasse gehört den Gruppen von Genotypen an, welche nach den Gesetzen der Kombination und der Wahrscheinlichkeit am häufigsten gebildet werden. Das sind die Genotypen mit durchschnittlicher Zusammensetzung. Obwohl die Robustrassen vergleichsweise ausgeglichen geprägt sind, bieten sie kein Einheitsbild, sondern man findet in jeder Rasse innerhalb der Gesamtbandbreite des Rassetyps Raum für charakteristische Feinheiten einzelner Linien- bzw. Familientypen

Abb. 76: Gegensätzliche Pferdetypen aufgrund natur- und selektionsbedingter Unterschiede am Beispiel der Rassen Islandpferde und Vollblutaraber.

● *Keilförmiger Kopf mit breiten Kiefern; gerader Nasenrücken.*
● *Kurzer bis mittellanger Hals.*
● *Kurzer bis mittellanger Rücken, runde oder abgeschlagene Kruppe; tiefe, breite Brust.*
● *Stämmig, gedrungen; starkes Röhrbein; rauhes, dichtes Haar.*
● *Gewinkelte Hinterhand; auch kuhhessige Stellung; oft breite, eher weiche Hufe.*
● *Rundrippiger »Verdauungstyp«, angepaßt an Kälte (Nordtyp).*
● *Selbstbewußte, bedächtige Wachsamkeit.*

● *Langer Kopf mit schmalen Kiefern, gebogener Nasenrücken.*
● *Langer, dünner Hals.*
● *Kurzer bis mittellanger Rücken, gerade Kruppe, schmale Brust.*
● *Feingliedrig, dünnes Röhrbein, seidiges Haarkleid.*
● *Oft steile Hinterhand; kleine, meist sehr harte Hufe.*
● *Schmaler, hochbeiniger »Atmungstyp«, angepaßt an Wärme (Südtyp).*
● *Sensible, betonte Wachsamkeit; ausgeprägter Fluchtreflex.*

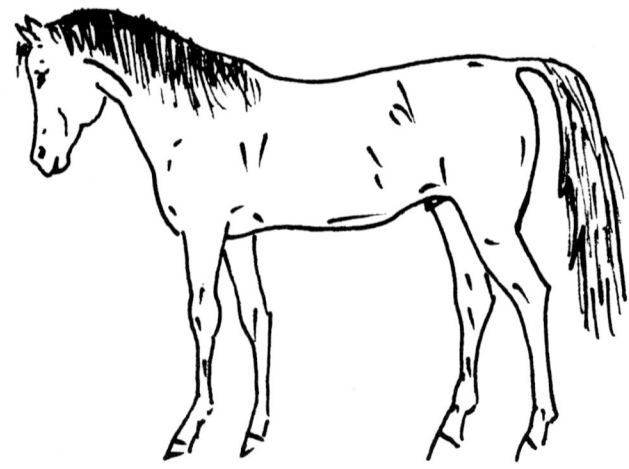

(bei den Isländern z. B. Kirkjubae-Linie, bei den Fjordpferden z. B. Hjalmar-Linie).

Was die Ausprägung des *Geschlechtstyps* bei Zuchttieren betrifft, so sind mit dieser Forderung nicht allein die rein hormonell gesteuerte Funktion und die anatomisch einwandfrei ausgebildeten Geschlechtsorgane gemeint, sondern Zuchttiere müssen eindeutig in ihrer Gesamterscheinung beim ersten Hinsehen bereits in Ausdruck, Form und Verhalten als Hengst oder Stute einzuordnen sein. Nur jene Zuchttiere lassen Erbtreue erwarten, die selbst alle Merkmale ihres Geschlechts in möglichst umfassender Weise ausstrahlen und verkörpern. Der Hengst muß kraftvoll-selbstbewußt, die Stute anmutig-weiblich (mütterlich) erscheinen. Junge Robustpferde können selbstverständlich diese umfassende Prägnanz des Geschlechtstyps noch nicht zeigen.

In der Pferdebeurteilung wird das Prädikat »Adel« (= edel) fälschlicherweise häufig allein warm- bzw. vollblütigen Pferden zugestanden, gelegentlich in der Weise, daß große, leichtkalibrige Rassen generell als »edel« und solche, die kalibriger, gedrungener, urwüchsiger sind (weil bei ihnen das Verhältnis der Größe zu Rumpfumfang und -länge sowie Fundamentstärke anders, nämlich »komprimierter« ist), als unedel eingestuft werden. In jeder Rasse aber gibt es edle und unedle Exemplare, gemessen am Maßstab der Rassebeschreibung. Gemeinhin wird solchen Robustpferden, die in ausgeprägter Weise die Anforderungen des Rassetyps erfüllen und bei denen die Trockenheit des Kopfes, erkennbare Beaderung und deutliche Konturen der Gelenke besonders augenfällig sind, das Prädikat »Adel« zugesprochen. Im Ge-

gensatz dazu steht bei allen Rassen eine unerwünschte schwammige Quelligkeit der Gesamtform und insbesondere des Kopfes. Je mehr Adel rassetypischer Art ein zu beurteilendes Zuchttier ausstrahlt, desto stärker wird dieses Prädikat das Urteil, den *Gesamteindruck* abrunden.

Bei der Beurteilung der Anforderungen an *Körperbau und Gang* kommt es entscheidend darauf an, was zweckmäßig für welche Aufgabenstellung ist. Alle Robustpferde sollen primär *Reitpferde* sein mit eingeschlossener Fahreignung. Damit ist grob die Aufgabenstellung umrissen, ein Anforderungsprofil kann daraus entwickelt werden. Zweckmäßig für diese Aufgabenstellung als Freizeitreitpferd sind solche Robustpferde, die aufgrund ihres Gebäudes in der Vorwärtsbewegung und im Halten leicht ihre *Selbsthaltung* im (natürlichen) *Gleichgewicht* bei raumgreifenden, taktmäßigen Gängen finden. Daß die Erfüllung dieser Anforderungen allein nichts wert ist, wenn nicht die Leistungswilligkeit hinzukommt, soll hier gleich eingeschoben werden, denn »Temperamentsfehler sind schwieriger zu korrigieren als Gebäudefehler« (Zitat aus der altösterreichischen Reitvorschrift).

Warum das zweckmäßige Gebäude des Pferdes gleichgewichtsfördernd sein soll, scheint häufig unbekannt zu sein. Der Grund liegt darin, daß letztlich nur solche Pferde, die leicht in »Haltung« (= in das Gleichgewicht) zu reiten sind oder gar diese Gleichgewichtshaltung von selbst – ohne starkes Heranarbeiten durch den Reiter von hinten – einnehmen, *substanzschonend* (= ohne frühzeitigen Vorhandverschleiß!) und für den Reiter *angenehm* (und deshalb »leicht«) zu reiten sind.

In diesem Zusammenhang ist es dem Verfasser ein großes Bedürfnis, einem verbreiteten Irrtum mit Entschiedenheit zu begegnen. Oft wird nämlich unter »leicht reitbar« verstanden, daß das so charakterisierte Pferd lammfromm, fügsam oder so geartet sei, daß es nie einen Reiter abwerfe u. ä. Für den Laien ist deshalb das Pferd »leicht reitbar«, das Kinder herumträgt oder auf dem unbeschadet »herumgehopst« werden kann. Der Reiter indes weiß, daß Frömmigkeit oder »Nichtabwerfenwollen« allein unbedeutend sind als Rittigkeitsfaktoren, ja, solche Pferde oft ein Übermaß an Phlegma in Verbindung mit quelligem, unzweckmäßigem Gebäude zeigen und deshalb als »schwer reitbar« einzustufen sind.

Solche Pferde also, die fälschlicherweise als »leicht reitbar« bezeichnet werden, sind gebäudebedingt, temperamentsbeeinflußt oder durch völlig laienhaftes »Reiten« nicht oder nur mit unsäglichen Mühen in eine Gleichgewichtshaltung mit raumgreifenden Gängen zu bringen. Gerade der jugendliche oder erwachsene Robustpferdereiter mit durchschnittlichem Können braucht aber ein Freizeitpferd, das im Sinne vorstehender Erläuterungen »leicht reitbar« ist aus der Sicht des Reiters – und nicht aus der Sicht des Laien!

Aufgrund seiner Anatomie befindet sich das unausgebildete, reiterlose Pferd nicht im Gleichgewicht. Durch das Gewicht von Kopf, Hals und Rumpf liegt der Schwerpunkt vorn, wodurch von Natur her die Vorderbeine stärker als die Hinterbeine belastet werden. Dieses Gewichtsverhältnis kommt der von der Hinterhand ausgehenden Schubkraft und damit der Vorwärtsbewegung des Fluchttieres Pferd sehr zustatten. Kommt nun das Gewicht eines nahezu einwirkungs-

losen (nicht im Gleichgewicht sitzenden) Reiters hinzu, müssen die – im Vergleich zu den Hinterbeinen – schwächeren Vorderbeine zusätzlich als Stütze für das Reitergewicht herhalten – und verbrauchen sich dadurch vorzeitig, da bereits drei Fünftel des Pferdegewichts darauf lasten. Bedenkt man das (im Vergleich zu Großpferden) engere Gewichtsverhältnis zwischen Robustpferd und Reiter, wird klar, daß gerade der Freizeitreiter auf Robustpferden durch seinen Sitz und seine Einwirkung dazu beitragen muß, die Hinterbeine des Pferdes neben ihrer Schubkraft stärker zur Entlastung der Stützfunktion der Vorhand zu bringen. Durch Entlastung der Vorhand entsteht eine mehr oder weniger starke Aufrichtung des Pferdes, weil jetzt (und dafür muß der Reiter sorgen) die Hinterbeine weiter unter den Pferdekörper treten.

Je stärker versammelt wird, desto mehr muß der Schwerpunkt nach hinten verlagert werden. In der Vorwärtsbewegung ist das Gleichgewicht des Pferdes fließend. Geht es frei mit gedehntem Hals, so liegt der normale Schwerpunkt weiter vorn als bei einem versammelten Pferd. Die Fähigkeit des Pferdes, in der Bewegung immer wieder das sich verändernde Gleichgewicht zu finden, hängt von seiner Geschicklichkeit, seinen Muskeln und dem Gebäude sowie einem einfühlsamen Reiter ab.

Gute *Gleichgewichtshaltung* wird nur von solchen Pferden ohne größere Schwierigkeiten verlangt werden können, die in ihrem Gebäude die dafür notwendigen Voraussetzungen erfüllen, nämlich z. B. eine gut gehebelte, aktiv mit Schwung schiebende und auch in ihrer Muskulatur gut ausgeprägte Hinterhand, einen nicht zu langen, elastisch in

Abb. 77: Die graufalbe Fjordstute Inga in guter Selbsthaltung bei starkem Untertritt im Schritt.

der Bewegung schwingenden Rücken, einen nicht zu kurzen Hals, dessen Ansatz am Kopf nicht durch übermäßig grobe Unterkieferganaschen negativ beeinflußt sein sollte. Jene Pferde, die ohne Schwierigkeiten und ohne Hilfszügel sowie bei nur leichter Zügelanlehnung unter dem Reiter ihr Gleichgewicht finden, weil sie es aufgrund ihres entsprechenden Gebäudes, eines einfühlsamen Reiters und der Ausbildung gelernt haben, nehmen die sog. *Selbsthaltung* ein (vgl. Abb. 77, oben). Zu dem Gleichgewicht in der Bewegungsrichtung, also dem Be-

streben, den Schwerpunkt weiter nach hinten zu verlegen, kommt die Notwendigkeit des seitlichen Gleichgewichts, der *Balance*. Auch hier hilft ein zweckmäßiges Gebäude, dem Reiter ein angenehmes Reitgefühl zu geben. Langbeinige Pferde mit geringer Brusttiefe (»Gurtentiefe«) haben hier häufig mehr Schwierigkeiten als kompakte Pferde mit guter Brusttiefe und tieferem Schwerpunkt.

Die Beurteilung, ob Körperbau und Gänge den Rasseanforderungen genügen, ist nur demjenigen möglich, der sich mit dem Skelett (Lage, Länge, Stärke, Form, Winkelung und Beziehung der Teile zueinander), dem Sehnen- und

Bandapparat sowie der Muskulatur des Pferdes beschäftigt hat, um diese richtig erkennen und um Schlußfolgerungen daraus ziehen zu können. Gleiches gilt für den Komplex Bewegungsmechanik, zu dem die Gangartenbeurteilung nach Korrektheit, Takt, Raumgriff und Elastizität gehört. Bei Islandpferden gehört hierzu eine besondere Schulung des Blicks, um eine korrekte Beurteilung abgeben zu können.

Erfahrene, kenntnisreiche und sichere Beurteiler erkennt man zweifelsfrei daran, daß sie ihr Urteil begründen können. Unsichere Beurteiler können ihr Urteil nicht nachprüfbar begründen, weil ihnen die Detailkenntnisse fehlen. Sicher gibt es langjährige Praktiker, die sich bei Schauen als Richter verbal etwas schwer tun, obgleich sie aus langer Erfahrung heraus zu einem durchaus sicheren Urteil fähig und als Beurteiler anerkannt sind. Von ihnen erhält man gemeinhin nur kurze Begründungen.

So wie der fortgeschrittene Beurteiler nie auslernt, so muß der Anfänger überhaupt erst einmal beginnen zu lernen. KNOPFHART empfiehlt, sich immer wieder den Satz »Das Pferd ist kein Mechanismus, sondern ein Organismus« einzuprägen und damit das Pferd als Wesen aus Fleisch und Blut mit Willensäußerungen in seiner Gesamtheit zu betrachten. M. L. SCHWARTZ, eine erfahrene Hippologin, warnt: »Man sei als Beurteiler nicht zu selbstherrlich. Das Wesen des Individuums kann man mit wenigen Blicken meist nicht erfassen.«

Anhang

Dachorganisation der Ponyzuchtverbände

Arbeitsgemeinschaft deutscher Ponyzuchtverbände
Steenbeker Weg 151
2300 Kiel 1

Reitervereinigungen:

Vereinigung der Freizeitreiter in
Deutschland e.V. (VFD)
c/o Dr. H. Hasselmann
5353 Mechernich-Lorbach
Telefon 0 24 84 / 16 70

Erster Trekking Club Deutschlands e.V.
(ETCD)
Winterberg 4
7176 Braunsbach

*Reitschulen für Freizeit- und
Wanderreiten:*

Burgwald-Trekking
3551 Münchhausen
Telefon 0 64 23 / 78 83

Hauchenberg-Hof
Eisenbolz 8
8961 Weitnau
Telefon 0 83 75 / 7 26

Kronshof
Ellringen Nr. 16
2121 Dahlenburg
Telefon 0 58 51 / 4 20

Testzentrum »Freizeit im Sattel«
Frankenstraße 37
4421 Reken 3

Fachzeitschriften

FREIZEIT IM SATTEL
Bruns + Müller oHG
Venusbergweg 10
5300 Bonn

PFERDE HEUTE
Symposion Verlag
Postfach 33
7300 Esslingen

TRAUMPFERDE
Symposion Verlag
Postfach 33
7300 Esslingen

Literaturverzeichnis

AHLSWEDE, L.: Untersuchungen über Pferdealleinfutter in Form von Briketts, Deutsche Tierärztliche Wochenschrift, 84. Jahrgang, Hannover 1977

AHRENS, H.: Das Isländische Pferd, Zeitschrift für Gestütskunde und Pferdezucht, Verlag Schaper, Hannover 1937

AICHELE, D. und SCHWEGLER, H.-W.: Unsere Gräser, Franckh-Kosmos Verlag, Stuttgart 1991

BAASHUUS-JESSEN, J.: Prof. J.C. Ewarts mening om de norske hesteracers avstamning. Med nogen bemerkninger om vore gamle husdyrtyper. Tidskrift for den norske landbruk, Oslo 1910

BARTH, K.M., WILLIAMS, J.W. und BROWN, D.G.: Digestible energy requirements of working and non-working ponies, Journal of Animals (44), 1977

BECHTLE, W.: Ponys hinterm Haus, Franckh-Kosmos Verlag, Stuttgart 1966

BENDER, I.: Untersuchung der Fütterungspraxis – Winterfütterung der Robustpferde, Freizeit im Sattel (10), Bonn 1976

BENDER, I.: Ponyrassen – Geschichte, Zucht, Ausbildung, Franckh-Kosmos Verlag, Stuttgart 1980

BENDER, I.: Absatzfohlen – Haltung und Fütterung im 1. Winter, Freizeit im Sattel (12), Bonn 1983

BENDER, I.: Zur Praxis der Weidebewirtschaftung, Freizeit im Sattel (4), Bonn 1984

BENDER, I.: Freizeitpferde aus deutschen Landen – lohnenswerte Zucht? Versuch einer Kosten- und Marktanalyse, Freizeit im Sattel (5), Bonn 1985

BENDER, I.: Beobachtungen an einer extensiv gehaltenen Ponyherde – Ein Beitrag zur Ethologie des Hauspferdes, AGF-Magazin (2), Sonsbeck 1986

BENDER, I.: Islandpferde in Alaska, Freizeit im Sattel (5), Bonn 1986

BENDER, I.: Das Norwegische Fjordpferd – Ein Beitrag zur Abstammungsgeschichte und Rassenkunde, DF-Sonderhefte I-III, Ottweiler 1989

BJARNASON, G.: Das Isländische Pferd, Zeitschrift für Tierzüchtung (7/8), Berlin 1948

BJARNASON, G.: Foreign horse-breed / Animaltrade in Islandic laws, Persönliche Mitteilungen, Reykjavik 1985

BLENDINGER, W.: Psychologie und Verhaltensweisen des Pferdes, Verlag E. Hofmann, Heidenheim 1974

BOGART, R. und JONES, W.E.: Genetics of The Horse, Ann Arbor/Michigan 1971

BORCHERT, A.: Lehrbuch der Parasitologie für Tierärzte, Hirzel-Verlag, Leipzig 1962

BREIDBACH, S.: Zucht, Haltung, Leistung und Arbeitsverwendung des

Kleinpferdes in der Bundesrepublik, Arbeiten aus der deutschen Tierzucht (39), Hiltrup/Bonn 1958

BRINKMANN, A.: Equidenstudion I-II, Bergens Museums Aarbok – naturvidenskabelig raekke nr. 5, Bergen 1919/1920

BRUNS, U.: Islandponys, Schwarz-Verlag, Bayreuth 1956

BRUNS, U.: Zeitschrift Pony-Post/Freizeit im Sattel, Bonn 1958–1989

BRUNS, U.: Connemara – Pferdeland am Meer, Albert Müller Verlag, Rüschlikon 1969

BRUNS, U.: Das richtige Pferd – Handbuch für den Freizeitreiter, Albert Müller Verlag AG, Rüschlikon 1975

BRUNS, U. und BEHR, I.: Reiten mit FS, Freizeit im Sattel 1975–1978

BRÜNNER, F. und SCHÖLLHORN, J.: Bewirtschaftung von Wiesen und Weiden, Verlag Eugen Ulmer, Stuttgart 1972

DEUTSCHE LANDWIRTSCHAFTSGESELLSCHAFT: DLG-Futterwerttabelle für Pferde, DLG-Verlag, Frankfurt a. M. 1984

EBHARDT, H.: Verhaltensweisen von Islandpferden in einem norddeutschen Freigelände, Säugetierkundliche Mitteilungen (4), Stuttgart 1954

EBHARDT, H.: Drei unterschiedliche Verhaltensweisen von Islandpferden in norddeutschen Freigehegen, Säugetierkundliche Mitteilungen (3), Stuttgart 1956

EWART, C.: The Ponies of Connemara, Journal of the Department of Agriculture and Technical Instruction for Ireland (11), London 1900

FLADE, J.: Shetlandponys, Verlag Ziemsen, Wittenberg 1959

FLADE, J. und GLESS, K.: Kleinpferde, VEB Deutscher Landwirtschaftsverlag, Berlin 1976

FRANKE, H.: Das Shetlandpony – ein Reitpony? Pony-Magazin (6), Stuttgart 1977

GENTNER, F.: Der Haflinger und seine Zucht, BLV Bayerischer Landwirtschaftsverlag, München 1965

GESELLSCHAFT FÜR ERNÄHRUNGSPHYSIOLOGIE DER HAUSTIERE (GEH): Empfehlungen zur Energie- und Nährstoffversorgung der Pferde, DLG-Verlag, Frankfurt a. M. 1982

GÖBEL, F. und ZEEB, K.: Primitivpferde und ihre Haltung, Tierärztliche Umschau, 18. Jahrgang, Sonderdruck Nr. 2, Konstanz 1963

GRONE, J. v.: Die Pferdeweide, Albert Müller Verlag AG, Rüschlikon 1977

GRÖNGRÖFT, B.: Rangordnung bei Pferden, Dissertation, Hannover 1972

GREEN, C.: Pferdetraining in Wort und Bild, Franckh-Kosmos Verlag, Stuttgart 1978

HAMMOND, J., JOHANSSON, I. und HA-RING, F.: Handbuch der Tierzüchtung – Rassenkunde, 3. Band, Verlag Paul Parey, Hamburg und Berlin 1961

HANČAR, F.: Das Pferd in prähistorischer und früher historischer Zeit, Verlag Herold, Wien 1955

HECHLER, B.: Beitrag zur Ethologie des Islandpferdes, Dissertation, Gießen 1971

HELFERICH, B. und GÜTTE, J. O.: Tierernährung in Stichworten, Verlag Hirt, Kiel 1972

HELING, M.: Die Beurteilung von Pferden, Flugschriften – Bd. 20 – der Deutschen Landwirtschaftsgesellschaft, DLG-Verlag, Frankfurt a. M. 1954

HENNIGES, J. v.: Das vollendete Pferd, 4. Auflage, DLG-Verlag, Frankfurt a. M. 1974

HERRE, W. und RÖHRS, M.: Haustiere – zoologisch gesehen, Gustav Fischer Verlag, Stuttgart 1973

HESSE, H.-J.: Vergleichende Untersuchungen über Arbeitsleistungen und Futteraufwand bei Kleinpferden im Verhältnis zur Großpferde- und Kuhanspannung, Dissertation, Göttingen 1956

HESSE, H.-J.: Entwicklung und Wachstum bei Kleinpferden, Zeitschrift für Tierzüchtung und Züchtungsbiologie (70/2), Berlin 1957

HEYD, M.: Le poney Fjord, Dissertation, Lyon 1979

HÖLZEL, W.: Das eigene Pferd, Franckh-Kosmos Verlag, Stuttgart 1991

ISENBÜGEL, E.: Das isländische Pony, Inaugural-Dissertation, Zürich 1966

JOHANNESSON, T.: Dealings of The Allthing and Misunderstanding, Persönliche Mitteilungen, University of Iceland, Reykjavik 1985

KAPITZKE, G. und ZIKA, F.: Ponyreiten ernstgenommen, Verlag Paul Parey, Hamburg und Berlin 1969

KARSTAD, O.: Fjordhesten, Varde-Forlag, Bergen 1949

KELLNER, O. und BECKER, M.: Grundzüge der Fütterungslehre, Verlag Paul Parey, Hamburg und Berlin 1971

KLAPP, E.: Wiesen und Weiden, Verlag Paul Parey, Berlin 1956

KNOPFHART, A.: Beurteilung und Auswahl von Reitpferden, Verlag Paul Parey, Berlin und Hamburg 1988

KOEPF, H. H., PETTERSSON, B. D. und SCHAUMANN, W.: Biologische Landwirtschaft, Verlag Eugen Ulmer, Stuttgart 1974

KOLTER, L.: Soziale Beziehungen zwischen Pferden und deren Auswirkungen auf die Aktivität bei Gruppenhaltung, Dissertation, Köln 1984

KÖNEKAMP, A.: Der Grünlandbetrieb, Verlag Eugen Ulmer, Stuttgart 1959

KRUEGER, L. und SEEFELDT, G.: Untersuchungen zur Bestimmung des Arbeitswertes von Groß- und Kleinpferden, Zeitschrift für Tierzüchtung und Züchtungsbiologie (64/2), Berlin 1965

LENKEIT, W., BREIREM, K. und CRA-SEMANN, E.: Handbuch der Tierernährung, Band 1 (Allgemeine Grundlagen), Band 2 (Leistungen und Ernährung), Verlag Paul Parey, Hamburg und Berlin 1972

LUNDHOLM, B.: Abstammung und Domestikation des Hauspferdes, Zoologiska Bidrag från Uppsala, Band XXVII, S. 1-288, Uppsala 1949

LÖWE, H., MEYER, H., BRUNS, E., GLODEK, P. und ZELLER, R.: Pferdezucht und Pferdefütterung, Verlag Eugen Ulmer, Stuttgart 1979

MARTEN, J. und SALEWSKI, A.: Handbuch der modernen Pferdehaltung, Franckh-Kosmos Verlag, Stuttgart 1991

MENKE, K. H. und HUSS, W.: Tierernährung und Futtermittelkunde, Verlag Eugen Ulmer, Stuttgart 1987

MEYER, H.: Pferdefütterung, Verlag Paul Parey, Hamburg 1986

MEYER, H., AHLSWEDE, L. und REINHARDT, H. J.: Untersuchungen über Freßdauer, Kaufrequenz und Futterzerkleinerung beim Pferd, Deutsche Tierärztliche Wochenschrift (82/2), Hannover 1975

MÜLLER-REH, F.: Untersuchungen über die Mineralstoff-(Ca, P, Mg, K, Na) und Spurenelement - (Fe, Cu, Zn, Mn) Versorgung beim Pferd, Dissertation, Hannover 1972

NIELSEN, L. P.: Den gamle Nordlandshest. Tidskrift for den norske landbruk, Oslo 1987

NOBIS, G.: Zur Frühgeschichte der Pferdezucht - Die Pferde der Wikingerzeit aus Deutschland, Norwegen und Island, Zeitschrift für Tierzüchtung und Züchtungsbiologie (76), Kiel 1961

OXENSTIERNA, E.: Die Wikinger, Verlag W. Kohlhammer GmbH, Stuttgart 1979

PAPENDIECK, L.: Das Kleinpferd - Seine Verwendungsmöglichkeiten, Haltung und Aufzucht in der landwirtschaftlichen Praxis, Verlag Paul Parey, Hamburg und Berlin 1957

PIRKELMANN, H., SCHÄFER, M. und SCHULZ, H.: Pferdeställe und Pferdehaltung, Verlag Eugen Ulmer, Stuttgart 1976

REHM, G.: Auswirkungen verschiedener Haltungsverfahren auf die Bewegungsaktivität und die soziale Aktivität bei Hauspferden, FN-Verlag, Warendorf 1981

SCHÄFER, M.: Das Pferd - mein Hobby, Nymphenburger Verlagshandlung, München 1970

SCHÄFER, M: Großponys und Kleinpferde, Nymphenburger Verlagshandlung, München 1972

SCHÄFER, M.: Die Sprache des Pferdes, Nymphenburger Verlagshandlung, München 1974

SCHEUNERT, A. und TRAUTMANN, A.: Lehrbuch der Veterinär-Physiologie, Verlag Paul Parey, Berlin–Hamburg 1957

SCHIELE, E.: Pferdekauf, BLV Verlagsgesellschaft, München 1969

SCHIELE, E.: Haltung des Reit- und Zuchtpferdes, BLV Verlagsgesellschaft, München 1976

SCHMITT, H.: Einheitliche Welsh-Pony- und Cob-Zucht in der Bundesrepublik, Pony-Magazin (4), München 1975

SCHÖN, D.: Welsh-Ponys und -Cobs – eine vielfältige Rassengruppe, Pony-Magazin (4), München 1976

SCHÖN, D.: Praktische Pferdezucht, Verlag Eugen Ulmer, Stuttgart 1983

SCHRENK, H.-J.: Pferde verstehen – Pferdeverhalten und richtiger Umgang mit Pferden, Franckh-Kosmos Verlag, Stuttgart 1991

SCHWARTZ, M.-L.: Kenntnis vom norwegischen Vestlandpferd – Fjordpferdezucht in Deutschland, Pony-Magazin (6), Stuttgart 1978

SCHWARTZ, M.-L.: Beurteilung – Zuchtziele für das Fjordpferd, DF-Mitteilungsblatt (43), Ottweiler 1984

SCHWEISGUT, O.: Der Haflinger, das Universalpferd, Verlag Jenny, Innsbruck 1961

SEIFERT, A.: Gärtnern, Ackern – ohne Gift, Biederstein-Verlag, München 1974

SPEED, J. G.: Native British Ponies, Journal of The Royal Army Veterinary Corps (22/3), London 1951

STEJNEGER, L.: Den celtiske pony, tarpanen og fjordhesten, Naturen 28, Bergen 1904

STEJNEGER, L.: Om vestlandshesten fra zoologisk standpunkt, Norsk Veterinaertidskrift, Vol. XXI, Oslo 1909

UPPENBORN, W.: Die Beurteilung des Fjordpferdes, Kleinpferdezucht 6. Jahrgang (22), 1958

UPPENBORN, W.: Pferdezucht und Pferdehaltung, Verlag Bintz-Dohany, Offenbach a. M. 1977

UPPENBORN, W.: Ponys – Umgang und Haltung, Verlag Eugen Ulmer, Stuttgart 1978

VOLF, J.: The social behaviour of the wild horse, Journal of Przewalski Horses, Rotterdam 1979

WERNICK, R.: Die Seefahrer – Die Wikinger, Time-Life International (Nederland) B. V., Amsterdam 1980

WITT, M. und LOHSE, B.: Beeinflussung der Körperentwicklung von Fjordpferden bis zum dritten Lebensjahr durch unterschiedliche Winterfütterung, Zeitschrift für Tierzüchtung und Züchtungsbiologie (81/2), Berlin 1965

WITTKE, G.: Physiologie der Haustiere, Verlag Paul Parey, Berlin und Hamburg 1972

WRANGEL, C. G.: Das Buch vom Pferde. Verlag von Schickhardt & Ebner, Stuttgart 1888

WRIEDT, C.: Biologische Essays über Pferdezucht und Pferderassen, Verlagsbuchhandlung Paul Parey, Berlin 1929

ZEEB, K.: Das Verhalten des Pferdes bei der Auseinandersetzung mit dem Menschen, Dissertation, München 1958

ZEEB, K.: Verhaltensforschung beim Pferd, Tierärztliche Umschau (10), Konstanz 1959

ZEUNER, F. E.: Geschichte der Haustiere, BLV Bayerischer Landwirtschaftsverlag, München 1967

Register